本书是中国政法大学—云南电网公司"我国电力产业法律规制研究"课题研究成果

本书是中国（昆明）南亚东南亚研究院2016年研究项目"'一带一路'沿线地区基础设施法律风险防控研究"（CKYB201607）阶段性成果

本书受2016年云南省博士后定向培养经费和2016年云南大学"东陆中青年骨干教师"培养计划资助

A Research on the Philosophy of Electric Power Law and its Governance Mechanism

# 电力法的理念与治理机制研究

赵忠龙 著

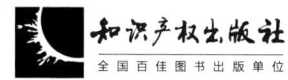

图书在版编目（CIP）数据

电力法的理念与治理机制研究/赵忠龙著 . —北京：知识产权出版社，2018.1
ISBN 978－7－5130－5141－5

Ⅰ.①电… Ⅱ.①赵… Ⅲ.①电力法—研究—中国 Ⅳ.①D922.181.4

中国版本图书馆 CIP 数据核字（2017）第 227522 号

责任编辑：雷春丽　　　　　　　　责任出版：刘译文
封面设计：SUN 工作室　韩建文

## 电力法的理念与治理机制研究

赵忠龙　著

| 出版发行：知识产权出版社有限责任公司 | 网　　址：http://www.ipph.cn |
|---|---|
| 社　　址：北京市海淀区气象路 50 号院 | 邮　　编：100081 |
| 责编电话：010－82000860 转 8004 | 责编邮箱：leichunli@cnipr.com |
| 发行电话：010－82000860 转 8101/8102 | 发行传真：010－82000893/82005070/82000270 |
| 印　　刷：北京嘉恒彩色印刷有限责任公司 | 经　　销：各大网上书店、新华书店及相关专业书店 |
| 开　　本：720mm×1000mm　1/16 | 印　　张：15.75 |
| 版　　次：2018 年 1 月第 1 版 | 印　　次：2018 年 1 月第 1 次印刷 |
| 字　　数：231 千字 | 定　　价：40.00 元 |
| ISBN 978－7－5130－5141－5 | |

出版权专有　侵权必究
如有印装质量问题，本社负责调换。

# 前　言

　　电力法的理念与治理机制研究属于当前经济法学领域的热点及难点论题。本书探讨在全面深化社会主义市场经济体制改革背景下，基于绿色经济理念的新能源利用和智能化电网技术发展的电力法治理机制设计问题，具有一定的理论意义和实践意义。传统能源利用所导致的环境问题已经严重影响了整个社会的福利水平，也许唯一的出路即在于发展绿色经济，推进新能源利用。如果说智能化电网是新能源利用最重要的技术平台之一，那么基于智能化电网的法律治理机制则是实现绿色经济的制度保障，对我国转变经济增长方式和建设生态文明具有重要意义。

　　本书共分为五章。

　　第一章现代电力产业发展与电力法的理念。本章关注全球视野下的现代电力产业技术发展趋势，探讨电网智能化与我国转变经济发展方式，分析电力产业法律调整的经济法属性，论述国家深化电力体制改革与《电力法》修订的关系，最后总结认为，电力法理念需要纳入四个方面的考量：其一，基于国家产业规制路径依赖的放松规制、产权改革与再规制；其二，基于政府与社会合作视角的规制与自治平衡；其三，基于实现市场机制的产业垄断与适度竞争之间的权衡；其四，基于社会公共安全的电力安全与产业效率的衡量。

　　第二章《电力法》的现实问题与修改目标。本章分析智能化技术所推动的电力产业规制调整，探讨国家发展智能电网的战略目标和路径选择，及其所需的法律与政策框架，论证《电力法》的修订需求在于协调社会多元利益诉求，改变涉电行政权力交叉、模糊与缺位的局面，完善电力市场交易制度，《电力法》的修改目标在于构建完善的调整电力关系的法律体系，构建可持续性的电力发展制度框架，构建合理的电力产业自律和他律体系，实现电力产业竞争的公平有序。

第三章电力市场的法律治理体系。本章考察现行电力市场主体准入制度，分析电力市场的竞争类型，论述反垄断法与电力法的协同调整，探讨电价形成的法律机制，论证了供电营业区的《电力法》修法回应，尤为关注国有企业改革对电力企业的影响，分析国有企业的公益性，社会资本进入电力产业的政策环境，探讨电网企业的混合所有制改革对策。

第四章电力产业的行政管理、业务监管与行业自律。本章考察电力产业技术发展与政府监管的交织进化，比较电力行政规制的政监分离模式和政监合一模式，论证电力行政管理制度、电力业务监管制度和电力行业自律机制，结合《能源法》修订论证电力监管体制的完善。

第五章《电力法》修订的具体法律制度。本章重点分析电力规划与建设法律制度、电力公用事业供应与使用法律制度、公共电网企业公共属性法律界定和电力法律责任制度的完善。结合我国电力体制改革和发展的实践需要，立足我国渐进改革的路径依赖提出了相应的修法建议，适度超前预留产业发展的新问题和新空间以保障市场活力，给市场机制的自发调整创造条件。

本书能够付梓要特别感谢云南大学经济学院梁双陆教授、中国政法大学李曙光教授、云南电网公司董曦教授的指导。过去的这几年中，全面深化社会主义市场经济改革正在各个领域欣然展开，电力体制改革也正在走向破除坚冰的阶段。感谢中国南方电网公司云南电网公司提供的研究机会和研究平台，感谢国家电网公司国网能源研究院提供的学术交流和研究资源，没有他们的支持，我是无法展开此项研究的。也特别感谢我所供职的云南大学法学院，感谢陈云东教授、杨云鹏教授、王启梁教授、高巍教授、沈寿文教授为研究提供的学术资源和研究条件。还要特别感谢中国人民大学法学院史际春教授、北京大学法学院邓峰教授、北京师范大学法学院袁达松教授和兰州大学法学院刘光华教授，他们的教诲帮助我拓展了研究的视野。本书虽然力图尽可能地贴近我国电力改革的实际需要，但难免存在各种错漏之处，部分观点仍然存在一定程度的争议，希望在以后进一步研究中予以修正，恳请读者不吝批评斧正。

# 目录 CONTENTS

**第一章　现代电力产业发展与电力法的理念 / 001**

　第一节　现代电力产业技术发展趋势 / 002

　　一、能源利用进入智能时代 / 002

　　二、电网的智能化与中国转变经济发展方式之间的关系 / 007

　　三、产业结构升级与能源安全 / 010

　第二节　电力产业法律调整的经济法属性分析 / 015

　　一、电力产业属于经济法的调整对象 / 015

　　二、智能技术创新推动电力市场结构变动 / 019

　　三、深化电力体制改革与修订《电力法》的关系 / 028

　第三节　电力法的理念 / 033

　　一、放松规制、产权改革与再规制 / 033

　　二、规制与自治 / 037

　　三、垄断与竞争的权衡 / 038

　　四、电力安全与效率 / 039

**第二章　《电力法》的现实问题与修改目标 / 041**

　第一节　智能化技术推动的电力产业规制调整 / 042

　　一、电网企业进入上下游产业的规制思路 / 042

　　二、对电网内部经营的规制 / 045

　　三、智能公共电网框架内电网机构的"非对称信息"规制模式 / 047

　　四、公共电网的开放程度界定 / 048

　　五、智能公共电网发展的战略目标与路径选择 / 051

　第二节　智能公共电网发展的法律与政策框架 / 058

　　一、从国家战略层面考量智能公共电网的发展 / 058

二、政府促进智能公共电网建设的具体政策体系 / 059

　　三、能源法、电力法、地方立法与技术标准的协同调整 / 062

第三节　《电力法》的修订需求 / 064

　　一、协调社会多元利益诉求 / 065

　　二、涉电行政权力交叉、模糊与缺位的局面应予改变 / 065

　　三、市场化电力法律制度的建构应进一步完善 / 066

　　四、关于人身触电案件的法律适用 / 068

　　五、《电力法》修改的难点 / 068

第四节　《电力法》的修改目标 / 070

　　一、构建完善的调整电力关系的法律体系 / 071

　　二、构建可持续性电力发展制度框架 / 072

　　三、构建合理的自律和他律体系 / 073

　　四、完善电力市场，实现公平有序 / 073

## 第三章　电力市场的法律治理体系 / 075

第一节　电力市场竞争政策分析 / 075

　　一、现行电力市场主体准入制度 / 075

　　二、电力市场竞争类型分析 / 077

　　三、我国电力市场的竞争情况 / 079

　　四、反垄断法与电力法的协调思路 / 084

第二节　电价形成的法律机制 / 087

　　一、电价的市场构成与电价的特殊性 / 087

　　二、我国的电价体系 / 089

　　三、电价改革的趋势与《电力法》的回应 / 092

第三节　电网调度、电力交易机构与供电营业区 / 095

　　一、电网调度 / 095

　　二、电力交易机构 / 097

　　三、供电营业区 / 099

第四节　国有企业改革对电力企业的影响 / 104
　　　　一、国有企业的概念、定位与分类 / 105
　　　　二、社会资本进入电力产业的政策环境 / 109
　　　　三、混合所有制改革的思路与探索 / 112

**第四章　电力产业的行政管理、业务监管与行业自律 / 116**
　　第一节　技术与监管的交织进化 / 116
　　　　一、变压器技术与电力公司早期市政营业范围 / 116
　　　　二、大国地方的电力监管 / 117
　　　　三、并网及其竞争 / 118
　　第二节　电力行业的规制体系 / 122
　　　　一、电力行业的他律与自律体系 / 122
　　　　二、电力行政规制的两种基本模式 / 123
　　第三节　电力行政管理制度 / 124
　　　　一、电力行政管理的界定 / 124
　　　　二、国外电力行政管理的基本模式 / 125
　　　　三、电力行政管理的主体及其职能 / 126
　　　　四、电力行政管理制度的完善 / 127
　　第四节　电力业务监管制度 / 130
　　　　一、电力业务监管的界定及其成立前提 / 130
　　　　二、电力业务监管与电力行政管理的区分 / 132
　　　　三、电力业务监管的机构、职能与执法手段 / 132
　　　　四、新国家能源局的电力监管制度完善 / 135
　　第五节　电力行业的自律 / 136
　　　　一、电力行业自律现状 / 136
　　　　二、电力行业协会的定位与职能 / 136
　　第六节　基本结论与立法建议 / 138
　　　　一、基本结论 / 138
　　　　二、立法建议 / 139

**第五章　《电力法》修订的具体法律制度 / 141**

　　第一节　电力规划与建设法律制度 / 141

　　　　一、电力规划的界定及其主体 / 141

　　　　二、电力规划的原则 / 142

　　　　三、科学优化电力规划 / 144

　　　　四、基于社会本位平衡社会多元利益诉求 / 149

　　　　五、基本立场与修法对策 / 153

　　第二节　电力公用事业供应与使用法律制度 / 157

　　　　一、电力公用事业的普遍服务与强制缔约 / 157

　　　　二、安全检查用电权问题 / 162

　　　　三、电费预付制度及其货币孳息 / 166

　　　　四、关于停电的法律问题 / 167

　　　　五、电力供应安全的责任与义务 / 173

　　　　六、基本立场与修法对策 / 176

　　第三节　公共电网企业公共属性法律界定 / 179

　　　　一、电网企业定位 / 179

　　　　二、《电力法》修法对策 / 183

　　第四节　电力法律责任制度 / 183

　　　　一、电力运行事故 / 183

　　　　二、电力侵权法律制度 / 186

　　　　三、电力行政执法主体制度 / 192

　　　　四、基本立场与修法对策 / 197

**参考文献 / 200**

**附件1：《电力法》修改建议稿 / 216**

**附件2：国外电力法概述 / 228**

**附件3：全国地方电力立法一览表（截至2015年1月）/ 236**

**附件4：中国电力事业历史大事记 / 240**

# 第一章
# 现代电力产业发展与电力法的理念

所谓电力产业，顾名思义是集生产、输送、销售电力环节于一身的行业。电力具有这样的特征：（1）它是无形物，不能直接看到；（2）安全问题在输送电力中至关重要；（3）电是不宜储存的商品，故要求电能必须保证生产、输送、销售和消费四大环节同时进行。电力既是家庭生活的必需品，也是工业生产的基础，同时还是维持城市运行的基础，而城市化是现代文明的象征。现代城市中所有场所的照明、楼房、冷暖设备、电梯、城市交通、上下水道、通信等诸多方面，都离不开电力。一旦停电，城市整体运行将会瘫痪，由此便会带来不可估计的社会损失。众所周知，水力、煤炭、石油、天然气、核能、风能、太阳能等在能源结构中属于一次能源，而电力是由一次能源的转换得到的。电力在一次能源市场中处于能源的用户和消费者地位；在二次能源市场中，电力则是最终能源消费的供应者，电力产业是支撑现代工业社会的基础性公用事业，整个电力产业的重点在于以下三点：（1）标准的电力技术；（2）普遍的电力服务；（3）电力供应中的安全问题。随着中国共产党第十八次全国代表大会上，展望了全面建成小康社会的目标，提出社会主义现代化建设方面脚步需要加快的计划，并将中国特色社会主义事业的总体布局定为"五位一体"，在中国共产党第十八届三中全会上通过的《中共中央关于全面深化改革若干重大问题的决定》一文中作出了这样的诠释："我们要坚持市场在资源配置中具有决定性作用这一理论，不断深化经济体制改革、基本经济制度也要坚持完善，完善现代市场体系、宏观调控体系、开放型经济体系这三大体系，快速转变经济发展方式，推动经济高效、公平、可持续发展从而建设创新型国家。"这一决定在新的历史时期对中国电力产业的发展提出了与时俱进的高要求，指明了中国电力产业体制要深化改革应该如何发展的方向，明确要依法展开深化改革，提出用法制保障以深化改革成果。

## 第一节　现代电力产业技术发展趋势

### 一、能源利用进入智能时代

人类利用能源的历史先后经历了"钻木取火与柴薪（少量煤炭）""蒸汽机与煤炭""内燃机与石油"和"可再生能源与可持续发展"四个发展阶段，科技进步往往与制度创新相辉相映，每一个新的能源时代的来临，都会推动生产力水平的极大提升，同时带来社会形态的巨大变迁。化石燃料（fossil fuel），主要包括煤炭、石油和天然气等自然资源，来自数百万年前有机物质经过漫长地质变迁而形成的碳氢化合物或其衍生物。蒸汽机推动了化石燃料的广泛运用，使得大规模量产成为可能，从而推动了工业社会的到来。随着人类对"电"认识的深入和利用，人类社会逐渐进入了现代社会。[①] 发电的原理在于采用"机械—电磁"转换（electro-mechanical generators），其机械驱动可能来自化石燃料燃烧或核燃料分裂，也可能是风力或水力，甚至可能是人力或畜力。根据2014年全年统计数据来看，能源共计消费42.6亿吨标准煤，对煤炭保持六成以上的依赖，而清洁能源譬如水电、风电、核电三大清洁电能、天然气等消费量则并不占多数，仅占能源消费总量的16.9%。[②]

---

[①] Fossil fuel, from Wikipedia, http://en.wikipedia.org/wiki/Fossil_fuel, visited on April 22, 2015.

[②] 国家统计局：《2014年国民经济和社会发展统计公报》（2015年2月26日），http://www.stats.gov.cn/tjsj/zxfb/201502/t20150226_685799.html，访问时间：2015年4月22日。

表 1.1　2014 年中国全口径发电量结构

| 装机类型 | 2014 年 | | |
|---|---|---|---|
| | 容量（kW） | 增长率（%） | 比重（%） |
| 全国全口径发电量 | 55 459 亿 | 3.6 | 100 |
| 非化石能源发电量 | 14 200 亿 | 19.6 | 25.6 |
| 水电 | 10 661 亿 | 19.7 | 19.2 |
| 火电 | 41 731 亿 | −0.7 | 75.2 |
| 核电 | 1 262 亿 | 13.2 | 2.27 |
| 并网风电 | 1 563 亿 | 12.2 | 2.81 |
| 并网太阳能 | 231 亿 | 171 | 0.41 |

资料来源：中国电力企业联合会①

因近几年全球气候变化危害逐渐突出，环境、经济以及人类生活受到了严重影响。有专家预言，21 世纪面临最严重的全球性挑战即是气候变化。因为全球变暖会造成许多自然灾害，数年内某些地区可能由于受灾导致地区性的大规模人口迁移，从而引发能源短缺以及经济萧条、政治动荡等一系列问题。若以此为假设前提，低碳经济、以低碳技术谋求低碳发展、低碳生活、低碳城市等一系列与"低碳"有关的新概念、新政策必然水到渠成。故能源、经济和价值观都会发生大的变革，这变革可能会走出一条不断迈向生态文明的路，这便是：直接将 21 世纪的创新技术与配套机制投入运用，抛弃 20 世纪传统的经济增长模式。以实现经济社会可持续发展为目标做到坚持低碳经济模式，着手低碳生活。

我国现阶段还是发展中国家，哥本哈根气候峰会 2009 年召开，中国政府向全世界公布——决心将单位 GDP 碳强度下降到 2005 年强度的 40%~45%的目标在 2020 年实现，通过大力发展可再生能源、积极推进核电建设等行动，到 2020 年我国非化石能源占一次能源消费的比重达到 15% 左右。② 上述单位 GDP 二氧化碳减排目标的实现，从长期来看主要依靠工业、建筑、交通

---

① 中国电力企业联合会：《中国电力工业现状与展望》（2015 年 3 月 10 日），http://www.cec.org.cn/yaowenkuaidi/2015-03-10/134972.html，访问时间：2015 年 4 月 22 日。

② 陈武："低碳背景下能源行业如何发展"，载《中国能源报》2010 年 6 月 21 日，第 23 版。

等各行业的技术革命和技术更新,以及大力发展森林碳汇,但短期内更主要的是依靠改善我国能源结构和产业结构。目前,煤炭在我国能源结构中占的比重很大——约占七成,其中,煤电在整体电力结构中占比重超过77%,水力发电占20%,而核能发电只占2%。这种能源结构决定了我国如果要实现能源结构由"高碳"向"低碳"过渡,必须通过调整能源结构、进行能源技术革命才能达到;要最大限度地使用清洁能源、开发可以清洁煤电的技术;采取措施强化电能用户的减排意识;通过清洁电源与降低能耗叠加低碳效果,以期达到我国的减排目标。无论是使用清洁能源,还是推广低耗节能都离不开智能公共电网,只有通过智能公共电网广泛接纳清洁能源,才能达到低耗节能的目的。

智能公共电网的特点在于智能互动、清洁安全、可自愈、实惠优质,通过智能化网络吸纳和调度可再生能源和分布式能源,减少对环境的影响,提高能源利用效率,同时也加强了供电安全和可靠系数,是新一代电力系统,达到了节约能源、环境友好、创新服务、运营智能化等新标准。智能公共电网是低碳生产、生活作为支撑和承载新能源结构的最基本的提供方,作为重要参与者参与节能减排。

美国电力科学研究院认为,智能公共电网是将信息科技和通信科技整合进电力生产、输送和消费的各个环节的统一系统,并且能促进以下目标的实现:最小化环境给电网带来的影响;增强市场互动;改善可靠性和服务;减少能源损失以及提高效率。①

全新的电网发展理念——智能公共电网,在美国能源部看来是一种可以利用信息技术实现对电力系统操控、维护以及规划的动态优化方案,便于整合重组各类资源和服务,提高电力系统的可靠性、安全性和效率,也可通过数字技术实现。在美国能源部看来,智能公共电网的范畴不仅涵盖配电和用电,还包括输电、运行、调度等方面。它具有以下特征:(1)智能。自动感知系统过载,并且改变电力运输路径,以阻止或者减少潜在的储运损耗的发

---

① U. S. Department of Energy Report, Exploring the imperative of revitalizing America's electric infrastructure, http://www.gridwise.org/resources_gwaresources.asp,访问日期:2015年10月25日。

生;(2)高效。不但不用增加基础设施,还容易提升对消费者需求能力的满足;(3)容纳。电网可以接受多种能源形式产生电力能力的提升;同时能够将所有好的想法以及科技整合运用;(4)驱动。能够实现消费者和电器之间的实时对话,使得消费者可以根据个人消费偏好对电力消费进行实时控制;(5)机会。不断创新以发现新机遇和新市场;(6)质量为中心。对电力进行高质量的输送,以促进数字经济的发展,同时将电力输送到数据中心、计算机以及电子设备以推动其运转;(7)有弹性的。通过增强智能公共电网安全协议,减少中央控制程度,实现提升抵制自然灾害以及袭击的影响的能力;(8)绿色。使全球气候变暖放缓脚步从而从根本上改善环境。

欧盟认为,智能公共电网是综合运用监控、控制、通信、自愈技术,创新产品和服务,基于智能网络整合电力的生产者、消费者的行为和行动,以实现电力的可持续、稳定、经济和安全供应的电网。包括这样一些具体目标:(1)更好地促进各种规模的发电机以及科技的联系和运作;(2)允许消费者在电网系统的运作中扮演一定的角色;(3)为消费者尽可能提供可供选择的信息;(4)最大限度地减少整个电力公司系统的环境损害;(5)高效维持和改善服务;(6)培育欧盟一体化的市场。[①]

国家电网公司认为,智能电网是以特高压电网为骨干网架、各级电网协调发展的坚强网架为基础,以通信信息平台为支撑,具有信息化、自动化、互动化特征,包含电力系统的发电、输电、变电、配电、调度和用电各个环节,覆盖所有电压等级,实现"电力流、信息流、业务流"的高度一体化融合的现代电网。坚强智能电网强调坚强网架与电网智能化的高度融合。[②]

南方电网公司认为:智能电网是智能调度技术、智能输电技术、智能变电技术、智能配电技术、智能用电技术,以及电能储输、电动汽车、微电网、新能源并网、电网通信信息技术支撑的"智能、高效、可靠的绿色电网"。智能电网的建设目标是:"四个提高",即提高电力系统安全稳定运行水平,

---

[①] http://www.smartgrids.eu/? q=node/163,访问日期:2015年10月25日。
[②] 人民网,http://energy.people.com.cn/GB/12509123.html,访问日期:2015年10月25日。

提高系统和资产利用效率,提高用户侧的能效管理和优质服务水平,提高资源优化配置和高效利用能力,促进资源节约型、环境友好型社会的建设和发展。①

虽然有许多不同的对智能电网的定义,但社会各界形成了一些基本的共识。智能电网(smart grid,SG)是以原有输配电基础设施为基础的,将现代信息通信技术、现代计算机和人工智能技术等现代科技高度融合集成后得出的成果从而形成新型的电网。因为智能电网主要用于公共服务,因此更为精确的表述应当是智能公共电网,一般语境里的智能电网与智能公共电网同义。智能公共电网相比起传统的电网更具信息化、自动化、智能式分布以及交互式和数字化的特点,能支持大规模清洁能源接入、提高供电可靠性、减少输电损耗,通过需求侧响(demand-side response,DR)实现双向互动等优势。智能公共电网有利于扩大使用可再生能源,减少使用煤炭、石油等化石能源,这对于人类社会的发展有极其重大的意义,因为化石能源是储量有限能源,它总有耗尽的一天,而人类社会不应该等到化石能源耗尽时才去考虑这个问题,即使基于为了能够使人类社会可持续发展得到保证,开发和利用可再生资源也是人类义不容辞的责任。智能公共电网具有远距离输送电能与大量消纳可再生能源的能力,智能公共电网的发展有利于优化能源供应结构,促进新能源的发展。在电力清洁生产的推动方面和电力高效利用、可靠电力供应的保障等方面,智能电网具有举足轻重的作用,其也必然成为世界电网发展趋势。

人类社会的生产力发展已经经历了人力(畜力)、机械化、电气化三个阶段,智能化是目前正在进入的新阶段。互联网的功能已经表明,智能化相比自动化在生产力上将会有更大的提高,所以,智能化必将是人类生产力发展的第四个阶段。计算机与网络技术的出现为人类社会的智能化提供了技术基础,相比互联网的信息传递,人类首次在电网系统上运用计算机技术、网络技术并联合测控、通信技术等而创造了智能电网系统,大规模、远距离对

---

① 中国电力新闻网,http://www.cpnn.com.cn/ttxw/201011/t20101105_334381.htm,访问日期:2015年10月25日。

"物"即"能源"大规模成系统地"输送"与"控制"。智能公共电网不是对现有计算机网络的技术简单应用,而是对现有计算机技术与网络技术、测控技术、通信技术的整合与新一轮应用技术的开发与应用,这不但降低了人类的劳动强度,提高了人类解决问题的能力,还将拓展人类社会活动的空间,会对人类生活的各个方面产生巨大积极影响,这是人类社会进入大规模智能化时代的开端。智能公共电网的技术革命可能比不上蒸汽机与电气化对人类社会的影响,但可以与汽车等交通工具的出现对人类社会的影响相比。[1] 综上所述,新一轮工业革命的突破的重任就交给了智能公共电网。智能公共电网作为下一轮工业革命的突破口和国际竞争的重要阵地,将成为各国科技和产业进行竞争、争夺经济话语权的国际舞台。而目前,各国在智能公共电网发展方面均处于起步阶段,中国有望通过智能公共电网产业的快速发展抢占国际产业发展的制高点,占据新一轮国际竞争的高地。

**二、电网的智能化与中国转变经济发展方式之间的关系**

限制我国经济持续发展的两大重要问题就是生态赤字和环境破坏。《中国生态足迹报告》由中国环境与发展国际合作委员会、世界自然基金会两大权威组织发布,根据报告指出:中国的生态赤字首次出现时间是20世纪70年代中期,而2003年,中国的生态足迹达到了人均1.6全球公顷(平均每人为满足其生活方式的需求至少需要1.6公顷具有生态生产力的土地),虽然相比较于全球人均生态足迹仍低0.6全球标准,但现期要供应消费并吸纳制造出的废弃物需要的土地面积是现在国土面积的两倍。[2] 中国的经济高速发展的同时这一数字也相应在迅速增长。与全球的总趋势基本一致,环境问题也

---

[1] 第一次工业革命是蒸汽机;第二次工业革命是电力,电力传输使能源生产规模化;第三次工业革命是计算机和互联网;第四次工业革命是以清洁能源和智能公共电网为核心的低碳经济革命。参见中国低碳经济网,http://www.lowcn.com/jianpai/diangongjienen/201007/077975.html,访问日期:2015年10月26日。2008年美国 IEEEE 会议上,Jeremy Rifkin 提出智能公共电网将开启新一轮产业革命的序幕,参见美国电气与电子工程师学会,http://www.todaysengineer.org/2008/Nov/GridWeek.asp,访问日期:2015年10月26日。

[2] "中国生态足迹报告(上)",载《世界环境杂志》,http://www.wem.org.cn/news/view.asp?id=375&cataid=17,访问日期:2015年10月28日。

引发了气候变暖问题。中国气象局及时更新发布观测结果,结果显示,我国在最近 100 年里(1908~2007 年)光地表平均气温就相比升高了 1.1℃,在近 50 年发生明显变化的还有降水分布的格局,降水增加明显的是以前干旱的西部和华南地区,而华北和东北大部分地区的降水却减少了。1986 年至今共经历暖冬 21 个,极端气候事件,譬如高温干旱强降水等频发且强度明显增大。中国沿海海表温度在最近 30 年内上升了 0.9℃,沿海线的海平面上升了 90 毫米之多。逐步增加的自然灾害、经济损失都是由环境问题引发的。未来我国的气候据有关专家预测会进一步加强变暖趋势;由气候变化带来的极端天气出现的频率会居高不下;降水的分布更加趋于不均等的同时发生频率高的还有强降水天气;干旱区范围可能扩大;海平面也会随之上升。① 发展低碳经济,形成高效、清洁的能源利用格局和低碳环保的生产生活方式已经成为应对我国生态和环境危机的无奈选择。作为担任支撑和承载新能源结构的职能所在、为低碳生产生活方式提供基础保障,同时公共智能电网也是节能减排的重要组成部分。综上所述,发展低碳经济是我国部署的重要内容。

高能耗、低效率的发展方式面临困境,经济增长方式的转型和能耗降低已经成为我国经济增长的必然出路。目前,中国处于重工业化阶段,所以能源是支撑重工业发展的基础。随着国际能源和资源产品近几年价格不断大幅上涨,获取能源需要付出的代价也随之升高,依存度也与之成正比增长,与之成反比的是抗风险能力,我国稳健增长的经济因为以上原因受到了严重威胁;以"碳排放"在"金融海啸"过后发达国家逐渐寻求新的"绿色壁垒"为背景,成了中国传统优势产品出口受到打压和限制因素重要的一项。与此同时,今后国际标准上将把"碳排放权"列入战略资源。传统观念里,人们为土地、石油煤炭、矿产等资源奋力抗争,而未来,碳排放权会成为人们争夺的焦点。由于我国占较大比重的是资源密集产业、能源密集型产品,所以其决定我国在国际产业分工体系处在较低端产业链中。我国产业的发展空间非常狭小,不但由于我国消耗着世界总量 1/4 的能源,更因为我国消耗能源

---

① 《中国应对气候变化的政策与行动白皮书》,载国务院新闻办公室网站,http://www.scio.gov.cn/zfbps/ndhf/2009/200912/t492193_1.htm,访问日期:2015 年 10 月 28 日。

排放二氧化碳占世界总排放量的 1/5 之多。① 这就决定想要实现经济可持续发展必须转型发展低碳经济，同时节约传统产业能耗、采取对低碳新兴产业的大力扶持重要举措，从而能够具有一定的国际竞争力。而电力企业作为能源消耗的重要主体，需要通过智能公共电网的建设，加快技术改造，接纳更多新能源发电，支持我国能源结构的调整和改善。我国经济增长方式要想转型，首要任务就是在资产利用、管理方面最大优化从而减小能耗，高效运行，为实现负荷需求的弹性化，要不断强化、优化电力公司与终端用户之间的互动；其次，清洁电源提供方式的多样化和便捷化，也是我国电力工业发展的关键所在。

智能公共电网是一项新的技术革命，它将在多个工业领域引发革命性的进步。建设智能公共电网有以下几点好处：（1）它可以推进一些技术的发展，譬如电工产品技术、材料和现代信息技术、通信、通信控制技术等。（2）也会产生电动汽车等新用户，还会因为智能互动等技术的应用形成新的产业与新的管理模式。因此，智能公共电网建设将进一步推动一系列的新兴产业发展，会拓展社会活动空间，在管理、运营以及其他方面，也将有重大的发展。投资数额较大、有较长的产业链这两项是智能公共电网和其他资金、技术密集型行业的比较显著的特点。在解决国家经济转型、促进国家经济发展推动等问题上，智能公共电网的建设可以通过制造装备、升级行业技术在通信信息中的运用等方式实现。

在节能减排、发展低碳经济方面，智能公共电网的作用很重要。提高其灵活性和兼容性的电网能更好地实现清洁能源的开发、输送和消纳等。在清洁能源并网控制方面，如果智能公共电网的能力显著提升，就会有经济、高效、可靠的能源来源——清洁能源。综上所述，智能公共电网对清洁能源开发利用方面有强有力的促进作用。通过对温室气体排放量的减少带来对低碳经济的发展的推动。目前，煤炭是我国能源结构的主体，决定着由"高碳"向"低碳"过渡必须逐步实现，能源行业必须从能源结构调整、能源技术革

---

① "低碳经济：气候变化背景下的发展之路"，载《WTO 经济导刊》，http://www.wtoguide.net/Html/tbgz/0612251557106895509226110711978492 2.html，访问日期：2015 年 10 月 28 日。

命和助推与引领其他行业节能减排几个方面进行努力,智能公共电网将成为上述各项工作的重要纽带。

### 三、产业结构升级与能源安全

(一) 产业促进功能

电力行业在资金和技术方面都属于密集型行业,也无疑是国民经济中重要、基础的产业,其具有的最显著的特点就是投资大、产业链长,因此,其能够明显拉动与其相关的产业,带动增长。智能公共电网的建设对以下产业有巨大的带动作用:(1) 重工业、金属冶炼及压延加工业。(2) 制造业、电气和机械器材加工制造的制造业以及金属制品制造业。(3) 生产供应工业,类似于电力和热力的生产和供应业等。与此同时,将拉动大量应用智能化设备,比如现代通信、通信设备等投入智能公共电网的建设中去,为确保设备正常运行,诸如计算机及其他电子设备制造业的更新。新能源、新材料和物联网等与之相关的通信设备和战略性各种新兴产业的发展也是不可或缺的;在内需不足的现时经济情况下,智能公共电网建设,在迎来新一轮升级换代的家用电器、电子仪表产业和电动汽车产业发展的背景下,对促进经济增长具有重要的意义。

电力领域一次重大变革,即作为世界各国电网发展的新趋势的智能公共电网。在电工制造业方面,我国技术与发达国家相比仍然相对落后,能使我国与其他发达国家站在同一起跑线上的无疑就是建设坚强的智能公共电网,在产业升级方面对于我国电工制造业的跨越式发展和对世界先进水平的赶超来说的是一个重大的机遇。例如,在我国采用以"原始创新"为主的示范工程——特高压试验示范工程中,采用"集成创新、引进、消化后吸收能够再创新"等多思路,与创新战略相结合,使国内生产企业能够领先于世界水平,具备生产 750kV 设备的能力;国内常规 750kV、500kV 及以下电压等级产品的研发能力明显提高,其是在通过研发特高压设备,在技术溢出效应之下显著提升的、同时提高的还有产品的设计能力和可靠性,此举更加完善我国在高压设备制造方面的技术,我国电气装备制造业在国际上的竞争力得到了显著的提高。进一步说，坚强智能公共电网的建设将更好地融合一次与二次能源设备、紧密加强装备与电网、装置与系统的联系，将智能系统融入各种智能设备的应用，运用技术溢出效应同时结合产业扩散效应。通过上述方法能够对我国电工制造业的信息化和智能化水平有高层次的提高。

坚强智能公共电网能够组建的电力光纤复合网，从而将多种行业，如电力、通信和有线电视等进行集成、整合以及互补，一定程度上是通过采用电力复合光缆技术完成的，电网"最后一公里"信息化的问题以及为满足电力用户对所有信息服务的接入需求提出的"电力光纤到户"问题，以上两者都是通过构建信息网络才能够彻底解决的，将电力、信息流有机地与其他数据业务融合在一起从而实现电力产业、电信产业和互联网产业、广播电视媒体产业的兼容整合，家电产业等其他产业也不例外，这么做对于网络利用效率有很大程度的提高，同时也使得资源能够在全社会范围内共享，将各行各业更加紧密地协同起来了。

在未来，分布式电源并网以及微电网技术对于配电网起着巨大作用，因为配电网将接纳大量的分布式能源。而大规模接入时由于分布式电源间具有隙性的特征，会给配电网带来一系列问题，如电能质量问题、孤岛效应问题、可靠性与稳定性问题以及配电网适应性问题，这对配电网的深刻改变提升现有技术有着督促作用。同时，客户终端用能结构与服务需求也发生了深刻变化，智能配电网消纳间隙能源由被动变为主动，做到配网自我组织参与消纳，达到全网最优协调。智能配电网最终是为智慧城市服务的，智能公共电网的核心是城市智能配电网，它能为智慧城市的各个系统输送充足能量和海量信息，是智慧能源系统的主要载体。《第三次工业革命》中首次由吉里米·里夫金——美国沃顿商学院教授，于2011年，提出了"能源互联网"概念。[1]能源互联网的实质是一种电力互联共享网络，它在已有的电网基础的条件下采取关于电力电子的最先进技术和最佳信息技术手段，通过对大量分布式的可再生能源发电和分布式储能装置两者的巧妙融合，从而达到在能量、信息

---

[1] Jeremy Rifkin, The Third Industrial Revolution, Palgrave Macmilan Pulish 2011, New York, U.S., p. 9.

双向流动中实现对等的目的。能源互联网的研究和建设从配用电终端开始，智能配电网的发展前景是能源互联网，终端的自愈力、互动性将是未来世界电网智能化的基本标志。到那时，并入电网的是规模巨大的分布式发电，与此相应会带来大规模分布式电源、微电网等的运用，这就要求智能配电网通过智能系统协调，实现微电网的自愈、自治和自组织，通过这些微电网，分布式发电将在智能公共电网中实现整合运行。这将成为配网的工作模式常态，最终实现大规模商业化和市场化运行，形成全新业务模式。一次、二次能源的综合利用是未来智能配电网的"任务"，基于系统能效技术，智能配电网通过能源生产、储运、应用与回收循环四环节能量和信息的耦合，实时协调能量输入、输出和跨时域，使三者保持一致，最大优化系统全生命周期从而使能量增效目标实现，能效控制系统对各能量流进行供需转换匹配、梯级利用、时空优化，以达到系统能效最大化，最终输出一种自组织的高度有序的高效智能能源。智能配电网最终将为智慧城市服务，智慧城市以广泛覆盖和深度互联的通信信息网络为基础，全面感知基础设施、环境、能源等方面信息，能够整合能源、交通、水资源等城市运行各个核心系统，为城市运营和各类资源优化配置提供智能决策与响应，提高有限资源的运行和利用效率。智能公共电网的核心是城市智能配电网，它能为智慧城市的各个系统输送充足能量和海量信息，是智慧能源系统的主要载体。智能配电网可以全面监测感知城市能源供需情况、能耗指标，做到合理调配和使用电、油、气以及光伏、风电等能源资源，在保证城市用电安全的基础上，不但要提高能源利用效率，实现能源供给均衡、排放还要减少，能对城市的绿色发展起到促进作用，丰富城市服务内涵。

（二）保障能源安全

在我国一次能源消费中，电力消费所占比重已经远超石油和天然气位居榜首，截至 2009 年，在一次能源消费的总量中，电力消费的比重已经高达 40.96%，石油和天然气消费总额才是电力消费的 1/2。正因如此，我国能源安全的核心转而变为电力安全。在传统的电网下，电力系统往往比较脆弱，由电力系统自身引起的大停电事故，也在频繁的自然灾害引发的大面积停电事故中有所体现，有时甚至有人为的对电力系统的攻击也会给电力安全带来重大威胁，以上几点问题体现出电力系统的脆弱性。一旦发生大面积的停电事故，国民经济损失，人民生产生活也一定会受到很大的影响。自身具有强大的自愈功能的坚强智能公共电网可以通过多能源互助的方式提高电力资源配置能力，最终使电网的安全性得以提高；与此同时，公共电网可以逐步替代了传统的化石能源，我国石化能源对外依存度就随之降低了，继而使我国能源安全更加有保障。

具有强大的自愈功能的坚强智能公共电网，能够避免停电事故发生和提高供应电力的质量，是国家能源安全的重要保障。现代社会对电力的依赖度越来越高，随着电子设备的出现和革新，人们日益以高的标准要求可靠、高质的电力；与人民生产生活和国民经济影响息息相关的无疑是停电事故和电能质量。相比较传统电网，坚强智能公共电网的显著特征在于其自愈功能非常强大。一般情况下，传统电网在事故出现后才采取措施处理，这样的后知后觉不仅使得停电频发，也使得供电质量降低；智能电网会不间断地进行自我在线评估，及时预测、发现可能存在、已经存在的或正在发展的问题，立即采取手段加以控制、纠正，这样就能避免停电的发生，使得供电质量不会受到影响，智能公共电网正是凭借如此先进的自愈功能超越传统电网。在传统电网中，电线上的电压相较理想值、预期值时高时低，而且缺乏足够的信息识别装置，只能事后对事故进行分析、处理，一旦较短时间电压突降，就会导致数分钟甚至更长时间的停电。但是，在智能公共电网下发生类似情况，其安装在全网的传感器组件会立刻反馈处理信息，如此一来，电网就能持续不断地供电给用户，使供电可靠性、电能质量均大幅度提高；简称DFACTS的配电网柔性输电技术，通过对供电质量相关参数的检测，从而与快速控制电子开关（动作时间在毫秒级）间相应进行补偿，对特定用户需求的供电质量也能满足；通过整合各种现场终端，配电自动化系统能够实时监测电网中发生变化的电压，如果有需要，就调整电网的控制方式、运行方式，从而使变压器分接头挡位和投切无功补偿电容器组，得到调节以保证用合格范围的电压供应。故比起传统电网，不但能确保电网的可靠、安全性，还能保证供电质量和效率。①

通过多电源的智能互联的方式向用户提供电力保障,是坚强智能公共电网的一大特点。电力是不可在传统电网下储存的,为保证电网安全就要提供许多回路,传统电网有一个缺点:一旦主网发送事故,大面积停电必然会出现。与传统电网不同,智能公共电网通过多电源互联方式,能将多种能源来源组合起来,如传统电站、可再生能源、资源综合利用电站以及储能设备等,构成一个共同的能源安全系统以保障电力。一旦系统发生故障,其供电还可以利用比邻的电力系统冗余、发电容量或现有电力系统的备用储备(如 UPS 应急电源、电池蓄能电站或者电动汽车蓄电池等储能设备等),还有可再生能源等形成微电网,为电力安全提供多重保障。

在降低我国石油对外进口依存度和保障国家能源安全方面,智能公共电网非常有效,我国经济一直在以惊人的速度发展着,我国对石油的需求量与日俱增,我国家庭也大多进入汽车时代,到 2014 年,我国全年共有 5.18 亿吨的石油消费量,净进口石油也达到了 3.08 亿吨,石油对外依存度达到 59.5%;② 我国经济发展后汽车普及到户,人们由于生活水平的提高对石油的需求量的势态将会继续保持。由于我国人口数量大,人均石油储量水平在世界上较低;我国又主要倚靠中东和非洲等政局动荡的国家或地区进口原油,所以石油进口有很大的风险约束。由于石油需求不断增加,而供应又不稳定,我国能源安全中存在着非常大的隐患。如果智能公共电网、蓄能电池充电等先进技术的发展打下坚实基础,就可以大规模发展和推广电动汽车;并且依托智能公共电网,可以大规模利用可再生能源,不必过度消耗石油和煤炭等不可再生能源,降低我国的石油消耗和石油对外进口依存度。

在优化我国能源配置方面,坚强智能公共电网提供了保障:确保提高能源供应的能力、灵活性。最近几年,我国能源资源和生产力布局矛盾日益突出,电力紧张的地区包括华东、华南等地区,而西北、西南、东北等地区电

---

① Gilbert N. Sorebo and Michael C. Echols, Smart Grid Security, CRC Press Taylor & Francis Group, 2012, p. 17.

② 中国石油化工网:"2014 年我国石油表观消费量超 5.18 亿吨", http://oil.chinairn.com/news/20150129/172610372.shtml, 访问时间:2015 年 10 月 28 日。

力富余、容量较大。这样不均衡分布的结构性矛盾是我国能源安全中存在的隐患。优化配置能源资源在全国范围实行既能高效率的能源利用,保障国家能源安全需要全国性的实现资源调配。电压等级较低的传统电网不能满足跨区域的需求,大范围配置能源也不现实,往往只能就地建厂,长距离的煤炭运输本身就是对资源的一种浪费,我国的运力已经很紧张了,如此一来,既消耗了能源又为此增添了负担。坚强智能公共电网建设,主要特征是通过特高压电网大规模进行电力输送,按照国家电网公司规划,到 2020 年全国全面实现"坚强的交直流互联",形成四大同步电网:"三华"(华北、华中、华东)电网、西北电网、东北电网和南方电网,通过直流能够在各电网之间实现异步联网。新疆、甘肃等西部地区的电力富余,由于受端已经形成了坚强的特高压同步电网,可以通过 ±1000 千伏直流实现电力输送到外部;通过特高压交流和直流电,将黑龙江宝清煤电送至辽宁;通过特高压交直流将山西、陕西、宁夏煤电大规模送往"三华"地区。2020 年,坚强智能公共电网模式与传统电网相比,我国跨区配置率提高约 16 个百分点,跨区配置能力由 2 亿 kW 增加到 4 亿 kW;国网能源研究院研究报告——《输煤输电综合比较研究》中明确指出在煤炭产区设大型空冷坑口电厂,如晋北、晋中、晋东南以及陕北、彬长、宁东、蒙西、锡林郭勒盟、呼伦贝尔市、哈密、准东、宝清等,将其生产的电力输送到京津冀鲁、华东、华中四省。输电的落地电价比输煤的上网电价低 0.02~0.11 元/千瓦时的东北辽宁不仅能够节约资源实现电力在全国范围内的配置,而且避免由于局部运输、铁路运输繁忙而导致的电力紧张。

## 第二节 电力产业法律调整的经济法属性分析

### 一、电力产业属于经济法的调整对象

第二次工业革命的来临推动了经济集中和垄断,电力时代的来临是经济集中与经济垄断的产物。不同于工业革命之前较为侧重私权利社会自治的法

律调整，第二次工业革命之后的法律更为强调技术特征、工业标准、生产流程和安全要求，一旦离开政府（社会共识）发布的技术标准和秩序，整个社会的工业将无法运行，这实质上就是政府对经济的介入与调控——经济法——从实践到法律理论的发展。① 电力产业结构具有天然的复杂性。每一次终端电力使用行为必将经过"由发到输到配最后到售"这样的四个环节，这四个环节的主体也不是同一个。发电环节，顾名思义就是将把各种类似于水力、火力、原子能等一次能源或者新能源通过技术转换成电能；以高压或超高压输电线路作为载体，将电力从发电厂运输到各个需要的地方的环节，就叫作输电环节；高压电输送来以后不能直接使用，要通过变电转换成低压电再输送给用户使用过程的环节是配电环节；售电环节就是出售输送来的低压电给最终用电的用户的环节。这些主体在法律上的分离程度，决定了交易结构的复杂程度。换句话说，上述主体越分离，最终的用电过程要经过的环节就越复杂。从这个意义上看，电力交易与使用比一般交易设计的主体要复杂得多。如何处理和协调这些不同的社会多元利益主体之间的法律关系，② 是各国电力体制改革以及电力法修改的重点和难点。电力产业既是现代工业社会运行的基础，也是现代工业社会的象征，以经济法的视角分析作为经济法调整对象的电力产业能够帮助展现现代工业社会的经济法治。

（一）电力产业的公用事业属性

在市场机制中，既有通过自由价格的形成完成资源最合理配置的自由企业制度，也有不依赖价格机制的作为社会"公共财产"进行的所谓"公用事业"。前者的直接目的在于追求营利性，后者的直接目的在于追求公益性。自由企业的营利性，在广义上也可能是间接性的有利于公益的；公用事业企业也可在法律和章程的范围内实施具有营利效果的行为，③ 因此在实践中，不绝对排斥以营利的方式进行公共公益事业。公用事业的基本性质有如下几点：（1）公用事业对普通公众生活提供必需的服务时，做到无差别对待。

---

① 史际春、邓峰：《经济法总论》（第二版），法律出版社2008年版，第59页。
② 李曙光：《转型法律学——市场经济的法律解释》，中国政法大学出版社2004年版，第55页。
③ 史际春："论营利性"，载《法学家》2013年第3期，第1—13页。

（2）公用事业的技术特点决定需要大规模的设备装置，同时需要使用道路、河流等公共财产。（3）公用事业的服务，一方面必须与需要相对应，随时的、即时的、充分的满足需要；另一方面服务本身是不易贮藏的，为服务而提供的设备装置是非移动性的（这意味着属于公用事业范围内的企业业务的继续性及企业的永续性和坚实性）。（4）公用事业企业自然具有地方独占性，同时公共性要求其应当无差别地对待所有社会用户。一般而言，公用事业包括"电力事业、煤气业、市区铁道业、城市联络铁道业、公共汽车业、自来水业、管道输送业、电信电话业、全国铁道业"等。电力产业之所以能够单独立法就在于其具有不同于其他公用事业的特殊性，电力产业作为公用事业的特殊性主要表现在以下四个方面。①

（1）电力行业是现代文明的基础，电力系统的安全及电力价格、质量（包括服务质量）等对社会经济发展影响巨大。作为能源结构中二次能源的电力，是目前人类最重要、最优质的能源。电力很大程度上影响或决定社会生活的如何进行、公共事业能否顺利建设、国民经济能否顺利运行。

（2）电力产业是中间投入型产业，电力供应系统具有"规模经济效应"，它的非移动性和固定资产比率高，在电力生产过程中，中间投入部分所占的比重往往高于其他行业，巨大的沉淀成本无形中为电力企业的进入和退出设置了壁垒。

（3）相较其他行业，电力行业在安全要求上更为严格。工业革命以来，高科技的发展使现代社会逐渐成为"风险社会"，风险已经成为现代文明的癌症，无法根除。这在电力产业中尤其突出。电力的物理属性决定了电力事业面临的安全风险，要求高质量的电力运行的安全性维护。供电设施以及用电设施共同构成的闭合系统就是电力系统，能够直接影响电力系统状态的就是用户的运行状况和电力企业的运行状况这两者。具有随机性、波动性是电力负荷的特性，而电力设施的运行则与之相反，其要求平稳、具有规律，但是电力设施必须始终保持与电力负荷匹配的状态。电力系统的这种供需双方

---

① ［日］新电气事业讲座编辑委员会：《电力事业经营总论》，水利电力出版社1986年版，第9页。

运行状态的互动相关特性，决定了在电力市场中必须要有独立于交易双方之外的系统居中协调，两者的动态匹配才能得以实现。

（4）电能不是公共产品。公共产品（public goods，也称公共物品）有一定的严格意义，是指"大家可以共同消费，不能拒绝不付费者（非排他性），某个人的消费不会减少他人消费（消费的非竞争性）的产品和服务"。虽然电能是人民生活和生产活动中不可或缺的能源，是社会经济的必需品，法律要求电力公司应当具有向顾客提供平稳廉价电能的机制，要求电力公司在向用户提供服务（包括价格和供给条件）时遵守公平原则，但是电能本质上仍然是普通商品，遵循普通商品的交易规则，当然供电系统则属公共产品。

## （二）电力产业涉及的社会关系

《电力法》在客观上调整以下两类社会关系：（1）传统公法调整的社会关系。这主要是各类电力企业与国家之间发生的关系，如电力行政管理部门、电力监管部门与电力企业之间的关系。基于国家对电力企业规制目的的不同，这类法律关系又可以区分为纯粹公法关系与经济法关系，前者是指基于国家治理而发生的关系，如电力监管部门与电力企业之间的关系，后者则是指基于社会福利发生的关系，如为保障每个公民基本的能源使用权而赋予电力销售企业的普遍服务义务。（2）私法调整的社会关系。这是指电力企业之间、电力企业与电力使用者在电力生产、经营、消费过程之间的关系。此类主体的法律地位平等，因此从理论上说，它们之间的关系都是私法上的关系，这一判断既符合基本法理，也符合电力企业"政企分开"的基本要求。

然而，从经济法的视角而言，电力产业公私分明的法律调整思路并不完全合理：（1）上述两类关系可能发生改变，甚至还可能相互转化。例如，国家对电力企业的规制问题上，各国的电力产业在电力市场的发展初期基本都采用完全的市场竞争。电力与其他产品的法律规制没有什么区别，电力仅是一种产品而已。电力在此阶段内还不能达到远距离传输；电厂也是私人投资，规模较小，多半分布在城市周围，政府也没有采取规制手段。但在"二战"后，大容量、高参数机组的发明使电力工业成为资本密集、规模效益突出的行业，远距离电力传输成为必要和现实，随着发电公司规模的扩大，横向区域垄断也随之加剧，纵向垂直一体（发电、输电、配电）实现了全面整合。对电力企业实施的法律规制在这一阶段萌芽并开始产生。（2）电力法中的私法关系很难明确界定为纯粹私法上的关系，毋宁说是有程度不同的规制的私法关系。例如，在输电法律关系中，国家规制输电企业的价格并赋予电网企业以开放网络的法律义务。认识到电力法中私法关系内在地具有国家规制这一特性，对于我国电力交易市场的培育以及电力法的修改具有十分重要的意义。

经济法调整的对象包括经济管理关系、维护公平竞争关系、组织管理性的流转和协作关系等三类。[①] 电力法主要调整以下三方面的关系：（1）基于电业行政管理与监管产生的行政法律关系，例如，电力企业经营中的行政许可关系。（2）电力及电力设施保护与管理关系，即政府保护和管理电力企业、电力和电力设施产生的关系。（3）电力的生产、输配、供应三者之间的关系。即不同电力企业之间的产、输、配电关系和电力销售企业与消费者之间的电力供应与使用关系。

## 二、智能技术创新推动电力市场结构变动

（一）电力产业市场结构界定

古典经济学所研究的是完全竞争市场条件下厂商的行为；马歇尔对不完全竞争市场进行过系统的研究；贝恩创始了西方产业组织理论，以市场结构与厂商之间的关系作为切入点开展了系统性的研究，SCP（structure conduct performance）范式，即市场结构—市场行为—市场绩效。市场结构，顾名思义就是表现和形式，其一是厂商之间市场关系的表现形式，卖方间、买方间、买卖双方之间都包括在内，其二是市场内已有的买方与卖方在利益分配和交易方面与正在进入或可能进入市场的买方、卖方之间存在的关系。厂商定价、产品之间存在的差异以及研发行为等都可以称之为市场行为。对资源配置的影响就是市场绩效。贝恩指出市场结构影响市场行为，其实市场结构也是市

---

[①] 史际春、邓峰：《经济法总论》（第二版），法律出版社2008年版，第39页。

场绩效的影响因素。尽管斯蒂格利茨在看待此问题上持有与贝恩不同的观点，不过大家达成的普遍共识是：市场结构是市场行为和市场绩效的前提。

发电、输电、配电和售电以上四个环节共同组成了电力市场结构，并且在电力行业中输电、配电是至关重要的，因此电力行业的市场结构既比较复杂，其包括了在电力市场中的买方间、卖方间、买卖双方之间这样三大组成，已有的买卖方在市场内与正在或有可能进入市场的买方、卖方之间在诸多方面都存在巨大关系，例如在交易方面和利益分配方面；其中买卖双方与电力网络之间的交易关系也存在利益分配方面的交叉。

时任美国联邦能源规制委员会主席 Bernard. Tenenbaum 与他人合作撰写的《电力私有化——结构、竞争和规制的选择》[①] 一文认为，由于发电、输电、配电和售电方式各有不同，电力市场结构可以划分为：纵向一体化的传统发、输、配电结构、能够独立发电的结构以及输电服务提供的结构和发、输、配电分离彻底并引入竞争促进零售的结构；Aviel Verbruggen 经过考察欧洲电力市场，[②] 认为电力市场的标准结构模式应当是：在产业链上，发、输、配电各个环节能够实现完全的分离；唯一的网络运行者能够支配、拥有输电网的就是控制中心，扮演电力经纪人的角色；输电环节网络完全开放，建立电厂和上网发电两个环节能够进行完全竞争性的招标投标；而卖电给电网是发电者唯一能做的事，消费者也是如此，只能通过电网买电，第三方的介入是不被允许的；大额批量发电者和消费者才被允许直接与电网开展交易，除此以外的交易只能同配电部门进行；由于消费者拥有的价格结构近乎相同，所以其定价也是以电力供给的短期边际的成本为基础的；配电部门如果能成为集供电、供气、供水等多种功能于一身的公共公司将会对兼顾范围经济有利；对欧洲统一的规制机构高标准的要求，各国或地区在这一框架内规制配电公司。基于传统经济学对市场结构的划分，可以采取以下措施：（1）从垄断性转向竞争性，将电力市场结构的划分调整为垂直垄断型，通俗来讲也就

---

① Bernard Tenenbaum, Reinier Lock, Jim Barker, Electricity privatization structural, competitive and regulatory options, Energy Policy, Volume 20, Issue 12, December 1992, pp. 1134 – 1160.

② Aviel Verbruggen, What's Needed Next to Refine the EU Directive on Cogeneration Regulation, The Electricity Journal, Volume 20, Issue 2, March 2007, pp. 63 – 70.

是买电型结构。（2）寇售竞争和零售竞争这两种结构作为补充；因为市场结构的不同，市场主体间关系也一定会存在或多或少的差异。

（二）电力开放型市场的逐渐形成

发电方、用户、发电方与用户、发电方与电网、用户与电网这五者之间的关系共同构成了电力市场结构。电力市场结构受到智能公共电网建设的影响，主要表现在以下几个方面。

发电企业在电力市场中的市场份额，代表了发电方的产业集中度。水电、火电等传统能源在传统电网下在整个能源结构中占据很高的市场份额。我国在2014年年底时，火力发电量所占的比重最高，高达75.2%，其次是水力发电，水力发电占总量的19.2%，核能发电、风能发电和太阳能发电占的比重就很小了，它们分别是2.27%、2.81%、0.41%。传统能耗，例如火电、水电对能源消耗都比较高，也靠着巨大的投资在支撑，明显程机组规模带来的经济效应，因为如果发电厂的容量规模相同的话，在平均成本方面，大机组电厂所投入的成本小于小机组电厂。由于电力资源的专用性能带来较为显著的经济规模，附着的投资也很大，这就导致其给发电行业带来了较高的壁垒，尤其是在经济方面；我国规定国家发展和改革委员会审批大中型电力建设，小型电力建设项目可由省发展和改革委员会审批，这就在发电行业设置了进入壁垒。综合以上原因，发电侧的市场集中度较高就是传统电力市场的一大特点。

从以下几个方面降低发电侧的市场集中度是智能公共电网建设的延伸影响。之一，风电、太阳能发电等可再生能源的发电基础可以通过智能公共电网来提供，随着可再生能源技术日趋成熟，将来在发电量中会占有越来越大的比例，使得传统电力市场中的能源结构发生改变，当然市场结构也会随之改变。之二，为分布式能源奠定基础的也是智能公共电网，规模有限、投资有限、供电存在间断性是分布式电源的基本特征，智能公共电网需要微电网和分布式电源的支持和弥补。未来电力系统的发展趋势是多元的，网络中既有大容量，也不排斥小容量，既可通过网络互联运行，又可以分解为微电网运行构架，将大电网和微电网两者的优点综合利用来形成格局。如此一来，作为电力市场主体的就顺理成章是配电公司、分布式电源和微电网的投资和运营公司。电厂依赖度将在能源市场中逐渐减弱,随之发电方的产业也就不那么集中了。同时,智能公共电网建设因为新能源的替代效应,虽然降低了发电侧的市场集中度,但作为不可再生的传统能源,其并没有考虑因为智能公共电网带来的负外部性因素,所以其并没有完全按照此制定价格。成本、价格较低的仍然是传统电网;而新能源的价格和成本在不考虑其正外部性的基础上仍然高于传统电网,所以按照市场配置秩序来说,成本相对较低、价格相对较低的传统能源就会优先出清,其次才会考虑出清成本和价格较高的新能源,替代能源也是如此,这就是新能源在市场竞争中的不利之处;而且市场结构并没有因新能源的产生而改变。综合以上几点问题来看,现时,一方面要加强可再生能源接入,另一方面对不同能源价格调整,对可再生能源进行补贴等也要同时进行,发电侧的市场结构的降低也会在新能源最终在实际能源结构中能够占有的比例高于或相近于传统能源时出现。

1. 电力用户的市场模式

其一,由于电能应用加剧,用户间的竞争需要扩大。由于智能公共电网建设,全社会都会改变其能源方式,作为清洁能源的电力,大幅度提升了在国家能源结构中的比例,一些原来依靠石化能源运营的行业,例如汽车业一部分也变成了电力用户,电力汽车等的推广和应用,必将会使电力需求进一步的扩大,所以买方市场竞争会在电力供不应求的情况下发生。

其二,增加用户的选择权利。选择发电方、选择价格、选择交易方式和选择不同时段消费等的权利都是智能公共电网下用户拥有的权利。在智能公共电网下用户可以直接向电厂购买电,发电中心与负荷中心的距离缩短了,大量涌现的分布式发电通过微网电模式运行,微电网能对可再生能源电源、负荷两者就地结合并协调、控制,可再生能源就地消纳电量,剩余电量也可以远距离输送、存储,分布式发电和微电网为用户选择供电模式提供了基础。因此,用户只能通过电网独家购电这样的状况被智能公共电网的出现打破了,用户可以根据自身情况和实际情况,购买不同的电源。用户的受益得到提高,因为电源选择竞争就会发生在发电方之间,双方为赢得竞争将会降低发电成本。需求侧响应,也是智能公共电网的好处,其不但让用户了解市场信息,而且同时将选择价格的权利给予用户。传统电网下，通常以一种被动的波峰波谷的定价形式定价，用户处于被动方，不能通过改变自己参与到市场中的用电行为，而只能顺应市场电价。智能公共电网的需求侧响应模式中，用户又可以通过智能电表的信息运用网络技术了解不同价格作出选择，用户购电方案呈现多样化，峰谷电价、实时电价等都一目了然，可中断负荷电价合计及用户长期用电特性的中长期合约不同的电价等多种价格也都是公开透明的，可供用户自行选择何时购电，这样一来，用电用户的灵活性就提高了，自身成本反而降低了。对应价格差异的是，用户可以选择不同时段消费适用的智能化家电产品，用电、蓄电可以在电力富余的情况下进行。巧妙地避峰用电，这就要求智能公共电网以智能家电接入为前提和基础。电能在传统电网下不能够储存用户只能以即时消费的方式用电，当然也是单一的消费方式；如果利用智能公共电网，加以越来越成熟的储备技术就可以根据需要实现储存传统电网下的不可储存的电能，那么传统的即期消费模式也会随着电能的储备而改变，用户可以自由的、实时的、任意的参加市场交易。可以通过可再生能源、储能设备或者可中断负荷或智能化用电设备来实现。

其三，用户参与市场的能力得以不断增强。传统电网下，用户只能被动地接受电价，基本不能参与市场；在智能公共电网中，因为信息技术、网络技术不断地发展，智能电表也普及应用了，所以发电侧供给主体与需求侧的电力用户获取实时电力市场信息非常便利，增强了用户参与市场的能力；此外，在选择发电商方面，需求侧的大用户可以根据不同的自身情况选择相应的发电商。

2. 发电方、电力用户和电网企业的关系结构

电网企业在传统电网运行下作为一个双边垄断的企业：独立发电商能够向电网公司竞价、上网，而电网公司才是最终的决定者，电网公司根据发电商的报价决定上网厂商和电价，这就是典型的买方垄断；同时，由于只有电网企业才可以直接供电给需要的用户，当作为售电方来说电网公司处于卖方垄断地位。

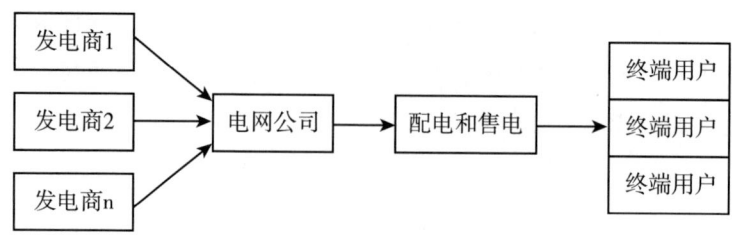

图 1.1　传统技术条件下的电力市场结构

电网企业的地位在智能公共电网的框架中定会发生某种程度上的改变。首先，微电网运行后，电力市场中相当一部分用户就不再直接依靠电网，而是采取直接购电的方式购电。其次，智能公共电网建设对超导输电技术发展也有一定的促进作用，超导技术应用后为进入输电领域减少了许多不必要的壁垒，作为中小型电厂，向其客户输送电力也将是普遍的现象。最后，电力的交易品种、方式也将在智能公共电网的技术支持下取得显著创新，发电企业将电力商品批发销售给配电公司，电力零售商以及许多大用户也能得到批发销售，配电公司、电力零售商或大用户也可以向发电企业批发电力商品，然后销售给终端用户。在这样的情况下，电网公司不但保有原来的购电、送电，另外网络配送功能也由其承担了一部分，电网公司只是把电力商品从发电方输送到指定用户的过程中收取一些中间手续费用，大多是网络上的过网费用。传统电力模式下，电网作为垄断批发商的地位就不复存在了，其能做的就是向中间网络提供输电，网络使用费也代替传统价格差成了其主要利润来源。智能公共电网下市场结构如图 1.2 所示。

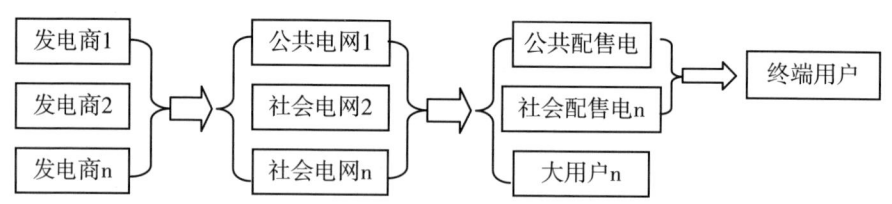

图 1.2　智能化技术条件下的电力市场结构

（三）电力厂商行为

市场结构决定厂商行为是 SCP 分析范式的主要特征，通过厂商行为市场结构能达到影响经济运行绩效的目的，这种模型能够展现的产业的企业数目、规模、能够进入的基础条件和成本条件、需求类型等特征。此种模型认为结构（以某种的方式）能够对企业行为（C）起决定性作用。共谋的程度、与广泛的创新相关的行为、研发行为，广告以及"价格—产出策略"都属于企业行为的范畴。市场结构最终决定了市场绩效（P），因为行为本身也仅与结构相关。

依照 SCP 的范式，厂商的价格行为、产品营销策略及研究与开发、广告策略等都属于市场行为。产业规制是由于企业某些不正当竞争以及垄断导致市场资源配置扭曲而产生的，最直接因素肯定是市场行为；但是如果换一个角度看，一旦因为市场结构发生改变，随之市场行为也发生改变的话，必定会改变的还有市场绩效，就不能够仅凭借传统产业规制的依据和工具了，因为这样的情况，分析智能公共电网带来的市场结构变化是非常有必要的，这关系到市场行为会产生怎样的影响和改变；必须以此为基础，分析产业规制在智能公共电网条件下会有哪些市场行为发生变动。

1. 价格行为

由于垂直型电力市场结构是传统结构的典型，双边垄断是电网的一大特征，价格总是偏离实际成本，市场真实供求关系不能得到良好的反应。假设发电厂商的边际成本为 $c$，电力终端用户需求函数为 $Q = D(p)$，输电成本为 $v$，在传统电网框架下，电网公司处于买方垄断，因此其买方价格为 $c$；在终端用户市场上，公共电网公司将按照边际收益等于边际成本的原则确定产量，产量按 $v + c = D^{-1}(Q) + Q \dfrac{d[D^{-1}(Q)]}{dQ}$，确定的产量 $Q^*$，价格则为 $D^{-1}(Q^*)$。此时价格与发电厂商的供应成本是存在偏差的，价格形成如图 1.3 所示。

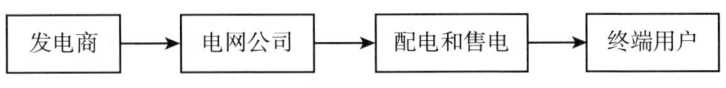

图 1.3　传统技术条件下的价格形成

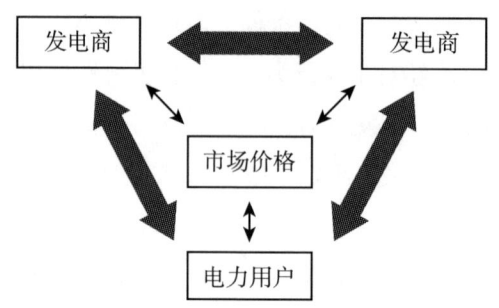

**图 1.4　智能化技术条件下的价格形成**

通过广泛采用并完全集成的"双向通信"技术，智能公共电网让信息在发电企业、输配电公司以及供电商和电力用户之间流通，发电企业直接与用户之间形成供需市场；智能公共电网的建设也在不断发展，随着电力体制的深化改革，这就意味着配电方、用电方将会以独立的主体地位供电给终端用户从而使市场竞争更加激烈。以此为思路逻辑，相比起智能公共电网为载体的电力市场，传统电力市场就完全不具备竞争力了，因为智能公共电网价格形成机制将更全面地接近于完全的市场竞争机制，以完全竞争条件下的均衡条件作为基础估计其价格水平应该为：$v+c=D^{-1}(Q)$，低于垂直垄断情况下的电力价格，此时的价格形成如图 1.4 所示。

市场中有传统电网的固定定价和实时定价两种价格，其中对市场能够带来影响的是实时定价用户比例。将市场中实时电价用户比例假定为 $\alpha$，固定电价用户比例为 $1-\alpha$；实时用户电价 $p_\alpha$，固定用户电价 $\underline{p}$。在高峰时期 $p_\alpha>\underline{p}$；低谷时期的 $p_\alpha<\underline{p}$。市场需求函数可以表述为：

$$D(p_\alpha,\underline{p})=\alpha D(p_\alpha)+(1-\alpha)D(\underline{p})$$

发电侧发电装机容量为 $K$，产生 $q$ 单位电能在短期内发电成本为 $C(q,K)$。如果售电市场是与比特兰德（Betrand）竞争模型相同的竞争市场，那么售电方将没有利润，实时用户电价和发电厂商在此时段设定的购电价格是相同的；固定零售价格则就是实时定价均衡发电厂商边际成本后而定出的价格，在实施固定价格的终端用户用电需求数量的相对比例确定其权重系数。所以如果 $\alpha$ 上升，那么下降的就是固定零售的价格，获益的是固定用户；假如 $\alpha=1$ 时，实时用户价格就会占据整个市场，这时市场达到配置最优；当 $\alpha$ 下降时，上升的是固定用户价格比例。所以以资源优化作为切入点，市场的最优配置就是反映实时用户的电价，因此市场资源配置最差的时候是当 $\alpha$ 下降的时候。

2. 产品差异化行为

以 SCP 分析范式为例，产品的差异化行为就是产品的主要行为。由于在传统电力市场的制约下，电力产品是不可以被储存的，所以在传统电力市场中的生产的电力产品都是没有差别的；由于智能公共电网应用了储能技术，储能技术的不断发展使得电力在新的智能公共电网框架下就会出现差异化。横向产品差异化、纵向产品差异化是产品差异化的两方面。横向差异化，简单来说就是指产品的差异只存在于功能方面；相反地，纵向差异化的差异就是指产品在质量方面的不同了。电力产品的差异化是纵向的，多指的是产品质量、电能质量方面的差异化。电能质量所描述的是用户端的交流电能来自公用电网的提供，其品质的问题，比较通俗地说就是指优质供电，其中涵盖了电压质量、电流质量、供电质量和用电质量等方面。基础和前提是智能公共电网以及分布式能源的发展，这使得电力产品能够出现不同的质量，电力供应企业就能实现连续不断电、一定程度断电等多种菜单组合，而用户可选择菜单组合或可以根据自己的不同需求进行选择。在多种方式的组合之中，对电能质量要求不高的用户可以购买价格较低的电能以节约成本；假如电力出现紧张，或者有意外情况发生的时候，储能就可以轻松满足那些要求高、质量高的电能用户，这就是资源的优化配置了。

3. 产品研发及营销行为

由于传统电网是可垄断的，电力商品质量都是相同的、电能产品无法储存、电力商品需求弹性不足，因而产品很少进行研发和发展产品营销策略；智能公共电网投入使用后，用户可以选择的权利变强了，在不同供电模式竞争的刺激下，产品研发和营销行为一定会变得活跃起来。对大额用电方来说，他们可以根据自身的情况和特殊需要选择究竟采用直接向发电厂商购电，还是通过电网购电。与此同时，智能公共电网是一种开放性的平台，可以向不同电力产品的接入提供多种多样的技术支撑，可再生能源、分布式能源技术不断革新后占据了有利市场地位后，某些发电厂商按照自己的能力只在某些时段提供低价产品给顾客，例如太阳能发电商由于条件限制，白天或者在适应的季节提供电力，而风电发电商也由于其发电要求的特殊性只在有风的季节提供电力等，如此一来，不同的产品想要在市场推广就可以进行预先设计了。

### 三、深化电力体制改革与修订《电力法》的关系

（一）中央《九号文件》与我国电力改革趋势

我国于2002年开展了电力体制改革，逐步完善的不但有电价形成，而且在发电环节发电上网标杆电价的应用以及在输配环节上也有了改变，大部分省的输配电价都初步的核实定价了，随之而来的是销售环节上的政策，例如"差别电价""惩罚性电价"，还有"居民阶梯电价"。电力行业的进一步发展，应当通过改革，在以下几点问题上寻求突破：（1）没有市场交易机制导致的低效应用资源。售电侧也没有建立有效竞争机制，所以导致发电企业没有充分考虑用户端的市场需求。不能充分利用导致了弃水、弃风、弃光，做不到节能环保，仍然有部分地区窝电、缺电。价格关系处理也不得体，而且没有形成市场化定价机制。现阶段，政府仍然是电价管理的主要操控者，在电价调节方面，难以及时并合理反映用电成本、市场供求状况，调价往往在成本变动后较长一段时间才开始实行，而且对资源稀缺程度不了解，环境保护方面也做得不到位。（2）在各类专项发展规划、电力规划与能源规划、全国规划和省级规划之间都没有很好地做协调工作，电力规划在相当程度上没有反映经济社会的发展需求。（3）许多绿色经济法律制度没有落实到位，例如可再生能源发电保障性收购制度，在新能源、可再生能源发电的问题上没有足够重视，缺乏足以支撑其发展的配套制度，没有普及到位关于无障碍上网等问题。

《中共中央、国务院关于进一步深化电力体制改革的若干意见》这一新的电改方案于2015年3月16日由中共中央办公厅以〔2015〕9号文的文件正式下发，简称《九号文件》。《九号文件》非常清楚地明确了以何种路径深化电力体制改革：按照管住中间、放开两头的体制架构，有序放开输配以外的竞争性环节电价，有序向社会资本放开配售电业务，有序放开公益性和调

节性以外的发用电计划；推进交易机构相对独立，规范运行；继续深化对区域电网建设和适合我国国情的输配体制研究；进一步强化政府监管，进一步强化电力统筹规划，进一步强化电力安全高效运行和可靠供应。《九号文件》明确将会保居民、农业、重要公用事业和公益性服务等用电价格相对平稳，切实保障民生。此外，还要坚持节能减排，积极开展电力需求侧管理和能效管理，完善有序用电和节约用电的制度。在理顺电价形成机制的表述中，明确了要单独核定输配电价。政府定价的范围主要限定在重要公用事业、公益性服务和网络型自然垄断环节。输配电价逐步过渡到"准许成本加合理收益"原则，分电压等级核定。用户或售电主体按照其接入的电网电压等级所对应的输配电价支付费用。具体的思路是：

（1）发电补贴标准要合理确定符合生物质能。参与电力市场交易有以下几种方式，可以根据自我需要进行自我设定，发电企业上网电价可以由用户或售电主体决定的，市场竞价就是主要的机制。基于市场交易价格、输配电价（含线损）、政府性基金三部分因素，最后形成市场交易的用户购电价格。过渡期间，由电网企业申报现有各类用户电价间交叉补贴数额，通过输配电价回收。

（2）规范市场主体准入标准。按照接入电压等级、能耗水平、排放水平、产业政策以及区域差别化政策等确定并公布可参与直接交易的发电企业、售电主体和用户准入标准。电压等级分期分批放开后，所有用户都能够直接参加交易，但这也有一个前提条件：企业的单位能耗、环保排放均应达到国家标准后才能参加直接交易，另外，不达标或不符合国家产业政策或淘汰类企业的产品都不允许参加直接交易。

（3）通过辅助服务的建立实现分担共享新机制。可以中断负荷等辅助服务的新要求的用户必须具备以下条件：有适应电网调峰、调频、调压，从而完善并网发电企业中的辅助服务考核、补偿机制。根据电网可靠性和服务质量，按照谁受益、谁承担的原则，建立用户参与的辅助服务分担共享机制。用户可以结合自身负荷特性，自愿选择与发电企业或电网企业签订供电协议、可中断负荷协议等合同，约定各自的辅助服务权利和义务，承担必要的辅助服务费用，或按照成本或受损获得相应的经济补偿。

(4) 采取各项措施大力对社会资本投资配电业务进行鼓励。要探索什么才是社会资本投资配电业务最合适、最有效途径，向条件达到标准的市场主体放开增量配电投资业务应该逐步进行，从而达到混合所有制方式配电业务普及的发展。

(5) 通过多种多样的途径来培育市场主体，高新产业园区、经济技术开发区只要符合条件就允许其投入建设，组建直接购电的售电主体，也就是对社会资本投资成立售电主体的放松和鼓励政策，允许从发电企业购电营销；拥有分布式电源的用户，可以参与电力交易，微电网系统也同样享有这种权利；水电热等供应的公共服务、节能服务公司可以从事售电业务；符合条件的发电企业都可以进入售电市场，只需通过投资和组建售电主体即可售电。

(6) 将用户侧分布式的电源市场全面打开。政策支持用户侧分布式电源建设，同时也支持企业、机构、社区家庭等以自身条件为基础、以地方资源为保障的开展太阳能、风能、生物质能发电的投资建设，也可以建设譬如燃气"热电冷"联产一类的分布式能源，可以接入一定电压等级的配电网络和终端用电系统。专业化能源服务公司可以自由地与用户合作，也可以建设基于"合同能源管理"的分布式电源。

(二) 电力法的法律体系定位

电力法可以分为广义和狭义，狭义的《电力法》专指以法典形式表现出的《电力法》；从广义的角度来看的话，电力法就是调整涉及电力产业法律关系的有规范效力的法律文件，法律法规、行政法规、部门规章、地方性法规乃至其他规范性文件都可能涵盖其中。前者是从形式意义上诠释了《电力法》，而实质意义上的电力法就是后者了。

仅就现行《电力法》而言，可以说电力法是具有私法性质的公法，因为它是在计划经济、垂直一体化的电力管理体制制定的，几乎是一部行政管理法，只不过有一些私法的属性而已。广义电力法则被广泛认为具有以下的特征：其一，电力法律关系兼具纵向和横向两方面；其二，电力法律关系的主体必须符合特定的资质，才能参加到电力法律关系中来；其三，电力法体现责、权、利的相互结合的特征，综合采用民事的、行政的和刑事的手段调整电力法律关系；其四，实体规范、程序规范相结合是电力法具有的特征。电力法既规定了法律关系主体之间的权利和义务，也规定了实现这些权利和义务所必须遵循的程序，以及违反该法所应承担的责任。电力法虽然规定了一些行政许可方面的程序性事项，但这些事项其实并非真正意义上的程序法规定，而是对行政许可手续的规定。

电力法属于典型的公法与私法交融的法律部门，既非纯粹公法，也非纯粹私法。电力法所涉及的法律关系，包括两大类，一类是在平等主体间发生的电力生产、经营和消费的民事横向关系，另一类是在政府和电力企业之间形成的行政监督管理的纵向关系。所以其具有鲜明的两重性，从整体上看，这两种法律关系始终互相依存、纵横有序，因此，电力法是具有私法性质的公法。综上所述，"现在意义上的经济法"就成了电力法应有的定位，强调通过公法融合私法将各种法律手段整合综合运用，从而能够完善和规范政府和市场主体的行为，维护社会整体利益。

（三）《电力法》的立法技术选择

"修正案""修订案"和"重新制定法律"在立法技术上都属于法律修订的方式。简而言之，就是大幅度改还是小幅度改。大幅度修改如2005年《公司法》和2006年《合伙企业法》，几乎将法律完全重新制定；小幅度修改如2007年《土地管理法》和《城市房地产管理法》，以及1999年《公司法》。但在修改法律时，通常采取的方式是小改。

"修订案"方式是法律修改模式中最常使用的，因为《电力法》不只是一两个条款滞后不能够适应电力改革的要求，而已经是从整体上不适用于改革了，如果改动仍然局限在小的修补方面，在旧的框架制约下就没有可能使法律原则得到完善的确立，新旧法律也会在逻辑体系上碰撞，从而引发更多问题，争论条款修改情况必然会耽误推进立法，特别是将会与中央已经确定的电力体制深化改革方案相悖。因此，不要采用修正个别条款的方法，而应全方位整改，着眼整体体系，设计统一、严谨的电力法律制度，产生一部新的电力法去适应社会主义市场经济，为深化电力体制改革提供法律支持。明确新的立法宗旨、立法原则和篇章结构，实现与中央《九号文件》确定的改革方向相适应的电力法。当然,对于原有《电力法》中的合理部分,在不与《九号文件》的改革方向违背的前提下,应当予以保留。此外,规定《电力法》的政策性规定、授权性规定也可以为电力改革保留法律空间。

(四) 法律与改革关系的处理

《电力法》的修改有两个方面的重要内容:一是《电力法》与现实电力产业实践脱节、矛盾、抵触的内容,如电力设施保护区的执法主体、发电企业与电网企业的分离等;二是改革的内容。改革的内容分为三类:规范文件确定的改革方向;实践中已经出现的新现象但没有定论的改革;专家建议的改革方向。

显而易见,《电力法》作为电力基本法应当为改革提供依据,否则我国的电力改革将陷入改革无法可依的尴尬状态。目前,我国的电力改革大多数采取的是首先制定下位法的方式,下位法往往突破了上位法,甚至还出现了连下位法都没有就开始进行的改革。这种改革模式不宜推广,因为它严重损害了法律的权威性,与法治原则完全背道而驰。在《电力法》修改时,在处理法律与改革的问题上,应注意如下两个内容。

第一,《电力法》的前瞻性和电力改革的阶段性存在的关系必须要妥善处理。以下模式可以在《电力法》修订时采取:(1) 在电力法中对已经确定的改革方向作出原则性的规定,也就是政策的法律化。(2) 授权国务院制定相应的行政法规。这样就既可以使《电力法》指导改革,为改革提供法律依据,成为指导改革的基本立法依据,又可以使实践中的改革可以依据现实情况分阶段进行。这样做的好处是可以降低《电力法》的修法成本。

第二,本次《电力法》修改除了解决电力实践中的重大问题以外,还有一个重要的任务是将已有的改革成果通过法律形式固定下来。以《电力法》明确在电力体制改革中认识到的客观规律,如与社会主义市场经济与电力发展的相应配套制度。《电力法》的规则设计上尽量具有可操作性,而不是仅仅做原则性规定。

虽然我国在电力体制改革的实践中,采取的是改革先行的做法,但一些有识之士一直呼吁要采用"立法先行"的模式。国外电力改革的模式大多都采取立法先行的模式，比较典型的是英国与日本。1983年开始，英国就率先为鼓励发电主体之间的竞争作出了立法，1989年，又以相仿的立法将发电产业的发、输、配、售四大环节拆分开来；日本则通过法律来确定和推动电力零售改革。

不论是法律先行还是是改革先行，其实质都是要解决法律的现实性、前瞻性两者关系的问题。改革通常要经过"论证——试点（试错）——立法"这样一个过程。改革本是一个不断实践和深化的过程，在具体操作中，可以在取得法律制定机关的同意后，在某些地区进行试点，试点之后在得出是否将改革上升为法律的结论。在法律没有修订的前提下，擅自推行某些试点或模式其实质是违法的，因此是不宜的。

## 第三节　电力法的理念

### 一、放松规制、产权改革与再规制

世界上几乎所有地区的电力部门都是随着国有或私有的地理区域垄断发展起来的，作为一种自然垄断，该部门受价格和准入监管的影响。电力供应最主要的组成部分——生产、输送、分配和零售供应——是与各电力设施相结合的。这些公司实际上具有向特定地理区域内的居民、商业和工业零售消费者供应电力的专营权。不同国家，在这类监管垄断方面也有不同的业绩。发达国家的行业表现比发展中国家更好一些，随着运营成本、新厂的建设成本、天然气价格下降导致的工厂生产成本下降以及高效发电技术的发展，社会希望能够进行改变，要求降低供电成本和零售价格。

电力部门改革有着巨大的潜在利益，但同时也承担着不完全或不正确实施带来的巨大政治成本的风险。电力产业市场化改革的支持观点认为：如果出色地设计并实施了电力重组和竞争项目，电力部门在运营成本、实体网络损失、发电机可用性、偷窃电能、服务可用性、投资、价格水平和机构、服务质量和其他性能变量方面的表现与传统国有或私有垂直垄断相比将大大提高。但是需要注意的是,这一结论并不与另一个发现相矛盾,该发现指出一些受监管的垂直垄断在历史和实践中表现得十分出色,事实上,零售电价会因为自由化而下降。有些国家受监管的价格低到缺乏效率,抑制了投资,产生浪费性消耗。自由化应当带来更高的价格和更好的激励。此外,有关价格影响的研究应当考虑到外在成本动因,尤其是燃料成本。许多国家的经验都清晰地表明,成功地实施自由化改革并不容易,而且存在一个风险,那就是在改革实施不完全或不正确时会产生高代价的性能问题。加利福尼亚就是改革失败的典型案例,具备良好的性能属性的批发市场在一些国家出现得十分缓慢。[①]

通过将能够由私人公司经营的企业私有化,政府一方面能够提高国民经济的效率,另一方面也使其预算不必承担补贴亏损企业的重担。因此,他们能够将精力集中于不能交给市场完成的任务。如果政府不再提供可销售商品和服务,那么必须有一个活跃的私营部门能够接受提供这些活动的任务。在有些案例中,不通过私有化就能够降低国有企业的经济地位,这主要是通过市场自由化实现的,这样的市场自由化能够促进私营部门的发展。但是更常见的是,公共部门比私营部门大很多,而且能够吸收很多稀缺资源的时候,需要实施特别的私有化项目。

然而,在一些转型的国家中(尤其是遭遇转型经济危机的国家),市场改革使国家忽视了自身的重要职能,比如法律和秩序或重要的社会服务。例如,有些国家削减教育和健康项目,而不是削减对亏损企业的补贴。这些政策不仅损害人民的福利,同时还会侵蚀未来国民经济发展的基础。

英国在30年前开始进行综合电力部门私有化、竞争重组和监管改革,很多其他国家地区都追随英国的脚步,引进了综合电力改革项目,现在欧盟成员都使用综合电力部门自由化原则。许多国家采用了综合性稍低的自由化改革项目。美国从未实施过强制性联邦综合重组和竞争法,美国许多州都在批发市场上采取了有限的自由化改革,而没有进行基础电力部门重组。

---

① Ingo Vogelsang, Incentive Regulation and Competition in Public Utility Markets: A 20 - Year Perspective, Journal of Regulatory Economics; 22: 1 5 – 27, 2002.

产权改革的最主要目标是为电力部门创建新的制度安排，以便向社会提供长期福利，并确保将适当的福利传递给消费者，这主要是通过制定价格实现的，而所制定的价格应当能够有效反映提供电力和服务的经济成本。通过批发市场竞争实现福利，为新兴和现有的发电企业提供控制建筑及运营成本的激励，鼓励能源供应技术的创新，为激励网络运营商提供恰当的服务质量，将技术选择、建筑成本以及操作"失误"的风险转移到供应商身上。零售业竞争或"第三方准入"应当允许消费者选择零售电力供应商提供价格/服务质量组合，以满足他们的需求，并使竞争的电厂和中介能够向消费者提供这些服务。竞争的零售供应商同样应当提供一系列零售服务产品、风险管理、需求管理以及服务质量分化，这样才能更好地迎合不同消费者的偏好。

电力供应（电力输送和配送）总成本的很大一部分应当继续作为法定垄断接受监管。因此，对传统的电力输送和配送网络的监管安排进行改革已经逐渐被视作批发零售竞争的重要补充。输送和配送企业的私有化和业绩监管的实施，大大限制了受监管网络企业的预算，并且为其提供了更好的激励措施，帮助其降低成本、提高服务质量。批发零售市场竞争的效率取决于运行良好的辅助电力输送和配送网络基础设施。

美国麻省理工学院经济学教授保罗·L. 乔司科沃（Paul L. Joskow）认为，电力产业优化改革的再规制应当包括如下内容：①

（1）将国有电力垄断私有化，为业绩提升创建预算限制和高能激励，将会使得政府更难利用这些企业去完成成本高昂的政治任务。

（2）将潜在竞争部门（如发电、市场营销和零售供应）垂直分离，使其在结构上（剥离）或功能上脱离继续接受规制的部门（电力输送、配送、系统运营）。这些改变能够避免竞争业务的交叉补贴，防止歧视政策影响相关方访问电力输送和配送网络，而所有竞争供应商都可以依靠这个网络。

（3）对电力部门进行水平重组，创建足够的竞争发电企业抵消市场势力，并确保批发市场的合理竞争。

---

① Paul L. Joskow, Lessons Learned From Electricity Market Liberalization, The Energe Journal, Special Issue on the Future of Electricity, pp. 9-42, 2008.

(4) 将电力输送设施和网络运营进行水平整合，包含"自然"批发市场的地理区域并制定独立的系统操作员管理网络运营，安排发电日程以满足需求并保持网络的物理参数（频率、电压和稳定性），指引电力输送基础设施的投资达到可靠性和经济标准。

(5) 创建公共批发能源和运营储备现货市场机制，支持能源供需实时结算，分配稀缺网络输送能力，迅速高效地响应突发输送中断或发电设施中断，促进供应商和买卖双方之间进行经济交易。

(6) 开发积极的"需求侧相应"机制，使消费者能够在这一机制下对批发市场价格的变数作出反应，并且将能源价格和可靠性标准的需求响应与批发零售市场相整合。

(7) 实施监管规则和辅助网络机制，提高批发市场买卖双方对电力输送网络的访问效率，以便促进高效竞争生产和交换。这包括在竞争网络用户中有效分配稀缺传送能力的机制，以及为新发电设施提供有效设置和内部联系。

(8) 对销售电价进行分类，将零售电力供应和相关客户服务的价格与使用电力输送和配送网络的监管"配送"费用区分开来，后者将继续由监管垄断部门提供。

(9) 如果政策制定者规定不可以使用零售竞争（例如国内和小型商业用户），电力配送公司指定的供应商将有责任为这些用户提供电力，具体方法是在竞争批发市场上购买电力，或者自己建造发电设施提供电力，而后者的相关收费将服从市场监管基准。

(10) 创建独立的监管机构提供有关网络服务公司成本、服务质量和相对表现的监管机构，实施监管要求，安排专家使用上述信息和要求有效监管电力输送和配送企业制定的价格，并且监管批发零售供应商访问网络的条款。

(11) 必须使用过渡机制从旧体制过渡到新体制，这些机制应当符合运行良好的竞争市场的发展。

世界上许多国家的电力部门都进行了机构、监管和市场改革，这些改革在一些国家大幅提高了业绩，电力配送企业在不影响服务质量的情况下大幅降低了成本，批发市场同样刺激了现有发电厂业绩的上涨，引来了大量的投资，投资于众多国家新兴发电企业。然而，创建完善的电力批发零售市场在技术上和政策上都绝非易事。北美加利福尼亚、安大略以及巴西、智利等地的电力危机，涉及能源交易企业（如安然）的丑闻，巴西等国设计不合理的改革的失败，宏观经济抑制投资，天然气价格和二氧化碳排放许可价格上涨拉动批发电力价格上涨，这些都使政策制定者更加小心谨慎地对待电力部门改革。

虽然有改革失败的前例，但这并不能够完全否认市场化改革，事实上只有配套一揽子相应的辅助制度才能顺利推进电力市场化改革，改革成功的关键在于，政府是否能够恰当地选择竞争方案，并且有抵抗利益集团压力并追求改革的政治意愿，这些改革才可能提高电力产业的业绩并应用于更高效的市场。

与上轮电力体制改革具有本质上不同，本轮改革有更高的核心价值诉求。上一轮的电改，其价值取向意在通过厂网的分离来打破垄断，通过引入竞争来剥离关联交易从而使电力供给规模能够加快扩大。本轮电力体制改革旨在实现绿色经济创新机制，基于智能技术、绿色低碳和节能减排，实现社会综合的资源优化配置，建立与之相匹配的新型电力治理体系是本轮电力改革的核心，使我国通过可再生能源的智能化运用，进而转变能源的消费及技术结构。

**二、规制与自治**

规制（regulation）与自治（private autonomy）是现代社会普遍存在的一对矛盾。市场经济着重强调合同自由和私法自治，是名副其实的"平等派"。但是，在现代，随着国家的职能逐渐从维护公共安全，维护社会秩序向经济、民生、环保等职能的转化，国家规制可谓无所不在。最为突出的是，国家的经济职能越来越突出，政治和经济耦合在一起，以至于熊彼特指出，国家就像是经济的寄生虫。虽然全球化对17世纪中期后形成的主权国家冲击很大，但也看到，在日本、韩国等所谓的"虎经济体"中，国家甚至卷入了全球经济竞争，很难分辨国家与企业的角色。国家对经济的关注度可以说与政治核心的关注度不相上下。从这个意义上说，黑格尔意义上的高贵的国家逐渐成了一个庸俗的管家，甚至"行政吸纳了政治"。此时，呼吁"最小国家"无疑有些不合时宜了，但哀悼契约之死同样也是夸大其词。市场经济在这种情形之下是规制与自治并存的。

各国无论是否实施电力方面的市场化改革，都不会放弃对电力行业进行规制，只是规制程度有强有弱。但到今天也没有得出结论并仍在争论不休的问题就是：规制的力度究竟多强为最合适的状态。行政规制依然多多少少地渗透进已经进行过市场化电力体制改革的国家之中。毫无疑问，市场可能会失灵，如信息不对称、负外部性等问题都是市场机制无法解决的，所以市场需要规制；但是，政府规制也会失灵，因为政府也是一个理性的利益主体，难免会出现为了自己的利益过度追逐权力，最终造成过度规制的情形。因此，光凭理论上来说，规制（regulation）与放松规制（deregulation）该如何解决是找不到答案的。《电力法》如何结合中国行政管理体制和电力产业的现实，设计程度不同的规制等级，是《电力法》修改必须重点解决的问题之一。

### 三、垄断与竞争的权衡

自然垄断在自然垄断理论中有以下几大要素：(1) 依赖于独一无二的资源；(2) 依赖于信息独占或者某种特定的优惠或专利；(3) 依赖于该产业特殊的成本弱增性（subadditivity effect）。电力行业一直以来在人们的脑海中都被认为是自然垄断的，完全具有自然垄断性的（nature monopoly）行业。各个国家都曾长期垄断过电力行业，故其也整体豁免于反垄断法。但是，自然垄断理论也逐渐发生着演化，所以各国一般就电力行业认为：不再具有自然垄断性的有发电和售电业务，这两大业务在可竞争领域的范围之内；有自然垄断性、强弱之分的就是发电和输电领域了。

以技术条件不变作为前提来看，发电领域在传统意义上经济性规模较大，但是技术不可能停滞不前，随着技术的进步，发电领域就不再具有垄断性了。由于输电领域的重复建设，参与者的密度降低而导资源很大程度上的浪费。可是输电设施的建设投入和输电设施极强的专业性就决定了其一定程度的独占性或寡头性，其还有突出的固定沉淀性，在输电领域有较强的自然垄断性就是自然而然的了。虽然自然垄断性特征也存在于配电领域当中，但是相较于输电领域就弱的多了。作为区域性配电网，通过高压电力输送网而获得电力，在最终输送给客户前还需要把电压下调，降到工商企业、民用所需都适用的水平。不具有自然垄断性就是售电领域了，各个地区配电企业以外的企业都能提供大批量采购、营销电力以及账单服务等售电业务，不过其也存在一定的前提条件：任何企业自由运用配电网都应该通过相应的许可。

各国一般都是根据电力行业的自然垄断作为基础而改革的，因而电力行业被区分为自然垄断业务和非自然垄断业务两种，自然垄断业务环节细化为较强的自然垄断业务以及较弱的自然垄断业务，更方便经营和规则进行分业经营。只允许一家企业经营的叫作自然垄断业务，允许两家或两家以上的企业经营的业务就是弱自然垄断业务。除此之外还有非自然的垄断性业务，要求企业积极引进先进技术，市场竞争机制的调整将得到不断强化，新企业应当被允许进入电力产业，积极培育并提升市场的竞争力量，从而使市场竞争机制能够发挥积极的作用。

电力行业的垄断与竞争，作为我国电力改革争议的核心问题。《九号文件》已经明确深化改革的方向——公共事业的市场化。包括两个典型方面：其一，供电企业不得拒绝申请用电的单位和个人，否则就会违反强制缔约义务。其二，是在同一电网内、电压等级用电类别的用户不能以不同的电价标准收费，定价也不能超过国家电价管理权限，擅自变更电价也是不允许的，擅自增加除电费以外的其他费用也是不允许的（如《电力法》第 26、41、43、44 条）。对于电力市场开放到何种程度，《电力法》可能难以明确规定，但毋庸置疑的是，我国电力交易不断发展，随着电力体制改革的不断深化，《电力法》有必要规范这类行为的法律调整框架，如上网竞价中的价格卡特尔、拒绝互联互通、交叉补贴。

最后需要指出的一个问题是，市场机制并非包治中国电力行业历史遗留问题的良药。如果急于求成推进全面改革，有可能支付了高昂成本却取得并不明显的收益，改革进程中不确定性和风险，也有可能给整个行业甚至全社会带来糟糕的结局。

**四、电力安全与效率**

鉴于电力对现代社会的重要性，电力生产、供应和消费的安全性和效率性也是电力法需要着重考虑的因素。发、输、供、用以上环节可以同时完成并瞬时平衡是电力产业的最主要特征，作为电力系统的有机组成部分就是企业，整个电力系统的效率和安全方面取决于每一个环节技术操作的效率和安全。电力运行客观存在风险，如果运行出现问题会造成很大的社会损害。美国加州发生停电事故后，国内很多人认为，正是电力的市场化改革造成了停电事故，电力改革对停电难辞其咎，基于这种认识，很多人反对中国进行电力的市场化改革。也有人持相反观点认为，着眼于供电安全以及可靠的话，一个独立的区域性电网内除了需要不止一家电站以外，同时还需要多元化、全方位的部署电源结构、布局。还有一些学者的观点是，市场化改革并不是加州停电的主要原因，市场化改革不到位才是真正关键因素。[1] 由于电力生产具有计划性的特点，所以这就要求有大量中短期合约存在。例如从年度到季度、月、星期等，与日前、时前和平衡市场共同构成一系列连续的交易。有利于防范市场风险，长期中期合约比较合适于这样的交易系统，也能够通过稳定市场的预期从而使交易成本降低、吸引更多的投资；但是短期现货交易，类似于实时平衡这样的交易就会有更激烈的竞争，也会有更加灵敏的价格信号。

电力安全运行和市场化改革两者存在关系是不可否认的。在电力垂直一体的管理模式中，电力的安全性能够因为存在一个中心的管理、调度的权力而更能得到保障，一旦出现风险则必然是全局性的。新一代智能化电网的安全模式是网络化的，通过无数个网络节点分散化了风险隐患，如同互联网时代的风险格局与专线通信时代的风险格局。技术和时代的进步是不会停歇的，新一代智能化电网的安全依托的是技术进步、技术标准和科学管理，这也是电力法的科学性体现。

---

[1] Paul L. Joskow, Lessons Learned From Electricity Market Liberalization, The Energe Journal, Special Issue on the Future of Electricity, pp. 9 - 42, 2008.

# 第二章
# 《电力法》的现实问题与修改目标

智能公共电网是连接新能源的重要载体和转换平台,但新能源发电的市场准入机制等还不完善,存在着新能源发电规划建设与电网规划建设不协调等问题,使得在构建统一的新能源发电接入系统的过程中困难重重,在对新能源的使用上出现了浪费情况。目前,涉及智能公共电网的相关产业,由于缺少统一规划和相关标准,市场无序竞争激烈,智能公共电网发展很不平衡。迫切需要政府制定智能公共电网发展规划和出台相关政策法律措施,正确引导和规范市场行为,不断完善准入和培育机制,形成稳定的市场供求关系和良性循环的发展机制,才能保障智能公共电网发展的顺利进行。

目前政策的关注点是新能源的开发利用和新用户的拓展鼓励,国家支持风电、生物质能、太阳能等可再生能源发展,在有关发电侧的完善方面,有着较多的指导性法律或者规章,积极开发并提高对清洁能源的使用效率。建设一套好的智能公共电网,是更好地发展清洁能源的有效保障。不过当前的法律法规对于电网的智能化建设而言,存在诸多不够完善之处和障碍。在用户侧方面,如电动汽车生产及消费等已出台了相关政策措施,但缺少对电网侧的政策配套和引导。此外,在建设电网工程中怎样把相应的电动汽车充电站进行整合,电网规划如何与城乡规划相协调等,都需要政府制定完整的政策体系和配套措施,形成智能公共电网持续发展的长效机制。

改革开放几十年来,我国已经建立了一套较为完整的社会、经济、法律制度,由于智能公共电网是与能源和电网相关的重大技术革命,会极大地影响经济社会的快速发展。要建立能够支持、促进和规范智能公共电网发展的政策法律制度,应该从电力法的现实问题、修改重点及修改目标三个方面展开。

## 第一节　智能化技术推动的电力产业规制调整

把价格规制放在首位的规制体系是传统电力系统的外在表现。建设和完善智能公共电网以后，行业内主体在数量和特征上发生了很大程度的变化。提高了市场的竞争力，这种自发形成的价格更具有导向作用，可以优化市场发展方向；智能公共电网构建所引导的市场结构和行为的进一步完善，需要建立一个系统的规制体系来满足新型电网的发展需求。

### 一、电网企业进入上下游产业的规制思路

智能公共电网有效改变了电力供应商唯一性的供电模式，使电网用户和发电厂商不再完全分离，它通过智能公共电网信息平台进行多方面的信息交流，是电网企业的一场伟大变革，但由于电网自身的局限性与特殊性，其仍然摆脱不了传统电网的垂直垄断模式，因此，有必要对电网企业进入上下游产业进行必要的规制。

一旦电网进入上下游产业，它通过不同手段对整个产业的资源配置进行扭曲，达到对产业链的纵向控制，形成垄断产业。当其进入上游发电方时，会形成如图2.1所示的市场模式；当其进入售电方时会形成如图2.2所示的市场模式。

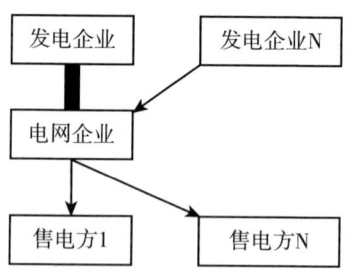

图 2.1　电网企业进入上游企业的纵向垄断模式①

---

① 图 2.1 中粗线表示发电企业有多家。

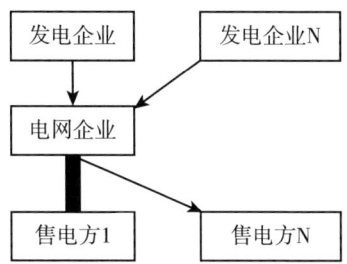

**图 2.2　电网企业进入下游企业的纵向垄断模式**①

当垄断者凭借自身力量,对上下游产业存在控制的时候,就可能形成市场圈定现象,对于市场圈定存在不同的分类,著名的经济学家泰勒尔将其界定为上游圈定和下游圈定两个方面,② 所谓上游圈定就是严格限制若干买者与一个卖者的接触,下游圈定则相反,即限制若干卖者与一个买者接触,这对于垄断电网而言,即可通过多种途径有效阻止市场竞争。目前,各国都非常支持"厂网分离",从而避免电网公司利用自身优势对整个资源配置造成的不当扭曲,上一轮电力体制改革对电网企业作出了明确的规定,即只能拥有少量发电厂用于对网络的调节,但是,随着电力体制自身的不断改革,输电、配电、售电等环节不断分离,电网企业在进入下游产业的同时可能会带来不利影响,此时,上游垄断企业通过以下途径来阻止下游企业之间的竞争。

(1) 价格挤压。上游垄断厂商通过对下游垄断企业收取高价,不断扩大其垄断规模,使其在下游的竞争力和影响力明显增强,最终达到对下游市场的垂直垄断地位,这就形成了价格挤压。由于上游垄断势力不断在下游延伸与扩展,很可能使本来存在竞争的下游企业被上游供应商垄断,这种现象在现实生活中已屡见不鲜,首先在石化企业中,炼油、化工等下游产业会受到上游供应商的控制与垄断,在美国的电话行业中,这种现象也是不可避免,短途电话被 AT&T 垄断,通过这种垄断优势,对长途领域的市场参与者收取较高的网络使用费,从而限制了长途领域市场参与者之间的竞争,在电力行业,这种情况更是明显,上游电网通过各种渠道收取下游企业的费用,上下

---

① 图 2.2 中粗线表示发电企业有多家。
② Jean Tirole, Hierarchies and Bureaucracies: On the Role of Collusion in Organizations, Journal of Law, Economics & Organization, Vol. 2, No. 2 (Autumn, 1986), pp. 181–214.

游企业之间的资源配置差距悬殊，从而上游厂商不断取得对下游厂商的垄断，因此，在电力市场领域，要形成合理的市场结构，就必须让下游售电方进行必要合理的竞争，这样电力价格才能真实合理地体现出来。

（2）排他行为。电网企业所拥有的网络经济特性，决定了其参与主体，即发电主体与市场交易主体必须多元化，但在具体实践中，电网企业利用自己对下游产业的垄断优势，一旦其进入下游产业，就会阻止下游产业之间的充分竞争，使整个电力市场结构一直存在不完全竞争的弊端。因此，进一步深入电力体制改革是一项艰巨的任务，虽然智能公共电网为下游产业形成充分竞争，减少垄断提供了技术支持，但是充分竞争的市场模式还需要有效降低准入门槛，在下游产业之间鼓励竞争，培育多个有竞争力的市场参与者；此外，要对电网企业进入上下游企业进行严格控制，否则，电网企业垄断的格局实质上仍然存在。

垄断格局的存在对社会福利效应的影响会比较明显，如果电网企业未参与到下游环节的竞争中，售电方之间可以展开充分的竞争，最终，发电侧的边际成本加上网络使用费用即为市场的最终均衡价格，而如果电网企业参与到下游市场的竞争环节，不断扩大其在下游市场的垄断势力，通过价格挤压或者对下游企业收取高价，限制下游企业竞争者的进入，就会造成市场的最终价格远远高于电网企业未进入下游市场的均衡价格。因此，电网企业进入下游企业很可能使市场均衡价格提高。此外，对市场均衡的产量作一下比较，电网企业未参与到下游市场的产量会明显高于电网企业参与到下游企业间竞争的产量，而对于电力市场整体来说，虽然电网企业通过垄断上下游市场获得了一部分利润，但是市场均衡价格的抬高将会使网络使用效率普遍降低，整个市场需求也会降低，最终会对社会福利效应造成一定的影响。

为减少电网公司凭借垄断优势造成的不利影响，公共电网将成为电网改革的新趋势，由于公共电网信息透明度高，接入方使用电网的权利不再受到电力公司的歧视，因而电力公司拥有电网的优越性会随之减少。对于我国，电网改革要根据我国的具体情况，不断探索适合我国的改革措施，一方面，可以制定法律法规来规制电网公司的垄断行为；另一方面，电网公司要不断通过创新增强自身的竞争力。

## 二、对电网内部经营的规制

由于电网企业所形成的保持垄断的自然特性,即使是在发电环节、配电环节、送电环节不断引入竞争,也无法改变电网企业对其他下游企业的垄断问题。当发电方与售电方允许多个竞争者充分进入时,电网企业的收费将作为成本到达终端用户,终端消费价格与消费数量多少受电网企业收费高低的影响,最终又会影响到发电方,因此,电网企业的收费标准要受到相应的规制与约束。

对电网企业收费的措施可以从以下两个方面进行:一方面,电网企业要不断提高自身的管理水平和运行效率,不断优化资源配置,使电网的运输成本达到最低,这样电网自身所具有的规模经济效益才能得到最大限度的发挥;另一方面,要给电网投资留出合理的利润和正常运行所需要的建设资金,如果电网存在国有化的情形,还有必要保证国有资产达到保值、增值的目标。

对电网的规制方法有很多,成本规制、绩效规制是最典型的两种规制方法,其目的是对电网企业的成本和绩效进行考核,根据考核目标来确定电网企业最终收费标准。对电网规制较为传统的做法主要存在以下几种形式。

(1) 成本规制模式。所谓成本规制是依据电网投资所需要的成本,综合考虑资金利率和可能存在的通货膨胀比率等因素,制定出合理的利润上限,根据制定的利润上限具体制定合理价格,公式可表示为:$R(p,q) = C + S(RB)$。其中 $R$ 代表电网企业的收入部分,由公式可见电网企业的收入与 $p$、$q$,即单位收费和输送的电量有很大的关系,电网企业的收入与 $p$、$q$ 之间的关系可以概括为:当电网企业分时段收费时,各个阶段所用的电量乘以不同时段的电价标准;在公式中,$C$ 代表经营成本,考虑到电网企业的正常运营,$C$ 一般代表平均成本;$S$ 代表由政府确定的投资收益率,$RB$ 表示投资收益率基数,也就是所谓的资本投资总额。所以要计算电网企业的总收入要先确定投资收益率,其与资本投资总额的乘积即可得出。根据以上计算公式,成本规制模式在计算上虽然比较合理,但在具体操作中确存在种种弊端,其主要体现在以下几个方面:①规制者所追求的目标与电网企业有着较大差距。具体来说,规制者的最终目标是根据成本规制模式,在能够使电网企业得到适当利润的前提下,制定出最合理、最佳的电价,规制者的侧重点是实现社会福利,而电网企业最终的目的是确保自身利润,并非像规制者所期望的生产要素的高效组合。当资本回报率远远大于资本价格时,电网公司为取得更高的利润,会扩大投资,如果资本回报率较低,电网企业就会适当减少投资,以保证自己所获得的利润。这并不是投资机构所期望的投资结果,这种所谓的 A－J 效应①也被很多学者质疑。②由于平均成本属典型的内部信息,对于规制机构而言,要想得到比较精确的平均成本信息是有点难度,因此很难确定最佳的电价,至于电网企业,则完全可以人为提高经营成本直接获得高额利润。③将投资收益率作为反应资本价格的标准存在一定的不合理性,投资收益率不是按照一定的标准计算的,而是规制机构与电网企业在不断妥协让步的情况下达成的,投资收益率一旦形成就不容易改变,因此,在保证成本的情况下,成本规制能够确保企业收回成本,并保证企业获得一定的利润,也正因为如此,电网企业根本不会考虑如何降低成本、如何提高管理效率。

(2) 价格上限规制。成本规制由于其自身的保底性,并不能保证企业进行改革创新实现降低成本,一旦成本上涨,消费者最终承担上涨价格,而价格上限规制,是规制企业在价格上限以下可以根据自己的需要确定价格,如果企业降低成本,那么所带来的剩余索取权自然而然就由电网企业掌握,这就调动了电网企业降低成本的积极性,消费者由此承担的费用在一定程度上也会降低,社会福利效应由于企业降低成本也会得到间接改善。但是,价格上限的确定,一定要考虑多方面的影响因素,例如,价格水平、通货膨胀率以及其他的影响因素,如一般的价格上限计算公式为:$P_t = P_{t-1} \times (1 + RPI - X) \pm Z$,其中 $P_t$ 为当期价格水平;$P_{t-1}$ 为上一期的价格水平;$RPI$ 代表零售价格指数,是对通货膨胀率的表示;$X$ 为预期生产率增长率;$Z$ 代表影响价格上限的一些其他不确定因素,但在实践中,价格上限不可能被很准确地计算出来,从公式可以看出,当前的价格水平受上一期价格水平的影响,如果上一期价格水平计算不合理,则当前价格水平的合理性也会受到影响,再者,无法预

---

① Harvey Averch, Leland L Johnson, Behavior of the Firm Under Regulatory Constraint. American Economic Review, Vol. 52, No. 5 (Dec., 1962), pp. 1052 – 1069.

见的因素由于具有不确定性，只能通过电网企业与规制机构进行事后讨价还价才能确定，这就造成了市场定价的随意性。

成本规制模式、价格上限模式有一定的可行性，但是仍然避免不了种种弊端，很多经济学家为此又提出了标尺竞争模式、绩效杠杆模式等比较先进的电网规制模式。以标尺竞争为例，即在同类企业之间展开竞争，将技术进步以及其他不可预见的外在因素参照其他竞争者的状况进行公开，消除电网企业与规制机构在事后的对决，但是标尺竞争必须以有同类型企业进行比较为前提，由于电网企业所具有的垄断特性以及仍然处于建设的过程中，因而不具备同类企业间的比较。因此，电网企业采取标尺竞争的模式还是不现实，而绩效杠杆模式同样面临此种问题。

### 三、智能公共电网框架内电网机构的"非对称信息"规制模式

由于单一规制的缺陷使得大多数学者都探讨采用综合规制模式，综合规制模式最重要的是通过引入标尺竞争以消除规制中的信息不对称，智能公共电网由于自身具有的特性，因而智能公共电网并不适合标尺竞争的规制模式，换句话说引入标尺竞争对智能公共电网并不具有适用性。而智能公共电网的最终目的，是保证其规模经济效益以及网络经济效益的最终实现，保障社会福利最大化，为了达到这一目标，电网企业采取了非对称信息的经营规制模式。

非对称信息的经营规制模式不必了解企业的成本信息，这是其与传统成本规制的本质区别。此外，非对称信息对需求函数并不需要掌握太多的信息，智能公共电网的建设可以充分证实非对称信息经营模式的特征。非对称信息经营模式目前主要包括三个机制，分别是 TSS 机制、V－F 机制、ISS 机制[①]允许垄断企业自行定价；企业获取定价的所有市场收益；向企业支付补贴额是对补贴机制，即 TSS 的概括。总剩余补贴机制在社会福利方面发挥的作用巨大，但任何机制都会存在自己的弊端，TSS 机制也未完全阻止企业垄断的

---

① Ingo Vogelsang, Electricity transmission pricing and performance-based regulation, CESIFO Working Paper NO, 1474.

现象，消费剩余也不会属于消费者。其实，任何机制都会有自己的缺点与不足，但是 V-F 机制的优点还是比较突出，V-F 机制可有效规制电网收费的价格，而且有效降低输电成本，让消费者真正享受到智能公共电网带来的益处，这对智能公共电网本身的建设也会产生很好的影响作用。

Vogelsang 与 Finsinger 提出 V-F 机制。[①] 在 V-F 机制下，对需求函数并不需要掌握太多的信息，它只需要了解企业前期的销售额和支出额，企业本期的价格和前期的产量只要小于上一期企业的支出即可，这是规制机构所要达到的最终目的，也是帕累托的最高水平。电网企业利用垄断优势所获得的利润将逐渐消失，因此，规制机构作出如下要求：

$$p^t \in \left\{ p \,\middle|\, \sum_{i=1}^{n} p_i q_i^{t-1} \leq E^{t-1} \right\}$$

其中 $p^t$ 代表企业 $t$ 期价格，$q^t$ 代表企业 $t$ 期产出，$E^{t-1}$ 是企业 $t-1$ 期的支出；规制机构可以通过观察 $q^{t-1}$ 和 $E^{t-1}$ 的变化，对企业所获得的利润进行规制，在 $t-1$ 期，如果企业有利润可得，企业规定的价格只要满足以上公式，在 $t$ 期，同样也会获得利润，虽然垄断利润不可能在短时间内就会消失，但从长远看，企业的垄断利润是逐渐呈现下降趋势，公司将企业降低成本所获得的多余价值让利给企业，会激励企业努力降低成本，因此，在 V-F 机制下，企业为获得更高的利润会不断压缩其成本，成本不断降低，价格水平自然也会降低，最终的价格水平会低于拉姆赛价格（Ramsay price）水平。

然而，V-F 机制也不排除企业人为抬高成本的情况，如果企业对成本价格不再进行约束，这一情况也是比较令人隐忧的，但对智能公共电网而言，在建设的初期，为其留足剩余利润，长远来说，电网企业的收费也会逐渐下调。因此，V-F 机制在现实中具有较高的可行性。

### 四、公共电网的开放程度界定

公共电网是满足社会大众基本需求的电力网络，虽然公共电网具有基于地理区域的自然垄断属性，但是公共电网却无法满足所有地区所有用户的需

---

[①] Ingo Vogelsang, Incentive Regulation and Competition in Public Utility Markets: A 20-Year Perspective, Journal of Regulatory Economics; 22: 15-27, 2002.

求，就我国的人口基数和地理区域而言，需要社会多元投资建设局部地区的补充性配电网，这些补充性配电网一般不具备直接承担普遍服务的覆盖能力。

　　智能公共电网在其接入方面存在以下几种情况：(1) 主干网与微电网的接入。随着电网的快速构建和不断发展，逐渐提升了可再生能源和微电网的相应发展速度；不过要满足微电网用户对电量和用电质量的要求必须进行主干电网和微电网之间的有效接入，才可以更好地发挥和实现多构建电网的价值。不过在产权主体上，因为微电网与电网存在不同的差异，某些电网公司在一定程度上会借助自身优势形成垄断来对微电网的接入进行相应的限制或者排斥。所以整个产业在进行发展规制考虑时，必须借助技术的有效性和先进性，来尽量接入微电网。(2) 电网的建立与发展。目前经济市场上存在发电和卖电之间的对峙局面，因为电网在构建和运行上与电的发送、电的售卖有着不同的决策性目标，所以对于新建的电网，在进行价值评价时需要从发电和售电两个方面来进行考虑；但电网公司从其自身的角度则不建设的情况；对已发电和售电这两方面效率的提高，需要在技术上进行创新改进以及运作资金的更大投入，不过在现实过程中很多电网公司在技术层面并不选择投入资金以实现。这样一来，对于社会福利方面而言，整个的社会福利通过对发电和售电的所需从而得以提高。(3) 其他产品接入规制。通过以上综述可以得出，当前的智能公共电网，已经侧重于用户环节的设计和建设，而不是局限于传统的输电网线，这不仅使得有关电力方面的技术在不断地创新和发展过程中备受影响，此外像那些电力电子、电动器械等与电有关的领域也受到诸多问题的制约，就像电动汽车的研究，首先的必备条件就是智能公共电网技术的配套改进。通常情况下，争取最大利益控制最小风险是经济理性的主张，对于企业而言，毕竟是出于盈利目的，因此企业的规划或者商业活动都以最小成本的付出为原则。不过对于出现的不完全竞争，就像行业的垄断，竞争压力小，有着更多的选择和市场，但是企业内部层次错综复杂，使得运营中的企业很难达到使成本最小化和利润最大化的情况，然而又更加降低了企业内部之间各种生产资料的合理配置，矛盾重重，出现 X 效应，就是说成本的投入会伴随着竞争的减小而相对提高。① X 效应也适用于电网行业，使得其在成本方面不愿进行更多地投资，导致了行业有关技术在更新上受到影响或者阻碍。（4）与其他通道的互联互通。我国对于行业的管理上面，现在主要采取条块性和分割性的管理方式，这种分块的管理使得行业间的信息不易传输，不同行业间的信息渠道互不相通甚至无法兼容，不能对信息进行共享，从而使得信息资源出现很大程度地浪费。在城市的建设和发展中，信息和相应数据的共享是城市发展为智慧型城市的要求，信息渠道不应堵塞，应该畅通无阻；智能公共电网的不断进步必须适合城市的发展，要尽量搭建一种综合性的公共事业网络，重在对城市中各个公用事业范围内的信息和数据进行相应整合。因此，要想建设好智能公共电网，必须加快技术的革新以适应电网和其他技术网络的衔接；在对有关网络进行整合时，必须先制定相应合理的规制，保证综合性网络更好地搭建。

目前，智能公共电网在配电侧、用户侧方面的社会服务功能还没有充分体现。智能公共电网发展使多网融合成为必然，并最终形成覆盖所有用电终端的"物联网"。但目前该功能囿于相关业务垄断、市场条块分割等不同行业和部门利益等因素影响尚未充分体现出来。智能公共电网具有能源计量精确、能源分配精确、能源承载量大、可超远距调控、调控的集中度高、方式简便、反应迅速等特点。因此，它不但可以使电能供应更加安全、高效，而且可以非常有效地执行国家能源政策。例如，在条件允许的情况下，可以利用智能公共电网的技术优势，进行全社会的碳消耗调控，从而促进低碳生产与生活的实现，达到降低能耗、保护资源、保护环境的目的。除此之外，向比较智能化的小区、家电等对电的需求更高，而且相配套的用电服务也在进行不断地创新和试点，虽然适用规模目前存在局限性。必须通过电力光纤到户技术的不断进步来实现用电信息系统"全覆盖、全采集、全费控"，通过一种更为方便的用电方式提供给广大用户，尽力实现用户对电使用的各种需求。因此，政策法律保障才能使智能公共电网的社会服务功能充分体现出来。

---

① Harvey Leibenstein, Allocative Efficiency and X-Efficiency, The American Economic Review, 56 (1966), pp. 392–415.

## 五、智能公共电网发展的战略目标与路径选择

从各国情况看,智能公共电网发展的战略目标及发展路径是有差异的,都是根据各自的具体情况确定。因此,在智能公共电网的进一步发展上,我国必须制订合理战略目标和相应的实现路径,并依此加快对新型电网的发展。

(一)智能公共电网的战略目标选择

应从以下几个方面来考虑相应战略目标的选择。

1. 发电侧:增加清洁能源比例,优化能源结构

目前,全球45%的二氧化碳来自电能生产,电能作为二次能源,其碳排放直接取决于一次能源的结构。我国在优化能源结构上必须首先加大清洁能源的使用,继而使得废气的排放减少,保护生态环境,这也是一个关键的切入点,去实现我国低碳经济的健康发展。

由于技术与成本原因,清洁能源利用目前主要集中在发达国家。2000年以来,我国的经济发展迅猛,同时科技不断进步,对于所带来的环境能源问题,国家积极鼓励太阳能、风力发电以及核电的发展,并进行了大量的投资。尽管如此,我国与西方发达国家相比,在对清洁能源的使用上仍然落后很多,例如核电,虽然我国的核工业体系比较完善,核技术也在不断进步。但核电在我国的发电装机比例却远远落后于世界平均水平,全球核电平均发电装机比例为8%,而我国仅为2.2%。就太阳能发电的情况,对于我国而言,发电装机比例是0.02%,而全球平均水平为0.3%,可见我国的太阳能发电同样不足。因此,战略目标在对发电侧进行相关定位时,必须做到的就是合理有效地发展和利用好清洁能源,提高其利用率。[1]

2. 电网侧:推进建设智能公共电网,促进低碳与安全的能源供应

电网作为唯一的单一化平台,在能源供应体系对电能进行输送和存贮,电网的铺设把发电厂和用户连接在一起,满足安全要求的电网,有利于实现低碳、节能、高效的发展。所以在进行智能化电网的建设中,也更要注重电

---

[1] "2014我国发电设备装机容量稳步增长",载《中国电力报》http://news.bjx.com.cn/html/20150225/592117.shtml,访问时间:2015年10月3日。

网本身的发展和完善。

电网首先要做到安全，消除大面积停电和长时间停电，要消灭供电盲点，做好偏远地区的供电服务；做到远距离输送中的低耗（我国清洁能源的能源中心与负荷中心距离远，需要低能耗的远距离输电技术），完善电网的自救力，以应对在对电能的输送过程中出现各种突发性损害情况，同时在电网的构建中要设置信息的反馈系统以及远程控制系统的配套铺设；还要有一定的灵活性，以满足对不同天气下风雨恶劣环境的适应，以及方便太阳能等清洁能源与电网的更好接入；实现用户和电网两者之间的互动，对于用户随着社会进步所提出的新要求尽量通过创新来满足。

电网企业还应该做到运用电网智能化的功能，为社会的碳调节机制提供服务，为政府的低碳经济战略提供技术服务。许多的核心技术都要在建设智能化电网的过程中被应用以及倒逼其完善革新，政府主管部门要在低能耗远距离电能输送技术、网络安全技术、确保清洁电能上网、储能技术等方面确定具体的战略目标，以保证优先发展。用电安全以及实现高效低能耗是在战略目标对电网侧的要求。

3. 用户侧：通过智能公共电网的建设，逐步实现低碳生活

改革开放后，我国经济社会发展迅猛，社会各个领域都得到了前所未有的发展，同时在发展的过程中对能源的需求也在不断地增加。世界范围内，我国每年对能源的消耗最多。特别是进入 21 世纪后，在能源的消耗上更加厉害，我国每年对能源消耗的增长比例高达 12%，这远远超过了 GDP 的增速。例如，2007 年 GDP 增长了 11.3%，而能源需求增长为 14.4%。[1] 我国在能源的提供和社会各方面的需求上存在很大的缺口，能源不足。因此，在战略目标上对用户侧进行合理设计时，需要将低碳低耗理念渗透到用户群体中，进而促进低碳生态文明的更好构建。

基于以上分析，在建设智能公共电网的过程中，必须调整和完善好电的服务内容和方式。有关信息数据的发送要及时有效，电在使用中要保证稳定

---

[1] 彭志龙、吴优、武央、王海燕："我国能源消费与 GDP 增长关系研究"，http://www.sei.gov.cn/ShowArticle.asp?ArticleID=98515，访问时间：2015 年 11 月 3 日。

性和实时性，同时在进行电费结算和规范用电结构上更要实现灵活性；确保用电方式的多样化选择，同时保证电费的合理，不要乱加费用，把用户按用电需求进行分类，并进行用户信用等级的构建，以此来进行评价，同时在用电选择上以用户为本，提供尽可能多的选择项以满足他们的不同需求。此外，通过低碳理念的宣传，尽量使得用户倾向于清洁电力的使用。设计对电网进行有效控制管理的平台，通过对平台的操作来实现电网和用户之间的信息交流和互动；促进"多网融合"的构建完善，包括电网、电力通信网、有线电视网等的相互接入融合，从而使得电网的服务更全面，服务质量更完善，同时减少能源的消耗和降低成本。

4. 产业侧：推进关键设备与配套产品的研发与知识产权掌握

智能公共电网是以先进制造业为支撑，扶持智能公共电网相关制造业是智能公共电网发展战略的重要内容。在建设智能公共电网的过程中，与其有关的部分产业也必定会得到有力的发展。所以在核心技术上要积极进行自主研发，必须把核心技术握于手中，推进生产与电网建设有关的设备用品和配套产品。除此之外，在进行技术的创新和相关设备产品的制作过程中，依法自我保护，对自行技术和设备的知识产权进行管理，从而促进整个行业的发展速度。还要对技术的使用指定一个合理的标准，尤其是参与世界标准的制订，大胆争取，从而使得我国的智能公共电网更加具有影响力，立足国际行业，紧握行业发展的主动权和话语权。

（二）智能公共电网的建设需要政府鼓励

智能公共电网技术及经济影响涉及的范围相当宽泛，可以开拓的广度和深度都非常大，无论是发电企业、电网企业还是相关制造业，都希望自己能够得到政府支持而发展壮大。智能公共电网的发展遵循其他事业发展规律，在进行发展的过程中要协调统一，各个模块不能分离进行，对于与智能公共电网有关的产业，在建设和发展中要考虑周全并且明确孰轻孰重，按照先后顺序有侧重的进行推进。世界各国各自有着自己的方式去实现智能公共电网的建设和发展，就美国而言，把电网放在首要地位；欧洲国家则把清洁能源放在首位。那么对于我国而言，智能公共电网在建设过程中也要有所侧重点。

以防重点不明确引发混乱。所以在建设智能公共电网方面，前提条件是找到一个合适的发展途径。以下是对发展路径的分析总结：智能公共电网的发展路径是智能公共电网的国家战略体现，它服从于国家战略，是实现国家战略的基本方法；智能公共电网的发展路径是具体的、可执行的，它应该具有权威性和稳定性，是不得随意改变的；智能公共电网的发展路径应该是政府主导的，而不应是企业利益驱动的。企业的发展应当融合在智能公共电网的发展路径中，企业应按照政府主导积极推进电网的构建。合理的发展路径能够实现电网事业的快速均衡发展，而且可以避免出现发展上的畸形，同时能够实现智能公共电网事业的健康发展，实现可持续性，避免了仅仅依靠政府的救济来维持企业的运行。这种发展路径在用电费用上更加合理，使得用户能够承受得起而不会因为费用问题而影响使用。同时，更会促进清洁能源的使用，使得普通的电力使用起来更加全面的清洁，而不是某一部分的清洁。

西方发达国家在建设和发展智能公共电网的过程中，离不开政府的主导功能。相比之下，我国目前智能公共电网发展中，主要是企业层面和相关组织在积极推动，缺少国家层面及地方政府的推动和支持，这与国外发达国家明显不同。能源供应属于公益事业，存在基础性和重要性，我国公共电网智能化发展的进程中，涉及众多产业和社会多元利益诉求，这些都需要通过政府鼓励和引导、企业参与和社会支持三者的协作来促进智能公共电网的发展。

企业是以营利为目的，如果没有政府积极引导，智能公共电网发展容易偏离基本目标和方向，容易引发新的矛盾和问题。对于西方国家的发展模式，应该通过学习借鉴经验，制定发展框架，确定项目选择和投资的原则，统一技术标准，进而更好地促进智能公共电网朝着绿色、健康、可控的方向发展。

（三）智能公共电网发展的路径选择

1. 优化放松规制政策，地方政府积极推进，适时推进地方立法

智能公共电网在我国尚属新生事物，各界对其的观点、看法都不一致，其对社会影响也尚未真正显现，因此应当在电力法修订中确定基本框架，制定配套的政策来指引着智能公共电网的构建和完善，地方试点智能公共电网建设和立法。

第一，电网在建设过程中所出现的问题应该借助政策来解决。通过智能公共电网的运行，会出现更大范围的新功能和新服务。如电力光纤、电动汽车使电力与通信、交通等业务发生交汇，互相融合，引发了新的社会关系，或者改变了传统的社会关系。这需要政府主导，创新发展模式，调整相关产业边界，重新构建新的政策体系，以调整相应的社会关系，促进智能公共电网发展。

第二，促进各个领域资源的整合和协调来顺应智能公共电网的发展。智能公共电网及相关产业正处于试验阶段，要构建开放、公平的竞争机制，形成鼓励创新的政策体系。除非必须限制的专营领域，应允许所有市场投资主体进入智能公共电网的相关领域；政府有关部门对在进行财政投资来鼓励新型电网发展过程中，不应存在差异，而是应该做到公平、公正地对待市场各个主体。

第三，政策要保持动态性来适应智能公共电网发展中出现的问题。现在的电网建设正处于试点状态，没有最为准确到位的标准和体系，需要不断地进行完善。在建设智能公共电网这项工程中不能急于求成，需要假以时日的进行建设和创新。在智能公共电网推进过程中还会出现很多问题，政策和地方立法应当保留足够的弹性以适应发展需要。政府应对智能公共电网发展、政策实施效果进行动态评估，及时调整和完善，以满足实践需要。

第四，制定政策时不仅要针对中央层面，还要面向地方实际情况。中央和地方应根据各自的职能和权限，发挥两个积极性，共同促进智能公共电网的发展。还要借助地方灵活的特点，将这种优势尽力发挥。例如，2015年7月7日，国家电网公司与江苏省人民政府签署《建设智能电网战略合作框架协议》，这是贯彻落实习近平总书记要求的"中国制造2025""互联网+行动计划"等战略部署的重要举措。[①]

但是政策与法律相比，不如法律的效力高，同时法律在适用的稳定性和规范性上优于政策，相对政策而言具有稳定性和规范性。从长期看，促进智

---

① 任松筠："江苏省政府与国家电网公司签署战略合作协议"，http://js.people.com.cn/n/2015/0710/c360300-25527618.html，访问时间：2015年11月3日。

能公共电网可持续发展仍应以立法为主。目前智能公共电网发展主要靠政策调整是改革进程中的权宜之计，立法上的相对滞后，在一定程度上制约了智能公共电网的健康发展。"智能电网"概念和相应的问题在2010年实施的新可再生能源法中得以确认，成为国家立法中第一次提到的新事物和新概念，为未来智能公共电网的立法提纲了依据。

通过法律来保证和完善智能公共电网的发展，可从两个方面来考虑。近期来看，现有的相关法律法规可以通过恰当地修订和完善来适用于智能公共电网的发展，例如，增添一些内容来与新出现的有关电力的问题相匹配。长期来看，启动专门立法的模式，使得智能公共电网有着更加专门化的保障。从实践来看，任何新事物都可以先行先试，通过总结完善，在政策先行的基础上，使立法条件逐渐成熟，再将政策上升为法律法规，智能公共电网立法也应借鉴这一经验。

2. 重在实践，试点推进，建立多元化的资金投入机制

智能公共电网在我国尚属新生事物，应先试点后推广。对已经开展并完成的智能公共电网试点项目，政府部门要积极组织项目评估，在总结评估的基础上，对成熟、成功的试点项目要加快大范围的推广应用。例如，新能源汽车试点城市经过两次扩容已达25个，对新能源汽车特别是电动汽车的推广应用起到了良好的示范效应。

目前，我国发展智能公共电网的所有环节的技术研发和试验示范项目全面推进，效果较好。尤其在新能源并网、智能电表、电动汽车、电力光纤到户等基本技术已经成熟，取得了显著成绩，为全面推进智能公共电网建设提供了强有力的技术支撑。因此，政府部门应在总结试点经验的基础上，进一步推进新能源并网、智能变电、智能配电、智能电表、电动汽车、电力光纤到户等智能公共电网工程建设，这种试点的探索性可以更好地创造出新型电网的发展条件，实现智能公共电网发展的全面推进。

智能公共电网建设是长期过程，涉及众多领域及相关产业，关乎社会经济发展及公共利益，需要巨额资金投入。所以要拓展资金投入的有效途径，多渠道并进。通过制定相关法律法规，使得此方面的投入加大，从而解决资金上的问题以促进智能公共电网发展得更远。同时，要引入社会资本，培育

风险投资主体，鼓励投资智能公共电网及相关产业，共同推动智能公共电网的发展。

智能公共电网在建设过程中不只是一个领域的问题，它的完善需要多个领域的协作统一，更需要全社会的关注和共同筹建。充分发挥政府、高校、企业以及科研机构的优势。政府在统筹协调中应发挥主导引领作用，打破部门、地区、行业壁垒，平衡各方利益，推动各方合作，形成发展合力。各个方面的优势通过协调进行有效整合，在优势上实现互补，在资源上进行共享，向着电网运行后的利益最大化去努力，组建专业化的企业联盟，开拓各种切实有效的途径去发展智能公共电网。

在国家的"863"科技项目之中，国家电网立足智能公共电网发展的实际，着力开展对柔性直流输电换流阀、直流场、交流场等核心技术的研发，取得了显著的成绩。上海世博会中的有关示范工程就是基于这些关键设备的研发和使用，才得以顺利完成的。立足科技的不断创新，坚持科技的健康引导，从而使得智能公共电网的关键技术、高端设备得以顺利掌握和产生。

在智能公共电网的国际竞争中，政府要鼓励和支持在关键环节和核心技术上强化自主创新能力，拥有自主知识产权，市场的发展借助科技的创新，使得电力行业的竞争力不断提高，进而跻身国际先进行列。

为了更好地发展低碳绿色经济，不仅需要加大调整能源结构，研制更多的绿色能源替代品，更要求全社会形成一种低碳生活的意识，多创造低碳、低耗的生活方式。所以在进行智能公共电网的发展过程中，社会中的每一份子都应积极参与和贡献力量。例如，分布式发电设备、智能插座、智能家电等智能用电设备，电动汽车购买使用等都涉及相关费用增加等问题，除了依靠政府财政补贴之外，还要得到广大民众的理解和支持。所以要在社会范围内形成一种低碳生活的观念，加大宣传，让社会各个层面、各个产业都知道智能公共电网的优势便利，将智能小区、家电等低碳生活的示范进行更好地推广和宣传。当然，电网服务内容要更加完善，以满足不同层面和不同领域的用户对用电的选择和不断出现的新需求，并实现用户对电使用的自我选择，将智能公共电网的优势服务于社会，反过来也为智能公共电网的建设和完善提出更高的要求。

## 第二节 智能公共电网发展的法律与政策框架

### 一、从国家战略层面考量智能公共电网的发展

我国社会经济的长远发展内在的要求必须建设好智能公共电网,学习和借鉴国外先进理念和做法,将智能公共电网纳入国家发展战略之中,充分发挥战略导向和规划引领作用,上升为国家战略,作为一项不可或缺的基础设施加大投入,更快地建设和完善,并且不断辐射性推进开来,以保证智能公共电网的可持续健康发展。

《中共中央关于制定国民经济和社会发展第十三个五年规划的建议》指出,"推进能源革命,加快能源技术创新,建设清洁低碳、安全高效的现代能源体系。提高非化石能源比重,推动煤炭等化石能源清洁高效利用。加快发展风能、太阳能、生物质能、水能、地热能,安全高效发展核电。加强储能和智能电网建设,发展分布式能源,推行节能低碳电力调度"。[①] 为我国发展智能公共电网提供了法律和政策依据。在能源行业科技装备规划中,如重大科研项目设计、重大技术装备研发、重点示范工程选择、重点实验室及研发中心建设、重要行业标准制订,都需要重视智能公共电网的作用。

智能公共电网有着很多的用途,解决能源和环境问题、全球气候变化问题,刺激经济增长,该行业具有非常显著的带动效应,将使得中国的产业结构和经济发展方式都会被改变,具有积极作用。所以说国家公共电网将应被投入到新兴产业中去,包括推出支持智能公共电网在中国的发展扶持政策。需要在项目审批、建设用地、税收、价格等方面给予大力支持。同时,鼓励研发,试点示范工程术语和推广使用清洁能源消纳和经济补偿以及商业模式创新,更好地保证新型电网的健康发展。

---

① 《中共中央关于制定国民经济和社会发展第十三个五年规划的建议》,http://news.xinhuanet.com/ziliao/2015-11/04/c_128392424.htm,访问时间:2015年12月3日。

就是要在遵循国家的能源战略规划下，制定适合我国的合理的电网发展规划，包括发展的目标和要求，都要进行非常清晰的规定，并制定相应的措施。同时，建议设立国务院智能公共电网发展领导小组，形成协调推进机制。领导小组办公室设在国家发展和改革委员会和国家能源局，协调国家相关部委，组织地方政府、电力企业、制造企业、科研院所及电力用户，在智能公共电网的建设过程中，加大对关键技术和设备的投入，着重攻克难关，保证建设的进程和质量，及时发布相关信息、出台政策法律并协调重大问题，推动我国智能公共电网健康、有序发展。

## 二、政府促进智能公共电网建设的具体政策体系

政府的推动作用来促进某种产业或者某种技术的发展，有这样几个阶段：首先是攻关研发阶段，技术和产品尚不成熟但方向正确，没有形成市场，政府对其进行培育和引导；其次是成果转化阶段，技术和产品相对成熟，但市场成熟度低，政府对其进行鼓励和扶持；最后是推广应用阶段，技术和产品已经成熟，并有良好市场前景，政府对其进行推广和促进。目前，我国智能公共电网发展所涉及的关键技术及设备，绝大多数处于第一阶段或第二阶段，因此，政府出台政策的立足点在于培育和扶持。

（一）智能公共电网依托国家电网、南方电网已有的特高压网络和主网架

我国智能公共电网发展必须以特高压坚强主网架为依托，实现电网坚强与智能化的高度一体化融合。如今，我国早已有条件去进行特高压的相应建设。建议政府有关部门要加快后续特高压交直流工程项目的审批和核准，建设更好地特高压电网，能够实现各个级别网络之间的连接，从而构建起更加完善、更加稳定的电网系统。

（二）拓宽智能公共电网的多元融资渠道

智能公共电网应该更多地吸收社会资本，多层次的拓展发展融资渠道。把资金吸引到电力行业来进行对电网相关产业的发展，从而使得投资多元化和利益多元化。发挥我国集中力量办大事的优势，加快体制机制创新，创造良好外部条件，共同推进智能公共电网发展。

### (三) 掌握核心技术的知识产权

在更高层次上开展技术攻关，可以倡议国家能源局在进行能源行业项目选定时，重点针对电动汽车、大容量储能技术及装置、电网关键装备智能化、分布式电源与微电网接入、智能控制、用户互动等领域，采取产学研结合模式。加强设备制造厂商、科研单位及电力用户合作，加大核心技术及关键装备研发力度，突破重点难点，解决实质问题，使得我国的智能公共电网的发展更进一步，立足世界。

### (四) 按照市场经济规律推进智能公共电网的商用化

除具有传统电网智能电网的服务功能外，新型电网还能够提供支持三网融合，智能互动的电力及其他增值服务能力，包括电动汽车充电、电力光纤到户。建议有效利用智能公共电网带来附加价值和社会效益，探索和建立新的商业模式，尽快扩大智能公共电网商业应用。目前，已建成以充分利用电动汽车的充电设施，在市场上寻找合适的配套模式，有利于相应充电网络设备的建设和相应的试点。同时，要利用已经实现电力光纤到户的智能小区、楼宇等深化电力光纤到户支撑三网融合的业务内容和新型商业模式研究，让社会公众体验到三网融合带来的便利和新的价值观。

### (五) 科学合理设置与智能公共电网相匹配的电价形成机制

通过对世界上其他国家相关经验的借鉴，设计配套的电价机制来完善电力市场。其思路是：国家综合考虑电网发展、企业盈利等因素，确定电网企业合理利润率，督促电网企业认真执行国家电源侧上网电价政策和用电侧电价政策，定期（大致以半年为基础）测算电网环节企业利润水平，按照"成本加合理利润"机制确定输配电价水平。通过研究和实际试点，来对用户的用电水平和电费标准进行实时调整。实施该机制，既能严格控制电网企业利润水平，又可保障电网作为公用性企业所必须具备的发展能力，也有利于政府对自然垄断的电网企业实施监督。若审计核算表明前一周期的利润偏高，则可在后一周期进行适当核减，反之亦然。在实行新的电价机制前提下，可适当放宽电网企业自主定价权限，以便灵活实施电价模式，为实现智能公共电网与电力用户高效互动，提供市场支持手段。

通过对其他国家电价制度的研究和考察来制定适合我国的电价制度，美国的生命线电价政策，是指为保障低收入群体用电需要，由政府对低收入居民实行特殊照顾，对在生命线用电量以下的每户每月用电量，规定一个较低电价；对超过生命线用电量限额的用户，逐次累进提高价格。美国电价制度还存在着分季节、分时段的不同，还有就是紧急情况下电价的高低不一。①而在日本，实行的是对电的使用越多，付出的费用就要越高，这样一来也倡导人们对电的节约和更加公平。

（六）发展绿色金融助力可再生能源

我国"十三五"规划明确：支持绿色清洁生产，推进传统制造业绿色改造，推动建立绿色低碳循环发展产业体系，鼓励企业工艺技术装备更新改造。发展绿色金融，设立绿色发展基金。中国人民银行、银监会和很多商业银行等金融机构已经制订了绿色金融的具体方案，积极适应改革的新形势。与此同时，国家电网公司和南方电网公司也应按照"十三五"规划的要求，积极研究绿色金融助力清洁能源的具体方案。首要的任务是，我国电网公司应当建立相应补偿机制来进行全额收购可再生能源发电，不过这种制度还不够全面。因为成本补偿机制没有得到相应的健全，电网公司难以全额收购可再生能源发电。假如未来电力企业直接与发电企业和售电企业进行交易，那么不需再要求电网企业去履行全额收购的责任。尽管一些法律法规把可再生能源所需要的基金看作相应的补偿款，可是这种基金还处于理论阶段没有实际出现，所以可再生能源发展基金必须快速被启动，同时完善相应的基金征收办法和基金的监管程序，从而使得可再生能源电量更加容易被征收，同时建立健全相应机制来促进并网工程的实现。

（七）国家土地政策支持智能电网和绿色能源

对用地的获取是建设智能公共电网的一个难点。因为土地虽然多，但也是不可再生资源，使用中造成污染或者遗留物造成荒废后，直接影响土地的再次利用。目前土地资源短缺，在选用土地进行建设时首先要考虑事业型用

---

① 林伯强："阶梯电价政策的反思"，载《21世纪经济报道》（2010年11月02日），http://news.hexun.com/2010-11-02/125371430.html，访问日期：2015年11月4日。

地。根据《物权法》中的划拨方式进行土地的获取;《房屋征收与补偿条例》界定了公共事业范围。因此,政府在审批和核准纳入规划的能源(智能公共电网)项目时,应明确建设用地采用划拨方式,为智能公共电网发展创造良好的建设环境。

各国智能公共电网的发展重点和路线图虽有所不同,但智能公共电网的相关领域及技术以及涉及的社会问题是相同的。日本政府在这一领域进行了很多付出,在日本已经形成了政府、企业、学术和社会有效协作的智能公共电网发展框架。我国"十三五"规划已经为发展智能电网创造了有利的制度环境,中国政府和有关企业应当更进一步,参与国际标准的制订,促进中国企业与国际市场的对接。

### 三、能源法、电力法、地方立法与技术标准的协同调整

虽然目前智能公共电网的发展以政策先行的方式积极推进,但从长远来看,还是应通过立法将成熟、成功的经验和做法固化下来,于社会主义法律体系之内实现能源法、电力法、地方立法与技术标准的协同调整,创造一个更加健全的法制环境为智能公共电网的发展保驾护航。

(一)《能源法》为我国能源政策和智能公共电网发展提供法治框架

就如前面所分析的,智能公共电网支撑着新能源的发展和实际应用,可以通过它实现低碳绿色生活,做到对资源的保护和合理化利用。智能公共电网在适应能源变革、促进经济社会可持续发展等方面发挥了重要的作用,同时对城市发展和现代生活也产生了深远的影响,是我国发展低碳经济的必要组成部分。基于此,智能公共电网的地位、社会作用应在能源法律体系中有所体现。作为能源的基本法律,《能源法》应该反映智能公共电网的地位和作用。美国《能源自主与安全法案》设专章对智能公共电网进行了规定,虽然并不涉及智能公共电网发展的具体技术细节,不过这个法案中的概括性规定有利于新型电网的构建和发展。我国《能源法》应当对我国智能公共电网战略进行总括性的规定。

(二)《电力法》修改明确国家在能源供应和能源消费转变方面的要求

电网在新一轮能源变革中的功能作用凸显。保障能源电力安全、适应清

洁能源大规模发展，对加快建设网架结构优化、资源配置能力更强、智能化程度更高的现代化电网提出了迫切要求。水能、风能、太阳能等清洁能源，需要转化为电力利用，其电力输送、消纳和平衡都需要通过坚强智能电网来实现。绿色能源消费模式的构建也需要电网提供技术支撑和保障。坚强智能电网和新能源快速发展日益成为新一轮能源革命的直接推力。面对能源需求压力巨大、能源供给制约较多、能源生产和消费对生态环境损害严重、能源技术水平总体落后等挑战。因此，《电力法》修改明确国家在能源供应和能源消费转变方面的要求，明确能源开发与能源节约并举、传统能源开发与新能源开发并举，推动能源结构多元化、低碳化。为加快转变能源发展开发、利用、配置和消费方式提供指引和方向。

建议在《电力法》修改过程中，应该关注公共电网和智能能源革命，智能公共电网和城市的协调，智能公共电网和其他有机融合的现代生活。《电力法》修订应当能够解决如下几个方面的问题：智能公共电网建设用地，电力设施保护，清洁能源、可再生能源并网调度标准，电网安全稳定，费用补偿机制，微网接入，智能小区产权界定，安全责任划分，售电侧市场开放与准入，建立新型供用电关系等。

（三）鼓励地方推进智能公共电网试点和政策性立法探索

智能公共电网发展除了需要国家大力支持与推动以外，在很多方面、很大程度上还依赖于地方政府的积极配合与支持。就像在对智能公共电网进行建设过程中的征地问题、如何合理建设电动汽车充电站、电厂和用户之间的有效衔接、智能互动用电等都可以看到地方政府发挥的积极作用以及取得的实际成果。地方政府出台的涉及智能公共电网相关法规、规章等能根据智能公共电网发展特点并结合当地经济社会发展实际，具有较强的针对性、操作性和实效性。通过观察北京、上海等试点城市的效果和具体做法，可以看出达到了预期的想法，符合实际要求。因此，应充分重视和利用地方政府的立法资源，鼓励地方出台与智能公共电网相关的法规、规章，通过地方立法、试点，为国家层面立法提供样本、参考，从而有效规范和推动智能公共电网发展。

## （四）参与国际标准制订，尽快统一国内标准

智能公共电网发展需要社会各方积极参与、合力共建，需要统一、协调和完备的技术标准及体系来支撑。所以对于已经取到的工作成果必须引起政府的注意和借鉴，例如，国家电网把自己的智能公共电网标准体系进行完善，然后提出8项智能技术标准向IEC SG3[①]征求意见，SG3经过多方审核后进行了相应的采纳。国家发展和改革委员会和工业和信息化部等部门应当组织相关部门、相关行业及研究机构，尽快制定具有法律效力的国家层面的智能公共电网技术标准，加快建设统一、协调和完成国家智能电网技术标准。依据国家标准，有效地监管在各领域的智能公共网络规划、设计、施工、操作、装备制造和其他各个方面的研究和实践，维护和促进公共电网和相关智能有序发展以及新兴产业的健康发展。同时，要努力把我国具有自主知识产权的智能公共电网关键技术标准上升为国际标准，增强我国在国际智能公共电网技术标准制订领域的话语权。

## 第三节 《电力法》的修订需求

近年来，我国电力工业已经形成了以火电和水电为主，核电、风电、太阳能，分布式电源和智能微网技术等新能源为辅的电力工业发展体系。从行业外部形势来看，经济与社会的发展、气候与环境变化对电力工业的要求已从当初的"有电用"，发展到要建立一个安全、稳定、清洁、经济、高效的电力能源工业体系，能源安全和节能减排的重任需更多地由电力工业承担，电力行业管理模式亟须从供给型向服务型，从计划型向市场型转变。随着我国电力工业规模和行业组织结构发生的巨大变化，现行《电力法》与当前电力工业生产力要求和生产关系特征存在不相适应，难以适应和推动电力工业科学发展，亟须进行修订，保障和促进电力工业安全、可持续发展，应该从

---

① IEC指的是国际电工委员会，IEC-SG3是指国际电工委员会成立的智能电网标准体系战略工作组。

以下几点来进行完善。

## 一、协调社会多元利益诉求

《电力法》制定的目的是就在于保障电力的正常运行，保护好发电者和用电者的利益，进而发展好电力事业。不过就如何协调各方面的利益，现行《电力法》并没有全面到位的规范性描述。

（1）《电力法》立法宗旨的核心在于"保障和促进电力事业的发展"。但如前所述，其目的主要在于解决经济发展中的电力短缺问题，所以这里所提的"发展"并非可持续性发展。虽然电力法也有关于保护环境和节约资源方面的规定，但这些规定过于原则，难以操作。整体上看，《电力法》对电力的可持续性发展、代际公平、环境生态保护考虑得很少。

（2）《电力法》虽然也强调保护投资者的合法权益，运营商和用户的利益，不过《电力法》很少规定这些权利的具体内容。虽然现行《电力法》第3条规定，"国家鼓励、引导国内外的经济组织和个人投资开发力量，建立电力生产企业。电力行业投资，实现谁投资，谁受益原则"，但投资者的权利在整体《电力法》条文中仍然体现不足，有限的"电力投资者对其投资形成的电力，享有法定权益。并网运行的，电力投资者有优先使用权；未并网的自备电厂，电力投资者自行支配使用"（第13条），投资者的投资权益保护难以得到充分保护。

（3）关于电力用户和消费者的权利，现行《电力法》并没有明确规定。虽然《电力法》涉及普遍服务原则，如第26条规定："供电营业区内的供电营业机构，对本营业区内的用户有按照国家规定供电的义务；不得违反国家规定对其营业区内申请用电的单位和个人拒绝供电。"但是，消费者的选择权和知情权却难以在现行《电力法》中予以落实，而消费者如果不能行使选择权和知情权，遑论建设和发展智能公共电网。

## 二、涉电行政权力交叉、模糊与缺位的局面应予改变

（1）涉电权力的交叉。《电力法》对于电力行政管理部门的职责进行了全面的概括，但是在我国，一旦涉及行政管理，在权力的使用上就会出现交

叉的问题。一方面，权力的分工相当不合理，类似的行政职能往往被授予不同的行政部门行使。这就既导致了行政权力实施效果的低效，也使市场主体为此付出了高昂的成本。《电力法》第6条规定："国务院电力管理部门负责全国电力事业的监督管理。国务院有关部门在各自的职责范围内负责电力事业的监督管理。县级以上地方人民政府经济综合主管部门是本行政区域内的电力管理部门，负责电力事业的监督管理。县级以上地方人民政府有关部门在各自的职责范围内负责电力事业的监督管理。"基于这一规定，形成了对电力行业进行管理的过程中出现行政机关多头管电的局面。"国务院电力管理部门"与"地方政府主管部门"的管电职能明显被分离；另一方面，我国行政机关权力的分配又往往把不同的、本应分离的职能集中于一个部门行使。具体来说，负责管理电力行业的行政部门不仅仅对电的发送和使用进行全面的监管，还要对电力行业进行规制和政策上的制定和完善工作。更重要的是，《电力法》实施的一段时期，我国的电力企业与电力行政主管部门甚至在形式上都没有明确分离，这种政企不分的状态在实践中造成了诸多问题。

（2）涉电权力的模糊与缺位。《电力法》对电力管理部门如何行使权力缺乏明确的规定，加之行政权力存在交叉，在实践中就经常导致各部门相互推诿或执法自由裁量权过大的情况。此外，在电力行业政企分开以后，《电力法》规定的"电力管理部门"的职权实际上处于无人行使的状态，《电力法》规定的诸多职责也就无法落到实处。很多时候存在着无法落实相关对电力设备保护的规定，比如《电力法》和《电力设施保护条例》两者中有关规定就被置若罔闻。

（3）在所制定的《电力法》中，没有具体规定电力行业协会的地位和性质。实际生活中，和中国所有的协会一样，电力行业协会也伴有政府的制约，从而使其作用难以发挥。因此，应该多借鉴《证券法》的有关规定，制定和完善专门化的法律，来规范和放宽电力行业协会的职能。

## 三、市场化电力法律制度的建构应进一步完善

《电力法》最大的问题之一是没有建立合理的电力运行中的发、输、配、

售四个环节的市场交易体系，这在实践中具体表现为以下几方面的问题。

（1）各环节主体的利益关系不明确。《电力法》没有明确规定发电企业、输电企业和供电企业的法律关系主体的地位，更没有规定各不同主体的利益关系，没有完全理顺电力行业各个企业间的配合，发电、送电和用电存在定位模糊，经营范围交叉。这不仅使各主体之间的利益模糊，很大程度上取决于国家行政权力对其利益的配置，不仅不利于建立现代企业制度、培育竞争有序的电力市场，而且容易诱发逆市场化的垂直一体行政垄断。

（2）没有建立起有效的市场交易体系。如前所述，《电力法》基本上是一部行政管理法，它的目的是确立国家的管电制度体系，因此很少涉及电力市场交易的规定。因为《电力法》是在我国总体计划经济正在启动社会主义市场经济的 20 世纪 90 年代制定的，制定该法律时，有关部门坚持现实和未来双重考虑原则，在针对现实社会中存在的各种体制和行为进行立法的同时，也考虑到以后的体制改革问题，针对未来可能进行的体制改革留下了充足空间，但这些空间在实践中几乎没有任何指导意义。在《电力法》中，甚至有关供用电合同这样一种典型的市场交易，其实也被当作了国家治理电力市场的工具之一，因为电力企业与用户几乎都没有实质性的选择权，所以其虽有合同之名，却无合同自由之实。实践中开展的一些电力交易方面的改革，例如大众用户用电交易、省际电力交易等，都面临《电力法》上的重重法律障碍，其原因即在于此。此外，《电力法》基本上忽视了发电企业与输电企业的合同关系，而这无疑是电力交易中相当核心的环节。

（3）仅有的一些电力市场交易的规范，在利益分配、利益衡平方面也存在着较大的问题。如《电力法》第 28 条规定："供电企业应当保证供给用户的供电质量符合国家标准。对公用供电设施引起的供电质量问题，应当及时处理。用户对供电质量有特殊要求的，供电企业应当根据其必要性和电网的可能，提供相应的电力。"本条第 1 款是对供用电合同的法律规制，设置了电力企业对供电质量的义务，从电力运行安全的角度考虑，这一规定无可厚非；第 2 款则赋予电力企业满足用户对供电质量特殊要求的义务，但没有赋予供电企业在满足了这些义务之后，电力企业对这些特殊用户是否享有法定的民事请求权（如请求给付相应的费用），也没有明确电力企业与用户能否在合同中约定,在这种情形,电力企业享有相应的民事权利。从民事权利义务的角度看,这一规定明显违反了权利义务对等原则。

### 四、关于人身触电案件的法律适用

现行《电力法》中与人身触电侵权有关的条款,仅有第 60 条,且在司法实践中很少被适用。《最高人民法院关于审理触电人身损害赔偿案件若干问题的解释》(以下简称《触电司法解释》)(2001 年 1 月)明确了高压的定义、归责原则及扩大了免责事由。该解释第 1 条将高压定义为"包括 1 千伏(kV)及其以上电压等级";第 2 条规定责任主体是电力设施产权人,但高压触电致人身损害原则上适用无过错责任,但由多原因造成的则适用过错责任;第 3 条对免责事由作了进一步明确。(1)不可抗力;(2)受害人以触电方式自杀、自伤;(3)受害人盗窃电能,盗窃、破坏电力设施或者因其他犯罪行为而引起触电事故;(4)受害人在电力设施保护区从事法律、行政法规所禁止的行为。但这一司法解释被《关于审理人身损害赔偿案件适用法律若干问题的解释》(以下简称《人身损害赔偿司法解释》)废止,使这三个条文规定的问题与《侵权责任法》的衔接不甚明了,人民法院在司法实践中审理触电人身损害赔偿责任案件出现了较多的法律适用争议,造成不必要的混乱。当前法院在处理人身触电侵权案件时更多地适用《侵权责任法》第九章、《民法通则》第 123 条。《民法通则》《侵权责任法》是调整民事法律关系、侵权法律关系的一般法,触电侵权作为其中一类,具有其特殊性,有必要在《电力法》中增加条款,明确规定。

### 五、《电力法》修改的难点

《电力法》主要调整监督管理关系与民事关系,如图 2.3 所示。一是监督管理法律关系。电力管理部门同电力企业之间的监管管理关系。包括电力建设监督管理、电网监督管理、电力供应和使用监督管理、电价的监督管理以及电力设施保护的监督管理等。二是民事法律关系。电力企业之间、电力企业与用户之间的合同关系。《电力法》调整两类合同关系:电力生产企业和电网经营企业的并网合同关系;供电企业与用户之间的供用电合同关系。

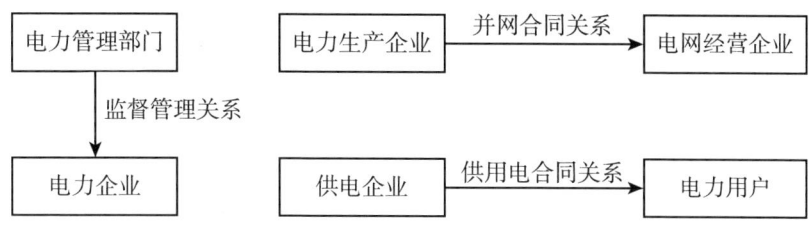

图 2.3 《电力法》调整的法律关系

这也就决定了《电力法》修改最重要的两个内容,一是电力管理体制,二是市场交易体制。

(一) 电力产业规制体系

电力以及电力事业的特殊性,决定了任何国家都必须对电力进行必要的管理,只是各国国情的不同决定了各国行政管理的严格程度和管理对象有所不同。中央《九号文件》明确提出立法修法工作相对滞后,制约电力市场化和健康发展,现有的一些电力法律法规已经不能适应发展的现实需要,有的配套改革政策迟迟不能出台,亟待修订有关法律、法规、政策、标准,为电力行业发展提供依据。从世界范围电力管理体制的经验和我国的现实看,电力产业规制体系核心的内容包括两种:行政管理和电力监管,如何对这两种都有力度的管理方式进行相应权力的区分是一个难点,也是《电力法》在不断完善过程中关系到其成功与否的决定性条件。

(二) 电力市场

十八届三中全会确定了市场化改革精神和电力体制改革的基本方向,中央《九号文件》明确提出深化电力体制改革的指导思想和总体目标,确立了按照"管住中间、放开两头"的体制架构,实行"三放开一推进三强化"①的深化电力体制改革的重点和路径。因此,《电力法》应当明确"电力市场建设应当以电力安全为基础,坚持公平开放,促进资源合理配置和节能减排,有序放开发电和售电环节竞争,促进电力市场信用体系建设,加强电力行业

---

① 放开新增配售电市场,放开输配以外的经营性电价,公益性调节性以外的发电计划放开,交易机构相对独立,加强政府监管,强化电力统筹规划,强化和提升电力安全高效运行和可靠性供应水平。龙金光:"新电改'三放开一独立三强化'社会资本可投资成立售电主体",载《南方日报》(2015年3月25日), http://www.chinasmartgrid.com.cn/news/2015-03-25/601806.shtml,访问时间:2015年11月5日。

和相关领域监管，逐步形成政企分开、主体规范、交易公平、监管有效的电力市场体系"。需要在法律上对"电力市场"进行必要的诠释。

马克思主义政治经济学中设置了三个构成商品经济的要素：交易的主体、客体与规则这三个方面。在法律上，有关交易主体的规则体现为调整市场主体的公司法、企业法等；物权法中对交易客体进行了规范性的定位；合同法、证券法中对交易规则进行了具体的规范。但是对于电力行业的相关立法中，电力行业的交易主体在《电力法》中规定的不仅包括电力企业，也涵盖电力用户和用电消费者；交易的客体为电能；交易的规则涉及不同主体之间的合同有所不同，基本上可以由《合同法》调整。《电力法》需要规定的重点内容涉及电力主体资格的取得或电力市场的准入资格、特殊情形的电能计算标准、发电企业与电网企业之间的各类合同等。

对上述两类电力法调整的核心关系，目前有一种流行的观点，认为电力体制改革的重点在于构建一个完善的电力市场，改革的目标就是简单的市场化。[1] 姑且不论电力市场化的前提与限制，即便真的如此，也务必要注意：电力作为商品的特殊性决定了，电力市场不可能如农产品一般自发形成，电力市场的形成和结构取决于电力管理体制的产权配置，电力管理体制的改革直接决定了电力市场的构建。假设电力管理体制缺乏科学性、合理性和高效性，那么就很难建立完整的电力市场。

## 第四节　《电力法》的修改目标

在进行修改《电力法》的过程中，要牢牢把握对电力的开源节流，合理有效地分配各种资源，实现统筹兼顾的可持续发展。《电力法》的市场化要求具体规则设定时把需求侧和供给侧两方面结合起来，树立节约资源和供给资源相一致的理念，把两方面的改革同时进行，配套治理。电力供给侧要通过改革，去构建多元供应的市场体系，电力需求侧要通过改革，去构建绿色

---

[1] 王睿："再议电力市场化改革"，载《能源》（2014年10月），http://www.chinapower.com.cn/newsarticle/1220/new1220965.asp，访问时间：2015年11月8日。

低耗的市场体系。两个方面进行统一协调的改革。

## 一、构建完善的调整电力关系的法律体系

实效意义（effective）上的电力法由如下三个层次构成：第一层次是《电力法》；第二层是《电力设施保护条例》等，属于行政法规；第三层次是由部门规章以及地方性法规组成，如《供电营业规则》等。修改《电力法》举足轻重，会影响到整个电力行业以及社会各个用电产业。这是因为基于作为基本法的《电力法》调整着整个的电力行业，电力市场的构建和完善也离不开它。存在两个关键问题，必须在修改《电力法》时进行考虑。

（1）《电力法》中应当作出规定，授权其他有关机关或地方按照需要制定相关法规。这一问题解决的实质是《电力法》明确授权其他机关制定行政法规、部门规章甚至地方性法规的法律依据。从实际情况和立法精神来看，这种授权存在着两种情况：①《电力法》对没有明确的改革方向，可以做授权性规定，至于授权给哪个立法主体，则取决于被授权机关的权限。②对某一个涉及行政机关有权管辖的事项，内容又相当复杂的，《电力法》可以选择最为重要的部分规定，其余部门则做授权性规定。

```
电力法
  ↓
行政法规
《电力设施保护条例》（1987年，1998年修订）、《铺设海底电缆管道管理规定》（1989年）、《大中型水利水电工程建设征地补偿和移民安置条例》（1991年）、《水库大坝安全管理条例》（1991年）、《电网调度管理条例》（1993年）、《核电厂核事故应急管理条例》（1993年）、《电力供应与使用条例》（1996年）、《长江三峡工程建设移民条例》（2001年）、《电力监管条例》（2005年）等。
  ↓
地方性法规、规章
地方性法规、规章，如《北京市查处窃电行为条例》（2003年）、《云南省查处窃电行为条例》（2000年）、《云南省供用电条例》（2004年）等。此外，相关部门还发布了许多规范电力工业的技术经济规程和规则，如《电业生产事故调查规程》《电业安全工作规程》《火力发电厂设计技术规程》《农村低压电力技术规程》《电热辐射供暖技术规程》等。
```

**图 2.4　《电力法》修订后及相应的法律体系**

（2）修改完成后的《电力法》，应当切合实际地合理调整有关行政法规和部门规章的法律体系。这主要体现在两个方面。

①对于需要的行政法规或规章进行增加。主要有：其一，《电源投资与建设条例》，主要是对我国电力行业的建设进行相关规定，以实现电力行业的健康成长，维护电力事业的发展安全，对于投资者的权益进行保障。其二，《电价条例》（暂行规定），主要是对于电价形成机制和电价管理体制在建设过程中的相应规范，主要在于有效地形成电力市场。其三，《电力需求侧管理条例》。2010年，国家发展和改革委员会联合财政部、工业和信息化部共同出台《电力需求侧管理办法》，然后国务院以此办法为基础，经过各种论证和研究制定出了我国的《电力需求侧管理条例》，调整的方向主要在于进一步完善需求侧的市场准入和用户权益保障。其四，《水电开发条例》，以加强水电开发的宏观调控和统筹协调。其五，《农村电气化条例》，通过金融、税收政策鼓励企业投资，扶植农村电力事业的发展，加快农村电气化的步伐，推进农村电气化的实现。

②修订目前电力法体系中相互冲突的部分，并在适当时将一些部门规章、地方性法规中的内容上升为行政法规。目前我国电力法律体系中相互冲突的地方很多，为了维护法律体系的统一，有必要在《电力法》修改后，对其他规范性文件也进行大幅度的修改，尤其是将以往电力工业部制定的部门规章重新修改制定。

## 二、构建可持续性电力发展制度框架

当前情况下，在修改《电力法》过程中，必须高度关注可持续性发展在电力行业的重要性。在进行电力企业的发展过程中，一定要联系生态环境、自然资源，实现它们之间的良性互动。要实现电力的可持续发展应该做到以下几点：其一，在提高电力效率的同时，必须注重电力安全。电力安全作为工业生产中的一个重要问题，除了包含生产安全外，还包含供需之间的安全、工业生产影响到的环境安全等。效率与安全是高度一致的，提高电力的效率是保障电力安全最根本和长远的目标和途径。提高电力效率一方面要求促进科技进步，降低电力需求强度，另一方面要求促进电力利用管理的科学化。

其二，在建设电力供应体系过程中，注重它的经济性、安全性、稳定性。如改变电源结构等。其三，保护生态环境。由于电力工业必然产生对生态环境有害的影响，《电力法》规定"保护生态环境"，是我国环保政策和法律的落实。其四，保障可持续发展的目标得以实现。我国能源法律体系内在的包含着实现可持续发展的要求和目的，在《可再生能源法》中就详细说明了制定该法律的目的就是在于加大对可再生资源的使用率，通过合理有效地开发利用，在节约资源的基础上实现对环境的保护，达到可持续发展的目标。

考虑到可持续性发展是相当宏观的一个概念，《电力法》最多对此提出一些原则性规定，如改善电源结构（发展可再生能源和西部地区水电资源）、提高发电效率、加快城市绿色电力的应用、有效管理需求侧、通过各种具体的规划和相应措施去减少投入的成本、在满足用户需求的情况下合理进行电能的节约使用等。

### 三、构建合理的自律和他律体系

管电体制的建立主要包括两个方面：一是他律体系，即由电力（能源）主管部门对电力进行的管理和监管；二是自律体系，就是指成立一种行业间的自我监督体系，这要求电力行业的各个企业进行组建。在进行这种体系的建设过程中，必须更好地整合现在分散的行政管理权，防止权利的滥用，明确电力业务监管和电力行政管理的区别，强化监管的力度和公信力。中国电力企业联合会等电力行业自发的组织应该被授予那些行政管理权能以外的职权，建立起一个在政府宏观调控下的行业自律体系，实现监管机构的相应职能。

### 四、完善电力市场，实现公平有序

中国的电力市场应如何构建，其重点争议还是在于电力市场应开放到何种程度。《电力法》最为人诟病的一点是它虽然致力于推进政企分开的改革，但却忽视了电力市场的建设。如下几个方面是完善电力市场的重点：其一，在宏观上建立的电力市场要具有统一标准、规范有序、公平竞争的特性。其二，对电力市场的主体进行规范加以明确，对于享有民事权利，能够独立承担民事义务的的发电企业、经营企业和销售企业这三类主体，应该以准则主义赋予民事主体相应的市场准入资格，并保障不同类型企业公平参与市场竞争的机会。其三，电价形成机制要进行及时建立和完善，实行分层次的三段式电价制度，发电环节市场定价，对于配送环节监管定价，生活中的销售电价要在进行市场定价的同时遵循政府调控。其四，推动售电环节的市场建设，在推行大用户直接向电厂购电的同时逐步开放售电侧市场，赋予用户更多的选择权，尤其是选择售电商。

从我国目前的情况看，国家管电网，电力统一调度、输配电网统一运营制度很难改变。在这种情况下，《电力法》输配电网网络公平开放服务制度应予明确规定，对于电力企业中的那些不正当竞争行为和违反法律法规的垄断行为，要进行及时的管理和处置。这就更需要政府的行政管理必须与市场的自我调节相结合，两者协调统一。在制定电力行业的发展目标时要注意积极倡导可持续性，不仅看到眼前的利益，更要放眼未来，争取长远利益。在取得经济利益的同时，要兼顾社会利益以及自然环境的保护。

# 第三章
# 电力市场的法律治理体系

## 第一节 电力市场竞争政策分析

### 一、现行电力市场主体准入制度

市场准入（market access），是对企业或其他主体进入某领域或地方的市场从事活动施加限制或禁止的规制或制度。中共中央十八届三中全会审议通过的《中共中央关于全面深化改革若干重大问题的决定》指出，经济体制改革是全面深化改革的重点，其核心问题是如何处理好政府和市场的关系，使市场在资源配置中起决定性作用和更好地发挥政府作用。准则主义的市场准入是市场经济的默认设置，对于一般市场准入，工商登记机关没有自由裁量权，也就不存在"准入"的问题。在我国走向法治，由计划经济走向市场经济的过程中，法律没有禁止，经济活动主体即可进入。[1] 然而对于电力领域而言，市场准入制度就是国家制定相关的法律法规对市场主体的条件、进入市场所要经过的各种审查和登记流程等进行规定。《电力法》以及与之对应的一系列行政文件、部门规定等构建了我国电力市场的准入制度现状，具体包括以下几方面的内容。

（一）供电营业许可

这是《电力法》及其配套法规、文件、规章等所构建的市场准入制度中最重要的内容，即"供电企业在批准的供电营业区内向用户供电。供电营业

---

[1] 史际春：《经济法》（第二版），中国人民大学出版社2010年版，第174页。

区的划分，应当考虑电网的结构和供电合理性等因素。一个供电营业区内只设立一个供电营业机构……"（第 25 条）。现阶段，我国的供电营业许可由政府的发展和改革部门（原计划部门）负责。

（二）电力业务许可证

《电力监管条例》第 13 条规定，电力监管机构依照有关法律和国务院有关规定，颁发和管理电力业务许可证，这一规定是对电监会授予了电力业务行政许可权。2005 年，电监会在许可权的基础上出台了《电力业务许可证管理规定》。该规定将电力业务的范畴划定为发电、输电和供电业务。其中，又可以将供电业务具体划分为配电和售电两类业务。电力业务许可证与上述三个范畴相对，也分为三类。如果企业有意向要开展发电业务，必须先经过电监会审批后，取得相应的发电类许可证；同样的，想要开展输电业务、配电业务或售电业务的企业，也必须先经过电监会审批后，获得相应的电力业务许可证。需要注意的是，开展两类或两类以上电力业务的企业，必须有拥有对应的许可证，即只拥有发电业务许可证的企业没有资格开展输电业务。

《电力法》还针对可能发生的违背电力市场准入制度的行为制定了相应的法律条款，《电力法》第 63 条规定："违反该法第二十五条规定，未经许可，从事供电或者变更供电营业区的，由电力管理部门责令改正，没收违法所得，可以处以违法所得 5 倍以下的罚款。"《电力供应与使用条例》第 38 条规定，违反该条例规定，未按照规定取得《供电营业许可证》从事电力供应业务的，或者擅自伸入或跨越供电营业区供电的，由电力管理部门责令改正，没收违法所得，可以处以违法所得 5 倍以下的罚款。此外，上述主体的准入除需受到主管部门不同程度的监管之外，进入市场以及在进入市场后的活动还要受到公司法、合同法等基本法律制度的规制，兹不赘述。

需要指出的是，电力市场准入限制并非是对投资主体的限制，而是对电力业务的限制。《国务院关于鼓励和引导民间投资健康发展的若干意见》（国发〔2010〕13 号）规定，鼓励民间资本参与电力建设，鼓励民间资本参与风能、太阳能、地热能、生物质能等新能源产业建设。支持民间资本以独资、控股或参股形式参与水电站、火电站建设，参股建设核电站，进一步放开电力市场，积极推进电价改革，加快推行竞价上网，推行项目业主招标，完善电力监管制度，为民营发电企业平等参与竞争创造良好环境。从这项规定中可以看出，电力市场没有对投资主体进行限制，民间资本也拥有开展电力建设业务的资格。

### 二、电力市场竞争类型分析

受社会制度、政治模式、电力体系、工业技术等因素的差异影响，不同国家的电力市场改革也具有不同的路径依赖。主流的改革方案有两类：一类是原有电力体制为垄断模式、具有统一电网的国家，改革采取渐进式，即实行厂网分开，然后进一步开放电力销售市场，但是电力系统调度以及电力市场的运行机制与电网之间密不可分，采用这种方案的国家有我国和英国；另一类方案是电力系统不受政府直接调控，一个国家有多个电网独立运营，不同电网的交易机构也是相互分离的，国内的电力公司可以自行建设电厂和电网，配电市场向民间资本逐步开放，美国等国家采用了这种改革方案。

20世纪90年代之前，世界上绝大多数国家的电力系统处于垄断经营状态，受政府直接调控，电价反映的不是电力的基本供需状况，而是反映政府的社会政策和行业政策，所进行的价格预测实际上只集中在潜在成本上，多考虑能源价格等因素。20世纪90年代以来，随着各国电力体制改革的推进，电力体制沿着市场化的道路发展，规范的电力市场逐步建立起来。

按照电力系统中三种主要电力业务的竞争情况，可以将电力市场的运营方式分为四种：垄断型、发电竞争型、电力转运型以及配网开放型。采用不同形式的运营模式，对于电力市场的发展会产生不同的影响。此外，根据电力市场的发展程度可以将其划分为三类：发电、电力批发和电力销售市场。采用不同的电力市场运营方式，其开放程度有很大的差异，因此也适用于不同的电价形成制度。

（一）垄断模式

垄断型电力市场运营模式的主要特征是电力系统的四种电力业务相互构成一个密切联系的整体，基本上完全受电力系统企业的控制，政企不分，电力行业是国家进行经济调控的手段而已。因此虽然存在电力的价格，并未形成有效的电力市场机制，电价的高低严重受政府调控，受市场供求关系影响不大。在垄断的电力市场运营模式下，发电业务完全受政策调控，用户没有选择供应商的权利，电力系统企业对电力业务具有完全的垄断能力。在电力建设的初期实行一体化垄断模式，有利于国家集中财力保证统一电网规划、避免电力设施的重复建设、能提供稳定的电力供应等。但在完全垄断模式下，电价缺乏激励和约束机制，缺乏对项目投资成本、建设造价成本等约束，经济效益低下，造成生产成本较高和社会资源的浪费；电价上升幅度太大，城市与乡村用电成本差异很高，对整个社会的经济发展具有严重的阻碍作用。

（二）发电竞争模式

发电竞争型的电力市场运营模式则是仅仅对输电业务和配电业务实行垄断控制。对于发电业务，则通过竞价上网的方式进行相互竞争，电网公司选择价格更低的发电企业买电，然后将其卖给广大电力用户。所以在发电模式中，多个卖方对应一个买方，并且输电侧和配电侧没有引入竞争，用户没有自由选择的空间。不过因为发电侧引入了市场竞争，所以可以在一定程度上增加资源利用率，激励发电企业压缩生产成本，有利于电价的下降。但在电力市场运作初期，考虑到新旧电厂差异、投资来源差异等因素，参与竞价的电量比重较小。随着发电市场的发展，将逐步引导新增电量用于竞价上网，实现发电侧的充分竞争，与建设发电侧电力市场相适应，购电方实行边际电价机制。在发电竞争模式中，用电大户倾向于不经电网而直接向发电侧购电，以降低企业耗能成本。这种倾向促使电力市场运营模式逐步发展为电力转运型。

（三）电力转运模式

电力转运的市场运营模式中，发、输、配三种主要的电力业务不再是一个整体，而是相互独立。用电大户可以不经电网公司直接从发电侧购电，只需要向电网公司缴纳一定的过网费用。电力转运模式在发电竞争模式的基础上，实现输电网络对配电公司开放，形成电力批发市场，而配电公司垄断对最终客户的电力供应。在电力转运市场模式下，存在发电企业与电力大用户的双边交易，电力大用户有选择供电方的权利，销售电价不再由电网经营企业统一确定,而是买卖双方根据电力需求变化协商确定。在较少制度要求的市场中,如由买卖双方通过双向选择的竞争方式签订合同进行中长期交易,或小部分电量通过日前和实时市场竞价等方式进行交易,价格发现机制应该会导致市场价格接近边际生产者的价格,使电价的形成机制更为合理。由于发电企业不仅对电网经营企业实行竞价上网售电,也要将电力出售给电力大用户(含独立核算的配售企业),故也增强了发电市场的竞争性。

(四)完全竞争模式

完全竞争型电力市场运营模式中,除了输电业务外,其他集中电力业务全部引入市场竞争。在电力转运行运营方式中,只有用电大户才拥有自由选取供电商的空间,对于小用户来说,只能向配电网买电。为保证市场主体的平等和充分发挥市场调节电价的作用,输电网和配电网就应全部分开,配电和售电分开,将发电、输电、配电环节相分离。在售电领域引入竞争,供电方可以是发电企业、配电企业或不拥有配电网的电力零售商,构建多层次的电能供应结构,中小型电力用户也可以在电价高低和服务水平的基础上自由选择电力供应商。所以,对于完全竞争型的电力市场运营方式,发电侧和配电侧都引入了市场竞争,用户的选择空间很大。在完全竞争的电力零售市场,电价的确定完全依赖于市场的调节,市场信息畅通,电价的制定高度透明,最大限度地减少政府对电价的管制,供电方和需求方都享有充分的选择权。要在配电侧引入市场竞争,必须先提高电力生产能力,确保电力市场的供求关系处于供大于求的阶段,并且电价和服务都具有高度的公开性。因此,在发电侧和配电侧都完全开放的完全竞争模式是电力市场的高级发展阶段,也是各个国家进行电力市场改革的最终目的。

### 三、我国电力市场的竞争情况

(一)我国电力市场的整体状况

我国现行的《电力法》中对于电力市场进行规范的条款很少。《供电营业区划分及管理办法》对企业的供电范围进行了规范,对营业区的确定、更改等都进行了详细的规定。基本的情况可以概括为以省、地(市)、县的行政区划为基础,再加上跨省供电营业区,一共有四类,但这一规定事实上与电力市场没有什么关系。相反,它确立的是一种专营机制,即供电范围的确定,需要结合电网的整体布置和供电成本等条件,通常一个基层供电范围内只建立一个相应的供电公司。

我国进行电力体制改革以来,在电力市场方面最重要、也是最成熟的改革措施有两个方面:(1)国家放开电源建设,发电企业与电网相分离,重组发电资产和电网资产,通过在发电侧引入市场竞争,可以丰富投资主体的种类,突破了以往电力系统各种电力业务一体化的局面,构成了电厂、电网独立运行的发电市场。(2)实行发电企业竞价上网,即电网公司在整个电网买电投入最低的优化目标限制下,对每个时间段内各大发电企业的上网电价高低进行排列,并按照报价排序确定上网发电计划,报价低的发电企业优先上网,有效地促进了发电企业加快内部机构调整、改进技术和管理水平以提高发电效率,降低发电成本。上世纪末,国务院做出了电力市场改革的指示,规定电力系统实现电厂与电网的分离,将竞争引入发电侧,采取竞价上网的方式,同时以省为单位进行试点工作。输电业务和配电业务依然由电网进行统一调控,后者根据发电企业的报价购电,经过统一调度后销售给用户。所以,目前我国电力市场经营方式为垄断与竞争并存的发电竞争型。①

对电力市场的规范上,《电力市场运营基本规则》对其基本交易形式进行了规定。例如将其按照主要业务类型分为电能交易、辅助服务交易等,电能交易又可以细分为合约、期货等多种类型。电能合约交易,就是供电方和用电方或输电方之间以合约的形式完成的电能转移方式。合约规定的电价,一般是买卖双方通过谈判、协调等方式共同确定,也可以根据电力供求关系或是政府出台的相关政策等来确定。电能期货交易,是买卖双方在指定的交易地点以期货合约的形式完成的电能转移方式,合约的内容是在未来特定时刻根据合约规定的电价来购电或卖电。一般情况下,电力市场中大多采用合约交易的形式,偶尔在需要的情况下采用期货交易的形式。

但是客观地看,这些规定过于超前了,在实践中几乎没有上述交易的存

---

① 武建东:《深化中国电力体制改革绿皮书纲要》,光明日报出版社2013年版,第43页。

在。就像前文所描述的，实践与规定的不一致是电力监管部门所需要解决的主要难题之一。这些交易形态基本上是美国电力交易的翻版，如果把交易主体扩大，基本上是最为理想的电力交易市场形态了。从一方面来说，电力系统的建设周期很长，所以电能交易应该以长期合同的形式为主；从另一方面来说，电力生产需要严格按照计划进行，包括原料采购、设备检修等，所以需要一系列具体到年、月等中期合同的形式；另外，考虑到电能的生产和使用具有很强的瞬时性，电能交易又需要短期合同的形式。因此，电能交易合同包括长期、中期、短期等不同的形式。其中，中长期合同可以合理规避风险，保证市场的稳定性，压缩成本；短期合同则有利于促进企业之间的相互竞争，降低整体电价。

就发电市场而言，虽然发电企业实现竞价上网，但是由于长期以来由政府管控电价，发电市场仍存在许多问题：（1）电力供应不足使竞价上网成为空谈，竞价上网只能在电力市场供大于求的基础上实现。2008年，由于煤炭价格上升，发电成本增加使全国电力吃紧，深层原因还是能源价格的不完善。（2）实践中，虽然实现了厂网分离，但由于高度集中的电价管理体制，导致上网电价经常执行国家批复电价，不能按市场交易规则形成，难以正确反映电力的供应成本，不利于发电市场的正常运行。（3）厂网分离不彻底，实践中存在多种价格体系，发电企业竞价上网仍存在不公平竞争现象。

我国的用户侧电价存在严重的用户交叉补偿。从销售电价水平上看，各类用户平均电价中，大工业用户电价偏高，补贴了其他用户。此外，电价基本上不随电压等级的差别而改变，难以平衡不同电压等级所对应的不同供电投入，不利于从用户侧提高资源利用率。具体而言包括：第一，工业、商业电力用户补偿了普通居民用户的电价；第二，城市电力用户补偿了农村电力用户；第三，同种类型的电力用户之间也存在交叉补偿现象。按照国家发展和改革委员会的解释，合理的电价结构应是各类用户的电价水平能够反映对其供电的成本，如果某类或某个用户的电价高于或低于供电成本，而由其他用户承担,则形成了电价"电价交叉补偿"。① 电价交叉补偿的现象导致了两个问题:不能正确反映供电投入,用户侧整体的资源利用率比较低;不符合用电公平的原则。

这种交叉补贴的现象有其现实的合理性,其原因在于电力企业承担了普遍服务义务,导致一些电价低于实际成本,这使电价不可能完全依据市场机制来形成。可见,电力市场要培育,不仅要解决市场问题,而且要解决国家对民生的福利问题。

(二) 大用户直供/购电改革试点分析

近几年,大用户直供/购电是我国电力市场改革的主要内容之一,可以大用户直供/购电为例来分析《电力法》与电力市场改革之间的联系。大用户直购,即放开大用户选择权,要求输配电网开放,允许大用户无障碍进入,直接参与供电商确定供电量、供电方式以及相应价格。开放大用户选择权的实质是输配电网开放,打破电网单一购买模式,把竞争引入售电环节。其目标是逐渐开放配电侧市场,提高电力系统的服务水平,通过引入竞争的方式降低用户购电价格。一般来说,大用户直购采用的电能交易方式为与发电公司订立购电合约,并租用电网公司的线路将电能送达。在大用户直购方式中,电网公司仅仅是收取线路租用费用以及一定的服务费后将线路出租给大用户。

大用户直购的方式已经在国外得到了广泛应用,通常是先实现"厂网分开,竞价上网"之后引入这种方式。开始在售电环节引入竞争机制,一般都是先从使用高压供电并有相当大容量的大用户拥有用电选择权开始,最终使得所有用户在选择电力服务方面有自主权。我国进行电力市场改革时,领导者对阻力相对较低且存在一定市场竞争度的大用户直购电给予了很多关注,并以此为出发点来推动整个改革的进程。

实现大用户直接买电,不能忽视电价的问题。现阶段,我国大用户直购电改革还处于局部试行阶段,各种运行方式和电价计算方案还需要进一步完

---

① "新闻背景:中国电价中存在'电价交叉补贴'",中国新闻网(2009 年 11 月 19 日),http://www.chinanews.com/cj/cj-gncj/news/2009/11-19/1974343.shtml,访问时间:2015 年 11 月 6 日。

善。目前电价计算的常用算法是综合计算法和核定比例法（在过网直购这种较为常见的模式下）。大用户直购所需付出的电价主要包括以下几个方面：（1）电网输配电价。根据原电监会有关大用户直购电的相关政策，由于我国目前还没有建设独立的输配电价体系，所以大用户直接购电的价格需要以电网平均售电价格为基准，在此基础上扣除电压等级差价来制定。电压等级差价的标准为：110kV（包括西北地区的66kV）电压等级的差价为10%的平均售价，220kV（包括西北地区的330kV）电压等级的差价为20%的平均售价。（2）政府性基金和附加费。电力大用户也需要与其他普通中小电力用户一起分担社会责任，根据相关规定上缴政府性基金及附加费，该项费用一般由电网公司代扣。（3）辅助服务费用。为了保证电能质量和供电的可靠性、稳定性，电网公司需要投入一定的人力和物力对电力系统的正常运行组织并提供辅助服务，发电企业和大用户需要根据合约中规定的内容协助提供辅助服务。现阶段，发电企业不需要单独付给电网公司辅助服务费。但是随着电力市场改革的深入，该项费用需要向电力买卖双方收取，具体实施办法和缴费标准需要由发改委、能源局等政府部门共同商定。

大用户直购电虽然可以提高售电侧和发电侧的市场竞争程度，降低用户的用电成本，但是在全国范围内实行还需要解决很多问题：（1）在售电侧引入市场竞争可能降低政府对电力系统的控制能力。按照我国经济发展的一般规律，在促进实现社会经济发展目标，调整电力市场结构方面，电价作为政府宏观调控的重要工具发挥着不可替代的作用。如果仓促地改变单一模式，大企业用户出于自身利益的需要通过直购回避政府的经济调节，会给政府通过电价，尤其是销售电价来实现社会发展和电力结构调整目标增加难度，所以现阶段开放大用户选择权也应该综合考虑，并努力避免可能造成的消极影响。（2）对大用户开放售电侧市场在某种程度上对其他电力用户不公平。大用户选择权对于其他没有选择权的用户来说会造成制度性的不公平，这个问题必须予以充分的考虑，否则，就可能使这种具有良好出发点的有益尝试在具体的实施过程中带来消极后果。（3）对大用户开放售电侧市场需要更加完善的制度保证。开放大用户选择权对电网调度、规划、管理和建设带来了新的挑战，如对大用户的界定、交易量的限制、交易规则的制定、辅助服务费用、合同电价的监管、合同范本的规范等。

有鉴于此,大用户直供/购电这种方式应当在逐步改革我国现行《电力法》设计的供电营业区制度的基础上开展,大用户直供电的表述更为妥当。首先,《电力法》第26条规定,供电营业区内的供电营业机构,对本营业区内的用户有按照国家规定供电的义务。申请新装用电、临时用电、增加用电容量、变更用电和终止用电,应当依照规定的程序办理手续。《电力供应与使用条例》第23条规定,申请新装用电、临时用电、增加用电容量、变更用电和终止用电,均应当到当地供电企业办理手续,并按照国家有关规定交付费用。第30条还规定,未经供电企业许可,擅自引入、供出电源或者将自备电源擅自并网,属于危害供电、用电安全,扰乱正常供电、用电秩序的行为。从以上规定可以看出,电力用户不能自主选择电能供应商,只能由特定的供电部门供电。此外,对于大用户直购电,电力系统调度、电价制定等未来都将在九号文件的框架内得到进一步市场化的解决。

### 四、反垄断法与电力法的协调思路

几乎所有现代国家对各行业都存在不同程度的管制,只是因为各国的市场化程度、国家能力的强弱等不同而有所差别。电力市场准入制度也是深化改革的重点和难点,在成熟市场条件下准入制度的设立往往侧重于维护竞争的有效性,例如在发电侧市场,进入市场的企业是否符合有利于发电侧市场竞争的标准。当然准入制度作为政府调控的重要手段,还具有一些非经济方面的功能。比较欧美国家的电力市场改革,很多市场主义者[①]认为英国的改革效果最好、最具借鉴意义。事实上英国的基本国情和体制与我国有很大的不同,我国在构建自己的市场准入制度时应该综合考虑多方面的因素,例如社会制度、经济发展水平、政府直接操办经济的传统、电力工业的发展水平、市场的投资主体、政府的调控程度等。法国电力工业在2002年颁布《电力自由化法》之前,实行全国性垂直一体化的垄断的国有电力公司管理体制,在

---

① Bernard Tenenbaum, Reinier Lock, Jim Barker, Electricity privatization structural, competitive and regulatory options, Energy Policy, Volume 20, Issue 12, December 1992, pp. 1134 – 1160.

不断推进的全球电力市场化改革的浪潮前，在欧盟开放能源市场的压力下，2002年法国开始进行电力市场化改革，这在欧盟国家中算是最晚的。经过三年的发展才实现了电力资本的开放，但是政府依然在 EDF（法国电力公司）的股权构成中占主导地位。值得一提的是，在 EDF 实行资本开放之前，法国电信公司和法国天然气公司这两家大公司均已经实施了资本开放。由此可见法国政府在电力行业实行资本开放这个问题上态度之谨慎。

诚然，我国现阶段电力市场存在的问题在于某些环节的不充分竞争，但是，单纯地打破垄断不是最根本解决问题的办法。在任何条件下，必须坚持的一个原则是：反垄断的本质是对垄断行为的规制，而不应当是直接针对某一个处于垄断地位的主体。市场竞争是必要的，但也不是万能的，不能把希望单纯地寄托在打破垄断上，即使是单纯地充分引入竞争也不能从根本上解决电力市场所有问题，电力市场存在的问题是长期和十分复杂的。引入竞争并不能等同于放松管制，因为放松管制意味着取消对价格的控制和对竞争性供应商进入市场的限制。实际上，对于用户来说，政府降低对电价的控制并不代表会为其带来利益。如果在放松管制的同时，没有相应的保护政策和市场支持性条件，用户面临的将是比在放松管制之前更恶劣的环境，经营成本的上升将会助推价格的上涨。

对欧美等国的竞争立法发展过程进行分析，可以发现这样的产业规制脉络：竞争法刚刚开始实行的时候，出于保护本国工业和经济发展的考虑，大多数国家都在推动市场经济的同时对水、电、石油等特殊行业进行保护，使这些行业不受市场竞争的影响；随着工业、商业发展水平提高，当本国的这些特殊行业已经具备了足够的技术和经济实力时，政府会逐渐将这些特殊行业纳入竞争法的约束范围。从我国现阶段的实际情况来看，应当通过引入竞争来提高电力市场的活力和竞争的有效性，为进一步深化改革做好准备应该是主要的政策目标。鉴于此，可以得出如下结论：

从鼓励市场竞争的层面来说，反垄断法实施的主要目的是建立有序、良好的市场竞争状态，所以应该依法治理限制竞争行为，例如，企业利用其在某种行业中的独占地位采取的，或是与其他企业通过签订合约、建立战略合作关系等途径所采用的各种措施来巩固其优势地位，包括控制产品价格、划分市场范围等手段。

从帮助政府政策顺利执行的层面来说，反垄断法往往需要帮助实现既定的产业政策目标。例如，为了扶持与振兴中小企业，就应该允许中小企业实施一些对企业发展、对竞争与竞争秩序、对消费者利益保护均有利的联合行动或者是合并行为。不管是哪种类型的企业，其为了达到增强生产运营效率、进行技术升级、凝聚核心竞争力等目的而采取的各种竞争手段，只要其出发点不是为了制约其它企业与其进行竞争，就不应该当然列入反对的行列。在反垄断法的框架内，电力法可以规定对于电力企业竞争的豁免制度，在某种意义上有利于政府根据经济环境的变化及时进行修正，这也是立法时需要注意的问题。

电力行业的市场化改革，在某些方面比银行、通信等行业改革的难度大得多，采用简单的放松管制的方式不能在根本上解决问题，在很多情况下，放松管制仅仅是解决问题的开端，为了保证改革的有序性，必须建立配套的制度。从西方国家电力市场化改革的经验来看，基本上是立法先行的。反垄断法与电力法的协调包括两个方面：其一，基于市场化的竞争理念，对电力系统发、输、变、配的各个环节所关联的各种经济关系进行调节，实现资源的优化配置。其二，基于公共服务的社会福利理念，用法律形式明确电力部门、办电投资者与用电户之间的相互权利义务关系，明确电力服务的质量与标准，为解决日益增加的矛盾、纠纷、争议提供法律依据。

虽然目前我国的电力市场化改革的目标和详细内容还有待进一步明确，但是在投资主体方面的改革可以先实施。目前，电力市场投资主体比较单一，投资渠道不够丰富，资金来源不足，是电力系统建设面临的重大现实问题。对于电力企业集资困难等障碍，根据《国务院办公厅关于电力工业体制改革有关问题的通知》（国办发〔2000〕69号），在电力市场改革的初级阶段，为规范运作，降低国企资产的损失，除了根据政策规定的相关资产重组等内容外，禁止一切方式的电力系统资产的变动。虽然这样推动了改革的稳步进行，但是对于急需融资的电力企业而言，极大阻碍了正常投资。故目前《电力法》所限定的投资规则亟须修正，电力集资可以作为鼓励多元投资的改革方向。实行国家主导下逐步开放电网投资领域制度，以此来适应厂网分开和社会公众对电网建设的需求变化。电力投资体制改革的基本法律原则是,电源开发大力吸引社会投资的经营性项目,基础性的公共电网建设改造以政府投资为主,补充性的输电网络、专用性的输电网络等可以放开社会多元主体投资。新的《电力法》应该进一步细化和落实《国务院关于鼓励和引导民间投资健康发展的若干意见》所规定的,"国家鼓励电力市场投资主体多元化,依法引导和规范各种主体投资电力行业,电力投资者对其投资享有相应权利,并承担相应风险。"在反垄断法的框架下,形成电力产业的良性规制。

## 第二节 电价形成的法律机制

电力市场的最主要作用是确定电能价格。从电力的生产过程到使用过程,是一条息息相关的价值链。这条价值链中任何一环的改变,比如煤、水能、风能的供应,电能的输送和销售等环节的变化,都会造成整条价值链的改变。因此,电力市场的核心要素就是电价。

### 一、电价的市场构成与电价的特殊性

电价与一般商品的价格不同,它不太可能通过市场机制来完全实现。其原因就在于电价的特殊性。这种特殊性主要表现为以下两个内容。

(一) 电价是国家对电力市场进行控制的主要媒介

国家通过制定合理的电价运行机制,引导投资,优化资源配置,实现产业结构调整的政策目标,同时通过适当的价格干预,保证电价体制改革的稳步进行。在电力短缺的情况下国家出台提高销售电价和执行差别电价的措施,用价格杠杆调节电力需求。把耗能高的企业划分成三类进行区别对待:鼓励、限制和淘汰。高耗能行业的电费支出成本比重远远高于其他行业,成为电价政策的主要调控对象。《国务院办公厅转发发展改革委关于完善差别电价政策意见的通知》(国办发〔2006〕77号)明确指出,实行差别电价政策,有利于遏制高耗能产业的盲目发展和低水平重复建设,淘汰落后生产能力,促

进产业结构调整和技术升级,缓解能源供应紧张局面。各地区、各部门要统一思想,充分认识实施和完善差别电价政策的重要意义……电力建设将把重点放在优化电源结构,增加清洁能源的比例上,其电价仍由政府采取"成本加利润"的方式制定;另外,可以通过制定配额电价和补偿电价的方式推动新能源发展。同时,国家能源主管部门应及时制定新兴的发电形式相关的并网标准,在国家或行业标准化尚未出台时,应参照类似标准实施,或鼓励实施临时性的企业并网标准和规定,以免给电网安全稳定带来风险。这些都表明了电价的这一特征。

(二)电价问题关系社会稳定

在电力市场改革不完善的情况下,电价受民生因素的影响很大,因此属于国家需要控制的价格。政府定价是有关行政部门在其职权内对特定的产品价格进行规定,其对象大多为与社会和经济发展联系密切或是比较稀少的产品。由于电力是公共产品,以及电力产业在技术上的生产系统性和经济上的规模经营性,实行政府定价目的是限制电力企业获取超额垄断利润。政府确定这些特殊产品价格时,可以选择两种方式:一种是在产品的生产成本基础上乘以一定的系数,另一种是规定产品的最高价格。第一种定价方式考虑了产品的生产成本和企业的盈利,第二种定价方式则是考虑了用户的承受能力。

(三)电价问题的法律依据

《价格法》第3条规定,国家实行并逐步完善宏观经济调控下主要由市场形成价格的机制。价格的制定应当符合价值规律,大多数商品和服务价格实行市场调节价,极少数商品和服务价格实行政府指导价或者政府定价。《电力法》第35条规定,本法所称电价,是指电力生产企业的上网电价、电网间的互供电价、电网销售电价。电价实行统一政策,统一定价原则,分级管理。尽管《电力法》赋予了国务院对电价进行调控的权利,但是国务院还没有出台相应的规章,造成这个问题的主要原因是电价的确定是一个综合性的问题,并且需要根据供求关系的改变不断变化。国务院发展和改革委员会2005年3月28日出台了"发改价格514号"文件对电价进行控制,包括《上网电价管理暂行办法》《销售电价管理暂行办法》和《输配电价管理暂行办法》。除此之外，还有《可再生能源发电价格和费用分摊管理试行办法》（发改价格〔2006〕7号）。

## 二、我国的电价体系

电价形成机制就是指电力在生产和流通中价格确定的机制，除了价值因素外，供求、竞争和国家干预都会影响电价的形成。电价结构由两大部分组成：第一部分是电价构成，即电价包含的各种类型；第二部分是电价价格体系结构，主要指由于购销环节、购销地区、购销时间或购销质量不同形成的价格差额，如电力市场中的上网电价、销售电价、峰谷电价等。《电力法》将电价的种类划分为三种：发电企业上网报价、不同电网之间的互用电价、用户侧电价。在这三种电价之外，发改委增设了输配电价的概念。

（一）上网电价

发电企业的上网报价又可以称之为发电侧价格，是指发电侧向电网、大型电力用户等进行供电的价格。依照我国《电力法》规定，跨省、自治区、直辖市电网和省级电网内的上网电价，由电力生产企业和电网经营企业协商提出方案，报国务院物价行政主管部门核准。所以，根据现阶段的《电力法》，电价的制定需要电力企业和国家共同参与，前者不能完全根据自身需要或电力市场确定电价。采用这种方式，不仅仅违背了价值规律，而且也不利于对电力市场的供求关系进行调节，也无法满足发电侧竞价上网的规定。政府对电力企业确定的电价进行审核严重阻碍了市场化进程，容易引发不公平现象。此外，在政府调控下很多相对高价的发电企业接入电网，对于电网公司及其用户来说也是一种负担。随着"厂网分开，竞价上网"的实行，在实际运行中，尽管电厂和电网已经独立运行，但是对发电侧报价高低进行排序以进行选择却仍然处于理论阶段。在目前形成的发电企业竞价上网的格局下，发电电价在很大程度上仍依赖于政府定价，仅在某些情形下电价的形成依赖电力市场交易规则。

根据《上网电价管理暂行办法》，对电力入网价格进行监管对整个系统的可靠性、稳定性具有很好的保护作用，可以帮助电力企业增强生产效率和改善电源构成，有助于促进根据电力市场供求关系确定电价的进程。采用竞价上网制度之前，发电侧向电网的售电价格，由行政机关根据电力建设投入、生产运营投入、期望受益、纳税水平等因素制定。其中，发电成本为社会平均成本；期望收益按照国债利率乘以一定的系数来确定。根据政府招标制定电力入网价格的，根据投标价格实施（第7条）。除了这种形式以及新能源发电之外，同一片地域新投入运行的机组采取一样的入网电价，并且该价格需要提前公开（第8条）。对于通过竞争方式入网的发电机组，其电能入网价格包括两种。其中，容量电价由相应的行政机关确定，电量价格则通过与其他机组进行竞争确定。

所以，《上网电价管理暂行办法》的实施目标是使电力入网价格的确定由政府占主导地位的容量电价过渡到以市场竞争和供求关系占主导地位的电量电价转变，从针对发电厂或机组制定入网价格向同一片电网统一定价的方式过渡。独立发电企业的发电价格以单个电厂或是单个机组为基础分别核定，执行"新电新价"的政策。"新电新价"的主要原则是"还本付息电价"，即制定上网电价保证电厂投资者在相对短的时间内偿还所有贷款本金和利息，并获得较高的投资回报。

（二）输配电价

输配电价指电网公司不参与电能的买卖过程，仅为交易双方的电能交换提供传输通道和相关的辅助服务所收取的电价。《上网电价管理暂行办法》最主要的目标是促使电网公司遵守公平、自由的原则向其他电力企业和电力用户开放输电线路，为电能交易的双发提供可靠、安全、环保、稳定的输电服务和相关的辅助服务。根据《上网电价管理暂行办法》中的相关条款，输配电价分为共用网络输配电服务价格、专项服务价格和辅助服务价格。共用网络输配电服务价格指电网经营企业为接入共用网络的电力用户提供输配电和销售服务的价格，简称共用网络输配电价。输配分开后，应单独制定输电价格和配电价格（第7条）。专项服务价格是指电网经营企业利用专用设施为特定用户提供服务的价格，分为接入价、专用工程输电价和联网价三类。接入价指电网经营企业为发电厂提供接入系统服务的价格。专用工程输电价指电网经营企业利用专用工程提供电能输送服务的价格。联网价指电网经营企业利用专用联网工程为电网之间提供联网服务的价格（第9条）。辅助服务价格是指电力企业提供有偿辅助服务的价格（第11条）。

对于输配电价确定，电价改革初期，共用网络输配电价由电网平均销售电价（不含代收的政府性基金）扣除平均购电价和输配电损耗后确定，逐步向成本加收益管理方式过渡。在输、配电价向成本加收益管理方式过渡过程中，现行输、配电成本与输、配电价格差距较大的电网，逐步调整输、配电价（第12条）。在成本加收益管理方式下，政府价格主管部门对电网经营企业输、配电业务总体收入进行监管，并以核定的准许收入为基础制定各类输、配电价（第13条）。

（三）销售电价

销售电价是指电网经营企业对终端用户销售电能的价格。依据《电力法》，销售电价实行政府定价、统一政策、分级管理的原则。依据《销售电价管理暂行办法》，制定销售电价的原则是坚持公平负担，有效调节电力需求，兼顾公共政策目标，并建立与上网电价联动的机制（第3条）。销售电价由购电成本、输配电损耗、输配电价及政府性基金四部分构成。购电成本指电网企业从发电企业（含电网企业所属电厂）或其他电网购入电能所支付的费用及依法缴纳的税金，包括所支付的容量电费、电度电费。输配电损耗指电网企业从发电企业（含电网企业所属电厂）或其他电网购入电能后，在输配电过程中发生的正常损耗。政府性基金指按照国家有关法律、行政法规规定或经国务院以及国务院授权部门批准，随售电量征收的基金及附加（第6条）。

销售电价分类改革的目标是分为居民生活用电、农业生产用电、工商业及其他用电价格三类（第7条）。每类用户按电压等级定价。在同一电压等级中，条件具备的地区按用电负荷特性制定不同负荷率档次的价格，用户可根据其用电特性自行选择（第9条）。居民生活、农业生产用电，实行单一制电度电价。工商业及其他用户中受电变压器容量在100千伏安或用电设备装接容量100千瓦及以上的用户，实行两部制电价。受电变压器容量或用电设备装接容量小于 100 千伏安的实行单一电度电价，条件具备的也可实行两部制电价（第 10 条）。两部制电价由电度电价和基本电价两部分构成。电度电价是指按用户用电度数计算的电价，基本电价是指按用户用电容量计算的电价（第 11 条）。

### 三、电价改革的趋势与《电力法》的回应

#### （一）电价改革的趋势

电价改革是电力市场改革的核心内容，是决定和影响电力市场改革成败的关键。根据《国务院办公厅关于印发电价改革方案的通知》，当前我国电价体系改革的核心是发电侧竞价上网。电价体系的总体原则是：上网电价实行两部制电价，其中容量电价由政府制定，电量电价由市场竞争形成；而输配电价由政府按成本加收益方式制定；销售电价在竞价初期仍由政府制定。改革的近期目标是在厂网分开的基础上，建立与发电环节适度竞争相适应的上网电价机制；初步建立有利于促进电网健康发展的输配电价机制；实现销售电价与上网电价联动；优化销售电价结构；具备条件的地区，在合理制定输配电价的基础上，试行较高电压等级或较大用电量的用户直接向发电企业购电。同时，实行有利于节能、环保的电价政策，全面实施激励清洁能源发展的电价机制，大力推行需求侧电价管理制度，研究制定发电排放的环保折价标准。

在电价方面，需要注意如下两个方面的问题：

（1）坚持电价改革的市场化取向。即使电力既具有公共产品的特征，也具有普通商品的属性，本质上应当遵循市场经济的价值规律。在电价改革方面，核心是让电价水平及结构体现价值规律，充分发挥电价调节作用，吸引资金投资于电力，鼓励多家办电、多渠道筹资办电，促进电力工业的发展。但是电价改革与输配售三个环节的分离有密切关系，这三个环节需从垂直化到水平化进行改革。因此，电价的完全市场化还需要一段时日，尤其是电力市场向需求侧的放开。

（2）电价改革必须要同时解决诸多外部性问题，特别是解决好环保与燃

煤发电的矛盾。良好的电力市场首先就要能让电价"动"起来，将每一个环节"联动"起来。在这一过程中，也要处理好两个问题：①法律与合同的关系。即如果完全市场化的交易，《电力法》是没有必要做出特别制度安排的，完全可以适用《合同法》。②《电力法》与其他能源法的关系。这涉及《电力法》修改时的可持续理念问题，以可再生能源发电为例。《可再生能源法》第 13 条规定："国家鼓励和支持可再生能源并网发电。建设可再生能源并网发电项目，应当依照法律和国务院的规定取得行政许可或者报送备案。建设应当取得行政许可的可再生能源并网发电项目，有多人申请同一项目许可的，应当依法通过招标确定被许可人。"第 14 条规定，国家实行可再生能源发电全额保障性收购制度。……电网企业应当与按照可再生能源开发利用规划建设，依法取得行政许可或者报送备案的可再生能源发电企业签订并网协议，全额收购其电网覆盖范围内符合并网技术标准的可再生能源并网发电项目的上网电量。发电企业有义务配合电网企业保障电网安全。电网企业应当加强电网建设，扩大可再生能源电力配置范围，发展和应用智能电网、储能等技术，完善电网运行管理，提高吸纳可再生能源电力的能力，为可再生能源发电提供上网服务。第 21 条规定："电网企业为收购可再生能源电量而支付的合理的接网费用以及其他合理的相关费用，可以计入电网企业输电成本，并从销售电价中回收。"国家发改委也出台了相关的规定。在这种情况下，《电力法》就没有必要再单独规定。但需要指出，"电网企业应当按照法律和国家政策的规定，优先与依法取得电力业务许可证的可再生能源发电企业签订合同，全额收购其上网电量。"(《电力市场运营基本规则》第 12 条）其中的"优先"应理解为所有的交易条件都相同的情况下，优先与依法取得电力业务许可证的可再生能源发电企业签订合同。

（3）电力市场化不等于私有化，也不等于自由化，而是受条件约束的，也是一个长期的过程。如前所述，电价具有相当大的特殊性，在国有资本占主导地位以及政府对国有资本享有实际控制权和电力项目的审批权的情况下，市场化改革是难以进行的。电力市场改革是一个放松规制与强化管制同步进行的制度变迁的过程。电价形成机制的改革应从引入竞争机制和重建电价机能两方面进行。

### (二)《电力法》的回应

(1) 电价不应由《电力法》作出详细的规定。原因有二：①如果我国以后条件成熟时需要进行电价的市场化改革，那么电价基本上是由市场形成的。《电力法》作为行业规制性法律，其要点在于规制电价形成过程中的垄断行为与涉及民生的问题。对一般性的合同交易，《电力法》没有必要作出规定，其中规制的重点是输配电价格。②如果电价市场化改革还不能近期内实现，《电力法》的规定则更应简略，而采取授权立法的方式。

(2) 鉴于电价的复杂性，《电力法》可以采取授权立法的方式。目前《电力法》授权国务院制定行政法规，但在实践中，有关电价的管理办法都是由国家发改委制定的。建议授权由国家发改委制定电价管理办法，我国的立法也有这种先例，例如《招标投标法》第3条规定，"在中华人民共和国境内进行下列工程建设项目包括项目的勘察、设计、施工、监理以及与工程建设有关的重要设备、材料等的采购，必须进行招标：（一）大型基础设施、公用事业等关系社会公共利益、公众安全的项目；（二）全部或者部分使用国有资金投资或者国家融资的项目；（三）使用国际组织或者外国政府贷款、援助资金的项目。前款所列项目的具体范围和规模标准，由国务院发展计划部门会同国务院有关部门制定，报国务院批准。法律或者国务院对必须进行招标的其他项目的范围有规定的，依照其规定。"《电力法》可参考这一规定作相应的修订，即授权国务院发展和改革部门会同国务院有关部门制定电价管理方面的部门规章。

(3)《电力法》应规定，所有电价实行信息披露制度，一律在网上定期公布，必要时召开电价听证会。《价格法》规定，制定关系群众切身利益的公用行业价格、公益性服务价格、自然垄断经营的商品价格等政府指导价、政府定价，应当建立听证会制度，由政府价格主管部门主持，征求消费者、经营者和有关方面的意见，论证其必要性、可行性。由于电价涉及国计民生，所以应予以公开。至于信息公开的具体规定，则可以授权电力监管部门规定。

(4) 还原电价基本功能，剔除不必要的政府性基金项目。电价是微观领域的经济指标，过多地承担宏观经济调控职能，最终必然使电价失去应有的属性和功能。许多政府性基金在征收时依靠电价完成，在电价体系不完善的情况下，更容易将电价矛盾掩盖，导致电价信号失真或扭曲。况且，电价在分类上比其他税收手段更复杂，体现不出征收政府基金时所要体现的"按承受能力负担"的基本原则，对社会弱势群体，体现不出政策倾斜。如果采用税收手段，可将这些基金全部纳入财政预算，建立多种专项预算，更有利于宏观政策的实施和有效的政府监管和监控。

## 第三节　电网调度、电力交易机构与供电营业区

### 一、电网调度

（一）电网调度的现状

电网调度是电力生产系统的中心环节，也是电力法非常重要的组成部分。电网调度主要体现在《电力法》以及国务院的《电网调度管理条例》、原电力工业部发布的《电网调度管理条例释义》及《电网调度管理条例实施办法》、原电监会的《节能发电调度办法（试行）》等法律文件的相关规定中。

根据上述法律与政策，电网调度制度实行"统一调度，分级管理"原则（《电力法》第21条）。其原因主要有：首先是电力不易储存的特性，即必须由生产、输送、供应使用设备三部分组成的生产分配系统来同步完成生产和消费。电力供应和使用的安全、经济、优质、高效主要由电网的正常运行予以保障。要实现电网的正常运行，必须采取统一调度的原则。每个电网系统只能有一个系统运行调度机构，尽管所属区域中可能有其他的控制中心，但都必须服从这个系统运行调度机构的统一调度，各司其职，相邻电网系统的各系统运行调度机构必须保持协调一致。其次是电网发展的整体性要求。各国经验表明，发展整体大电网可获得巨大的技术经济效益，提高电能质量和供电可靠性，因此现代电力系统的发展趋势是基础性大电网、超高压、大机组、高度自动化。与之相适应，电力生产组织形式宜采用统一调度、分级管

理的方式,以有效避免电网事故的发生。

《电力法》没有规定统一调度权由哪一个机构行使。根据国务院及主管部门发布的一系列行政法规、规章的规定,电网统一调度权由国家各级电网调度机构行使。"各级调度机构分别由本级电网管理部门直接领导,它既是生产单位,又是电网管理部门的职能机构,代表本级电网管理部门在运行中行使调度权"(《电网调度管理条例实施办法》第5条)。据此,电网调度机构依次分为:国家的电网调度机构;跨省、自治区、直辖市电网调度机构;省、自治区、直辖市级电网调度机构;省辖市级电网调度机构;县级电网调度机构。各级电网调度机构在电网调度业务活动中是上下级关系,下级电网调度机构必须服从上级电网调度机构调度。

(二)《电力法》的应对

在电力调度制度设计时,应着重考虑以下几点。

(1) 强调电力调度的全国统一性和政府在某些情况下的介入的必要性。由于电力产品具有有别于一般商品的特性,电厂和电网的建设投资大,建设期长,完全靠市场信息调节系统的建设有一定的滞后性,很可能造成某段时间内电力短缺、市场价格高涨。我国现阶段电力的总体上是供求平衡甚至供大于求,就在几年前,还常常有电力短缺的报道见诸报端。同时由于我国电力生产时间和地域上的不平衡性,部分地区和时段仍然有出现电荒的可能性。

(2) 在我国当下的市场环境下,由电网公司实施电力调度的职能是必然的选择。一是出于电网安全性和稳定性的需要,二是基于现阶段电力市场发展的现实情况,即区域间电力市场发展的不平衡性所决定的。

(3) 尽管电网公司是行使电力调度权的主体,但这一权利必须受到限制,电力调度应对各个发电主体平等开放。目前几家大的发电企业占了全国总装机容量的绝大多数,在这种情况之下,如何保证发电企业能在电力调度上真正享受到非歧视待遇,是立法者应考虑的问题。因此,建议《电力法》规定,电力调度应当遵循及时、真实、准确、完整的原则,定期向电力市场主体和社会公众披露电力市场运行信息。

(4) 电力调度和电力机构的设计事关电力行业的长远利益和健康发展,

在尊重市场规律和结合我国现实国情的基础上进行制度创新和改革是势在必行的，但目前因为我国的电力行政改革体制并没有理顺，所以《电力法》对此不宜做出具体规定，在时机成熟时候，可考虑由国务院修改目前的行政法规的方式予以改变。

### 二、电力交易机构

（一）电力交易机构的现状

国家电网公司、中国南方电网有限责任公司、内蒙古电力（集团）有限责任公司为适应深化电力体制改革的要求，在不同层面设立了电力交易中心，整合和规范了电力市场交易各项业务，为促进我国电力市场建设发展和电力交易规范有序开展提供了有力的组织保障。

目前，电力交易中心的主要职能是负责电力市场体系建设和管理、电力市场季度和月度交易计划管理、电力市场交易组织、交易合同签订、电量结算和交易统计分析、建设管理电力市场信息发布平台并发布交易信息等。电力交易中心成立后，在推进电力市场建设、促进电力交易发展、规范交易管理、服务发电企业等方面发挥了积极作用。在电网企业内部设置电力机构的做法，从其绩效来看，这种模式更好地保障了电网安全的稳定运行，促进了国家能源战略的落实以及资源优化效率的提高。首先，目前我国电网结构依然薄弱，交易机构的设置直接关系到电力交易与电网运行工作流程的紧密协作程度和复杂度，交易组织对电网结构、安全约束、阻塞管理等有很高的要求。交易机构与电网企业一体化运作，可以与电网企业保持一致的安全目标，不会因为交易结果与电网稳定运行的不协调而出现重大事故。其次，有利于落实国家能源战略。我国能源资源与需求逆向分布的现状迫使需要电网企业采取强有力的手段和措施，执行国家能源战略及节能减排政策。交易机构与电网企业一体化运作，进行统一协调，全局优化，更有利于发挥大电网的优势，实现大范围资源优化配置，促进水、风、太阳能等可再生能源的综合利用和消纳，进一步提高资源配置效率和节能减排效果。最后，这种模式有助于实现高效率的资源配置。我国经济处于高速发展阶段，各地经济发展与资源分布不平衡，局部地区经常处于用电紧张局面。交易机构与电网企业一体化运作，能够使电力工业的安全性和经济性达成较好的、高效的统一，交易组织可以及时获取电网规划建设、生产维护、电力供需等市场信息，可以更好地发挥电网的优势，提高资源配置效率，满足各地电力需求。

（二）《电力法》的应对

在区域电网公司经营范围内，根据各地电网结构、负荷分布特点及地区电价水平的具体情况，设置一个或数个电力调度交易中心，由区域电网公司负责管理。电力调度与交易中心之间实行市场开放，建立合理的电价形成机制。对电力交易机构，建议如下。

（1）电力调度与电力交易机构是否合一并非重要问题，是否合一取决于效率和分工原则。从国际上看，调度机构和交易机构的关系有四种：其一，调度机构与交易机构合一，全部电量都进现货交易市场，该模式的典型是前英格兰威尔士电力库和现在的澳大利亚国家电力市场（NEM[①]，National Electricity Market）。其二，部分电量进现货交易，并由统一的调度交易中心来组织现货交易，该模式的典型就是美国东北部的三个市场。其三，全部电量都进现货交易，但现货交易由调度之外的机构来组织，前美国加州市场在启动后的过渡阶段就是采用这一模式，但还没有等到过渡期结束，就出现危机而关闭。其四，部分电量进现货交易，由调度之外的多个机构来组织现货交易，这一模式的典型是北欧和英国。

目前，我国的电力调度与电力交易机构都设置在电网企业内。这并不会对电力市场交易造成妨害。因为"市场经济"中的"市场"，并非是指有形的交易场所（实际上很多交易都并没有固定的交易场所，如电子商务），而是指基于合同形成的各种交易关系，因为市场就是交易关系的总和。市场最核心的要素是自由交易，所以，无论由谁设立交易机构，只要交易是自由的，其对市场的形成都没有任何影响。市场运作的公平与否，与交易机构的设置无关。交易机构与电网公司一体化运作情况下，只要健全交易规则，加强交

---

① National Electricity Market, https://en.wikipedia.org/wiki/National_Electricity_Market，访问时间：2015年11月8日。

易全过程的信息披露，强化电力监管，杜绝不规范的交易行为，同样可以保证市场的公平公正运作。

建议《电力法》维持电力调度的现行规定。我国实施"统一调度，分级管理"的电力运行管理体制，契合我国电力发展所处阶段和电网结构薄弱的实际。

（2）针对电力交易机构问题，《电力法》宜给未来的改革留下一定的空间，可采取如下表述："国家设立电力交易机构。电力交易机构是非营利机构，负责电力市场运营、负责组织电力市场竞价、交易和结算，为电力市场提供公平、透明的交易平台。"需要说明的是，从国外的经验看，电力市场化改革初期，以英国、美国等为代表的典型电力市场，其市场模式主要是建立充分竞争的电能交易市场，市场主体集中在统一的电力市场交易平台上开展日前、实时等场内交易，以电能商品本身为主要的交易对象。随着电力市场的培育、发展，并逐步进入成熟期，在交易品种中更多地引入了期权、期货等金融衍生产品，并逐步向场外交易为主过渡，交易主体之间平等协商开展交易，并以此设计了相应的交易规则。

无论是电力市场化改革初期采取的以物理交易为主的方式，还是电力市场化成熟后采取的现货交易与金融衍生品交易方式，电力交易场所都是中立的，完全可以设在电网企业中；在以物理交易为主的时期，设在电网企业在提高效率方面的优势更为明显；电力监管部门对电力市场的监管和金融监管机构对电力金融衍生品交易的监管并不会因其设在电网企业受到任何影响，这就如同工商管理部门对市场的管理不因市场的场所与位置的不同而受影响一样。

### 三、供电营业区

（一）供电营业区的现状

供电营业区是指向用户供应并销售电能的地域。经国家核准的供电营业区是电网经营企业或者供电企业依法专营电力的地域。《电力法》规定了我国的供电营业区制度。其核心内容是：

（1）供电权是一种专营权或特许权，供电营业区相应地也按照这一权利分配来划分。所以，原电力工业部《关于划分供电营业区有关问题的通知》（1997年5月26日电计〔1997〕303号）指出，划分供电营业区是一种行政行为，是一项行政执法工作，不是企业行为，也不是企业管理工作。划分供电营业区是代表国家履行行政管电职能，是实施《电力法》确立的供电营业许可的法律制度必需的基础工作。因此，供电企业在批准的供电营业区内向用户供电（《电力法》第25条）。

（2）供电营业区实行行政批准制度。省、自治区、直辖市范围内的供电营业区的设立、变更，由供电企业提出申请，经省、自治区、直辖市人民政府电力管理部门会同同级有关部门审查批准后，由省、自治区、直辖市人民政府电力管理部门发给《供电营业许可证》。跨省、自治区、直辖市的供电营业区的设立、变更，由国务院电力管理部门审查批准并发给《供电营业许可证》。供电营业机构持《供电营业许可证》向工商行政管理部门申请领取营业执照，方可营业（《电力法》第26条）。国家对供电营业区的设立、变更实行许可证管理制度。《供电营业许可证》由国务院电力管理部门统一印制。

（3）一个供电营业区内只设立一个供电营业机构（《电力法》第25条）。根据电力生产供应特点，为确保电网安全经济运行和供电服务质量，在一个供电营业区域内，只准设一个供电营业机构（《供电营业区划分及管理办法》第5条）。

（4）供电营业区的划分，应当考虑电网的结构和供电合理性等因素（《电力法》第25条）。供电营业区原则上以省、地（市）、县行政区划为基础，根据电网结构、供电能力、供电质量、供电的经济合理性等因素划分确定（《供电营业区划分及管理办法》第6条）。

（5）供电营业区分为下列四类：①跨省（自治区、直辖市）行政区划的供电营业区（简称跨省营业区）；②省（自治区、直辖市）内跨地（市）行政区划的供电营业区（简称省级营业区）；③地（自治州、省辖市）内跨县行政区划的供电营业区（简称地级营业区）；④县（市）内跨乡镇行政区划的供电营业区（简称县级营业区）（《供电营业区划分及管理办法》第6条）。

### (二) 供电营业区的法律定位

从法律上看，供电营业区确定的实际上是国家授予电力企业的一种特许权。这种权利既然为特许权，自然具有排他性，也是受《电力法》所保护的权利。这一特许权的内容是：供电必须由特定的主体完成，其他主体如果经营供电业务的，构成对该特许权的侵犯，应承担相应的法律责任。在当时电力法的立法背景下，以及基于公共电网普遍服务的考虑，这种特许权有其特定历史时期的合理性。

(1) 电力行业与民生、经济、国家安全的重要性决定了大多数国家将其作为一国主权管辖的资源。从各国电力改革的情况看，国家对电力行业与国情密切相关，改革的波动也完全取决于社会情势。鉴于我国的整体政治－社会－经济情况，国家对经济的高度管制不可能在短期内消除，维持这种特许权无疑有益于当时实现国家的行政治理目标。

(2) 电力企业享有这种特许权，可以理解为是电力企业承担普遍义务的对价。电力作为现代人生活的一种必需资源，已经使对电力的使用成为一项基本的现代新型人权。各国以及国际公约均将其作为国家的一项义务。在我国，实现这一普遍义务的主体其实是电力企业，但电力企业并没有像国外的电力企业一样，得到由国家提供的普遍服务基金。在这种情况下，电力企业获得特许权，实际上是对其负担了本应由国家承担的义务的一种对价。

### (三)《电力法》的修法回应

供电业务营业区制度在规范供用电秩序、优化电力资源配置、保障供用电双方权益等方面发挥着积极作用，总体思路上有如下几点。

#### 1. 保留公共基础电网的供电营业区制度

公共基础电网的专营有其自然垄断的客观属性，基于其规模经济效应和城市基础设施建设的成本考虑，政府监管的侧重点在于电力服务的标准和质量，进一步强化取得供电营业区的供电营业机构的法定义务，完善供电营业区内的用户基本用电权益等。在一个供电营业区由一个供电主体变为多个供电主体后，供电营业区内供电义务主体不明，供电质量和供电安全责任不明，弱势群体、无电地区用电权利无法保障，最终影响的是国家电力安全和电力用户利益。九号文件明确了电网企业的定位：电网企业未来主要从事电网投资运行、电力传输配送、负责电网系统安全，保障电网公平无歧视开放，按国家规定履行电力普遍服务义务。即从事电网投资运行、电力传输配送的平台提供商，起到"电力输送通道"作用。具体理由有如下几点：

（1）供电营业区制度是国家能源战略发展的需要。具有供电营业区专营权的电网企业承担着区域内优化能源资源配置、服务经济社会可持续发展的重要责任，是国家能源战略的重要实施主体。当前全球能源日益呈现出结构多元化、开发清洁化、配置远程化、消费电气化、系统智能化、资源金融化等特征。水能、核能、风能、太阳能等清洁能源的大规模应用要先转化为电能。电网是重要的国家能源配置平台，对推动清洁能源的大规模集约化发展，实现各种能源的远距离大范围配置，解决煤电油运紧张问题，引导能源科学供给、合理消费和节约使用、优化国家能源结构等国家能源战略具有重要意义。

（2）供电营业区制度是保障能源安全的需要。电力安全关系国家安全、能源安全和社会稳定，一旦发生大面积停电事故就是整个国家和社会的灾难。具有供电营业区专营权的电网企业通过电网规划、建设、运营、调度、交易、抢修等一体化的管理，保证了我国没有发生大面积停电事故。在发生历史罕见的地震和雨雪冰冻灾害中，就是因为坚持电网统一管理、统一调度，发挥了电网集团化优势，才能以最快速度恢复供电，将各种灾害损失降到了最低影响。

（3）供电营业区制度是维护经济社会环境综合价值的需要。电网企业在具有供电营业区专营权的同时，也承担着向本供电区内用户提供电力，满足用户需求，提供合格的供电质量并安全供电，实施本营业区内无电地区的供电，按规定的电价销售等义务。电力是重要的生产资料和生活资料，电网服务覆盖全社会每个行业、企业、家庭和个人，是重要的公共服务。电网企业作为公用事业企业，是服务与保障民生、促进经济社会可持续发展的重要主体，在经济社会发展中具有重要的影响力。党的十八大以来把生态文明建设放在突出地位，使其融入经济建设、政治建设、文化建设、社会建设各方面和全过程。电网企业需要把综合价值最大化融入经营管理的各个环节，持续提升供电服务质量和电网安全运行水平，提供优质服务，带动和促进能源电力行业绿色发展，促进清洁能源发展，积极实施电力普遍服务，全面支持抗灾抢险，完成各项重大活动保电任务，促进节约环保，服务生态文明与和谐社会建设，在履行社会责任、促进生态文明建设等方面发挥表率作用，实现经济、社会和环境整体价值的最大化。

2. 有序放开补充性输电、配电网络和售电主体的投资和运营

建议电力法修订中在明确城市基础性公共电网供电营业区专营制度的同时，明确补充性输电、配电网络和售电主体的市场准入条件，为全面建设和发展分布式电源和智能电网构建市场化制度条件。鉴于我国的人口基数、地理面积和城市化规模，原有的公共基础电网无法满足越来越复杂和多元的用电需求，随着智能化技术的不断成熟和推广，要鼓励社会资本进入与智能化电网相关的产业和领域。引导、吸引社会资本投资智能化电网及相关产业建设，实现投资主体多元化和利益格局多元化，创造良好外部条件，共同推进智能化电网发展。九号文件也明确如下几点：（１）鼓励社会资本投资配电业务：按照有利于促进配电网建设发展和提高配电运营效率的要求，探索社会资本投资配电业务的有效途径，逐步向符合条件的市场主体放开增量配电投资业务，鼓励以混合所有制方式发展配电业务。（２）建立市场主体准入和退出机制。根据开放售电侧市场的要求和各地实际情况，科学界定符合技术、安全、环保、节能和社会责任要求的售电主体条件。明确售电主体的市场准入、退出规则，加强监管，切实保障各相关方的合法权益。电网企业应无歧视地向售电主体及其用户提供报装、计量、抄表、维修等各类供电服务，按约定履行保底供应商义务，确保无议价能力用户也有电可用。（３）多途径培育市场主体。允许符合条件的高新产业园区或经济技术开发区，组建售电主体直接购电；鼓励社会资本投资成立售电主体，允许其从发电企业购买电量向用户销售；允许拥有分布式电源的用户或微网系统参与电力交易；鼓励供水、供气、供热等公共服务行业和节能服务公司从事售电业务；允许符合条件的发电企业投资和组建售电主体进入售电市场，从事售电业务。（４）全面放开用户侧分布式电源市场。积极开展分布式电源项目的各类试点和示范。放开用户侧分布式电源建设，支持企业、机构、社区和家庭根据各自条件，

因地制宜投资建设太阳能、风能、生物质能发电以及燃气"热电冷"联产等各类分布式电源,准许接入各电压等级的配电网络和终端用电系统。鼓励专业化能源服务公司与用户合作或以"合同能源管理"模式建设分布式电源。

电力行业的垂直化与水平化,其本身并没有高低优劣之分,国外电力改革的反复也说明了这一点,两者真正产生差别的是国家对市场的监管是否适当和到位。

## 第四节 国有企业改革对电力企业的影响

2015年9月13日,《中共中央、国务院关于深化国有企业改革的指导意见》(中发〔2015〕22号,以下简称中央22号文件)[①] 对外发布,全文8章30条,为本轮国有企业改革明确了方向与主线,即坚持社会主义市场经济对资源配置的决定性作用,将国有企业塑造为独立的市场主体,充分发挥和释放企业创新能力,提升市场竞争度和产业引领能力。中央22号文件还明确了本轮国企改革的时间表:2020年在国有企业关键性领域取得阶段性成果,基本完成国有企业的公司制改革。改革的具体措施体现在如下三个方面:(1)依法落实企业自主权。推进简政放权,依法落实法人财产权和自主经营权;转变国有资产监督管理机构的职能,将依法应由企业自主决策的事项归位于企业;切实落实和维护董事会依法行使重大决策、选人用人、薪酬分配等权力,保障经理层经营自主权,法无授权任何部门和机构不得干预。(2)推动企业完善市场化经营机制。推进公司制股份制改革,积极引入各类投资者,实现股权多元化,大力推动国有企业改制上市;以推进董事会建设为重点,健全公司法人治理结构;建立企业领导人员分类分层管理制度,推行职业经理人制度;支持企业依法自主决定内部分配,实行与社会主义市场经济相适应的企业薪酬分配制度;深化企业内部用人制度改革,建立能上能下、

---

① 中国政府网:《中共中央、国务院关于深化国有企业改革的指导意见》,http://www.gov.cn/zhengce/2015-09/13/content_2930440.htm,访问时间:2015年12月16日。

能进能出的合理流动机制。(3) 促进企业公平参与竞争。加快剥离企业办社会职能和解决历史遗留问题，切实减轻企业负担，为国有企业作为独立市场主体公平参与市场竞争创造条件。

基于我国社会主义市场经济的历史传统，绝大部分电力产业都是由国有资本全资控股或参股经营，国家发改委正在制定的至少有 10 个电力体制改革配套文件，目前已经有部分配套文件出台了，其他配套文件不久也将出台。本轮国企改革对电力企业的影响主要体现在这样几个方面：(1) 新型售电公司成立，资本结构多样性。成立资本结构多样性、多成分的售电公司是电力体制改革中的具体化执行，意在打破国家电网公司在电价上的垄断地位。(2) 电力垄断局面破冰，地方主导的投资驱动抬头。随着电力体制改革的深化，顶层设计的电力体制改革意在增加电网公司的服务功能，地方政府的注意力将会转移到财政创收、创造就业岗位等因素，极有可能在政策上、财政或税收上支持或鼓励社会资本加入到电力产业的竞争当中。(3) 电网将逐步向公共服务企业过渡。最为市场关注的莫过于输配电价改革，从地方试点方案看，电网企业将通过收取过网费获得创收，逐渐剥离出发电售电与电网收入的关系，这样电网企业就能在发电企业与电力用户交易过程中保持中立，没有了干预电力市场的权利，也将会驱使电网企业更加注重输电、配电等自身业务的发展与规划。

## 一、国有企业的概念、定位与分类

### (一) 国有企业的概念辨析

代表性的国有企业概念有两种观点：其一，股权导向界定，即认为国有企业是指最终股权归属于全体人民所有的企业，由国家（或政府）出资设立的企业，理论上其法律形式可以是有限责任公司、股份有限公司或合伙企业等。其二，政府能否行使控制权界定，国有企业是由政府拥有或控制，靠出售货物和服务获得主要收入的经济实体。该定义强调政府的控制与管理决策权，那些由政府部门直接控制的企业，以及政府间接持有大部分股份的企业都可以纳入国有企业的范畴。也就是说即使国家（政府）持有一家上市公司少量的股份但仍可以进行有效控制的话,那么该公司也属于国有企业。① 上述两种概念的界定各有特色并且相互存在一定交叉,但是也各有局限。定义一虽然准确表述了国有企业的股权特征,但是缺乏对国有企业社会功能的界定,事实上国内外立法实例和实践表明,国有企业不仅可以表现为普通的商业公司形式,还可以表现为管理局(authority)和公共实体(public entities)等多种主体形式。因此定义一的股权导向思路无法客观描述国有企业更为丰富的法律形式和社会公共属性。定义二虽然把握了国有企业的核心特征,即以政府能否行使控制权来进行界定,但是却没有客观表述国有企业的商业性特征,在国内外的市场经济实践中,大量社会服务和公共产品都是以企业的形式提供的,既可能是国有企业提供,也可能是私人企业提供,更可能是公私混合所有制企业提供的,其运作模式也是完全商业性的。②

在法律意义上,准确界定国有企业需要客观、平衡把握"企业性"和"政府性"两个方面的特征:一方面,国有企业是全部或部分由国家提供资金的商业实体,根据国际惯例一般是指国家持有实体或公司25%以上股份③,如此表明国有企业与国家之间存在的资本联系。另一方面,基于一个国家的历史和传统,国有企业既可能是由政府创立或参股的代表政府从事商业活动的法律实体,也可能是由政府创立且归政府所有的实体,专门行使政府的特定职能,目的是提高社会服务质量,并且向国民提供其他形式的公共福利。国有企业的法律地位说明其既可以是政府的一部分,也可能是政府参股的私营企业。

(二) 国有企业的定位

国有企业不同于普通商业企业的临界点在于扩大政府的影响以便治理市场失灵现象,普通商业企业自然应当追求利益最大化,但是国有企业则天然

---

① 史际春:《国有企业法论》,中国法制出版社 1997 年版,第 13 页。
② Sabino Cassese, public control and corporate efficiency, contained in Raymond Vernon & Yair Aharoni, eds, State-Owned Enterprise in the Western Economies, Routledge, 2014, p. 155.
③ 在股权相当分散,除国有投资主体外,其他股东均为公众或持股不超过5%的小股东者,国有资本在企业资本中超过10%者,也可将其认定为国有企业。中外合资、合作经营的有限责任公司,即使国有资产在企业资本中占多数比例,也不宜称为国有企业,但是该部分国有资产仍需纳入国有资产管理范畴。

需要追求和实现更为广泛的社会目标。之所以要创建国有企业，就是因为普通商业企业存在市场失灵现象，因为无法要求普通商业企业考虑社会收益。普通商业企业一般不会经营投资巨大的公共物品项目，缺乏普通商业企业投资就使得国有企业的进入成为必要。国有企业延伸了政府的经济职能，使得政府能够在经济中扮演超越守夜人的更加重要的角色。

国有企业的资本全部或部分来源于国家投资，国家或政府是公共利益的天然代表，国有资产或公共财产属于全体人民的利益，私人不愿追求或实现不了的公益任务由政府或国资来承担，就是天经地义的。例如义务教育、高铁。当然公益事业也可以由私人举办或经营，例如公共交通。一般而言私人要在营利的基础上提供公用服务，"不赚钱"则其无意愿，企业也不可持续。公益性与经营性也不矛盾。经营，是指基于一定的经济目的进行筹划运作，计较投入产出，进行成本核算。经营的目的一般是投资者追求利润，即营利性。但企业既可以从事营利性经营，如一般的竞争性企业，也可以从事政策性经营和公益性经营，如政策性银行、主权财富基金。

(三) 国有企业的分类

中央 22 号文件根据国有资本的战略定位和发展目标，结合不同国有企业在经济社会发展中的作用、现状和发展需要，将国有企业分为商业类和公益类。在改革开放之后相当长的一段时间里，国企改革的一个重要目标就是"政企分开"，然而这个目标在实际上却存在着逻辑的矛盾与错乱。首先，国有企业最终的股权归属于全体人民，由政府履行具体的出资职能。国有企业事实上不可能摆脱政府的影响，政府也从来没有试图完全放弃控制或影响国有企业，如果在此前提下仍然坚持"政企分开"的规制思路便可能是一种变相的侵害所有者权益。客观上因为国有企业天然具有"政府"与"企业"的双重性质，这就使得任何国企都具有公益性的特征，但是国企的"公益性"并不必然排斥"营利性"。"营利性"要求国有企业以利润最大化为首要目标，追求更大的经营自主性，而"政府"性则要求国有企业以公共利益为第一目标，"政府"性越强，赋予国有企业的经营自主性就越弱，这就使得国企公益性可以成为国有企业类型化治理的参照系，如图 3.1 所示。

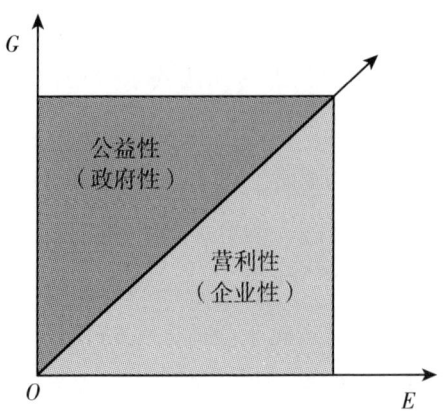

图 3.1　国企公益性与营利性的维度比较

实际上只有在企业性市场失灵的情况下才适合使用政府性干预，概括而言典型的公益性（由强至弱）有五种情形，在这些情况下私人部门提供的商品和服务可能过多或过少，如图 3.2 所示：

| 公益性强弱变化对照 | 1. 国防、法律与秩序、公路、环境保护等公共产品供应不足。<br>2. 具有积极外在性（例如公共卫生和教育）的商品和服务供应不足，具有消极外在性（例如香烟）的商品的服务供应过量。<br>3. 自然垄断造成价格过高和产量过低，例如电力和自来水公司。<br>4. 社会服务供应不足，例如养老金、医疗保险和失业保险。<br>5. 受市场进程影响的各方无法获得足够的信息（例如，为面临健康风险的消费者提供的有关食品和药品质量的信息）。|

图 3.2　国企公益性强弱变化对照

在公益性与营利性之间并没有绝对的客观划分界限，但是对国有企业而言客观上又存在着公益性与营利性的比例关系，政府基于公共利益可以通过立法确定公益性与营利性的范围。对由职能体现公益性的国企，采用"职能兼财务"的考核方针；对仅以或主要以上缴利润体现其公益性的国企，实行"财务兼职能"的考核方式或者仅考核财务。前者如主权基金，主要考核其是否服从了国家安全、外交和经济战略，再考虑其是否"赚了钱"；后者如竞争性产业的国企，主要考核其盈亏合理与否，再考虑其创新、市场扩张或收缩、创造就业、稳定经济、社会责任等其他方面。以公益性为参照系的国有企业法律规制框架包括三个层次：其一，以股权为基础的法律调整，明确企业的出资人以及基于出资的公司治理基础；其二，以法律和公司章程设定国有企业的公益性目标与财政补贴制度，强化国有企业的硬预算管理；其三，以法律设定国有企业公共服务的标准和价格。

## 二、社会资本进入电力产业的政策环境

### （一）有序向社会资本放开售电、配电业务

本次电力体制改革强调按照"管住中间、放开两头"的体制架构思路进行，这里所讲的"两头"包括发电侧和售电侧。对于发电侧的"放开"，在上一轮电力体制改革后，基本已经实现。售电侧的放开将是本轮电力体制改革的重点，售电侧的改革主要包括价格放开和售电主体放开，其中对于售电主体则并不是在短时间内彻底施行网售分开，而是有步骤地引入社会资本参与售电业务。因此，售电侧在一定时间内还是以电网企业直接售电为主。这意味着电网企业不仅需要继续经营具有自然垄断性的输电业务，同时还需继续从事售电业务。但在输配电价逐步过渡到"准许成本加合理收益"原则下，输电业务就需要独立核算，因此，即使电网企业继续从事售电业务，也需要另行组建独立的售电公司，否则不能准确核算输电业务的成本。

电网企业组建售电公司的股权架构方面，既可以组建由电网企业投资的全资子公司，同时也可以组建社会资本参股的混合所有制公司，或者电网企业作为参股企业加入社会资本控股的售电公司。在网公司内部，既可以在网公司层面直接作为投资主体成立售电公司，也可以从省公司层面作为直接投资主体。考虑到售电公司的盈利前景较好，且目前网公司对各省公司的管理采取垂直管理的模式，因此，未来组建的售电公司由省公司直接投资更为合适。需要进一步讨论的是，电网企业从事售电业务，既包括市场化的电力销售，同时还需要履行保底供应商义务。鉴于履行保底供应商义务具有公益性，对社会资本不具有吸引力，且应独立核算其成本，该部分业务不宜继续由现在的电网企业直接经营，电网企业应针对这部分业务组建独资售电公司。

鼓励社会资本投资配电业务。按照有利于促进配电网建设发展和提高配电运营效率的要求，探索社会资本投资配电业务的有效途径。逐步向符合条件的市场主体放开增量配电投资业务，鼓励以混合所有制方式发展配电业务。用户可以结合自身负荷特性，自愿选择与发电企业或电网企业签订保供电协议、可中断负荷协议等合同，约定各自的服务服务权利与义务，承担必要的辅助服务费用，或按照贡献获得相应的经济补偿。电网企业应无歧视地向售电主体及其用户提供报装、计量、抄表、维修等各类供电服务，按约定履行保底供应商义务，确保无议价能力用户也有电可用。售电公司以服务用户为核心，以经济、优质、安全、环保为经营原则，实行自主经营、自担风险、自负盈亏、自我约束。鼓励售电公司提供合同能源管理、综合节能和用电咨询等增值服务。同一供电营业区内可以有多个售电公司，但只能有一家公司拥有该配电网经营权，并提供保底公共供电服务。同一售电公司可在多个供电营业区内售电。电力交易机构负责提供结算依据，电网企业负责收费、结算，负责归集交叉补贴，代收政府性基金，并按规定及时向有关发电公司和售电公司支付电费。

(二) 设立电力交易机构推进电力市场化改革

电力市场化改革的最终结果是所有的发电公司、售电公司、大用户都通过区域电力市场交易平台来进行交易，交易的安排、计划的分解、电费的结算工作量将剧增。现有电力交易中心将无法承担如此大的工作量，有必要成立专门的结算中心来进行交易的处理和电费的结算，以便加强各种电量交易信息和电费结算信息的处理。①

本次电力体制改革明确提出建立"相对独立"的电力交易机构。要实现电力交易机构的独立，必须具备三个方面的市场基础条件：一是灵活合理的价格机制，二是严格完善的监管体系，三是坚强统一的大电网平台。只有在以上三个条件同时具备时，电力市场竞争的公正、公平和透明度才能更好地实现，才能为供需两侧市场的有序开放以及"多买多卖"市场格局的形成创

---

① 张森林、孙延："电力体制改革和电力市场对南方电网影响分析"，载《广东电力》2012年第11期，第3~4页。

造条件。但就目前我国电力市场运行状况来看,交易机构完全独立的三个条件并不具备。在这种情况下,不宜将电力交易机构独立。① 交易机构作为统一电网适应性平台的重要组成部分,若保持电力交易机构相对独立,会产生如下优点:

(1) 有利于提高交易效率和保障系统运行安全,避免增加用户负担。在当前以物理交易为主的市场中,交易、调度、电网密切配合,及时掌握电力系统运行情况,保证交易的完成。交易电网一体化,才能使电力工业的安全性和经济性达成高效的统一。电网企业不额外收取交易服务费用,从而降低交易成本。

(2) 有助于发电企业及时回收电费,维护交易各方利益。电网企业及时获知用户用电变更情况,确保交易准确执行,可避免产生结算纠纷。电网企业与用户间有着明确的电费结算、收取的流程及约定,这有利于电费及时回收。直接交易价格、输配电价和政府性基金以统一收取,有效保障各方利益。确保电费及时回收,避免呆坏账产生,有助于发电和电网资产的保值增值。

(3) 交易机构设在电网企业内部符合我国市场发展阶段。国外独立电力交易机构是在电力私有化之后以及市场发展到较为成熟阶段才逐渐设立的,其重要功能之一是为电力金融及衍生品交易提供一个中立的平台;而且国外电力发展缓慢,有很好的物理网架支撑电能交易的开展。我国是发展中国家,具有转轨经济的特点,电力市场尚处于起步阶段,电力供需仍然处于紧平衡状态。因此,现阶段我国采取将交易机构设置在电网企业内部的方式,符合我国电力市场发展进程。②

对于电力交易机构如何筹建,并确保此前新电改方案中提到的"相对独立",交易机构可以采取电网企业相对控股的公司制、电网企业子公司制、会员制等组织形式。这样,可以依托电网企业现有基础条件,发挥各类市场主体积极性,鼓励具有相应技术与业务专长的第三方参与,建立健全科学的

---

① 曾鸣、刘丽丽:"深度解读新电改",http://news.bjx.com.cn/html/20150326/602018.shtml,访问时间:2015年11月7日。
② 刘辉、韩晓英:"坚持输配一体 放两头管中间——华北电力大学曾鸣教授'能源大讲堂'纵论我国电力体制改革的基本路径",载《中国电力教育》2014年第13期,第92页。

治理结构。

其中，电网企业相对控股的公司制交易机构是目前更能够被各方接受的方案。其具体股权架构为：由电网企业相对控股，第三方机构及发电企业、售电企业、电力用户等市场主体参股。在组建股份制交易机构时应注意以下几点：（1）鉴于其他市场主体较难维持电力交易的中立性，应确保电网企业的控股地位；（2）根据本轮体制改革配套文件的规定，电力交易机构的章程除了由公司创立大会通过外，还需得到政府批准；（3）在电力交易机构运营过程中，电力交易机构涉及与股东的交易，属于关联交易，应确保国有资产保值增值，避免国有资产流失；（4）对于没有参股的企业而言，不能与参股的企业享有同等的知情权，甚至可能不能享有同等的商业机会，电力交易机构应依法进行信息披露。

### 三、混合所有制改革的思路与探索

（一）混合所有制政策概述

中共中央"十八届三中全会"明确提出积极发展混合所有制经济，国有资本、集体资本、非公有资本等交叉持股、相互融合的混合所有制经济是基本经济制度的重要实现形式，有利于国有资本放大功能、保值增值、提高竞争力，有利于各种所有制资本取长补短、相互促进、共同发展。还提出允许更多国有经济和其他所有制经济发展成为混合所有制经济，国有资本投资项目允许非国有资本参股；允许混合所有制经济实行企业员工持股，形成资本所有者和劳动者利益共同体。中央 22 号文件进一步提出推进国有企业混合所有制改革，以促进国有企业转换经营机制，放大国有资本功能，提高国有资本配置和运行效率，实现各种所有制资本取长补短、相互促进、共同发展的目标，稳妥推动国有企业发展混合所有制经济。鼓励非国有资本投资主体通过出资入股、收购股权、认购可转债、股权置换等多种方式，参与国有企业改制重组或国有控股上市公司增资扩股以及企业经营管理。实行同股同权，切实维护各类股东合法权益。在石油、天然气、电力、铁路、电信、资源开发、公用事业等领域，向非国有资本推出符合产业政策、有利于转型升级的项目。依照外商投资产业指导目录和相关安全审查规定，完善外资安全审查工作机制。开展多类型政府和社会资本合作试点，逐步推广政府和社会资本合作模式。鼓励国有资本以多种方式入股非国有企业，充分发挥国有资本投资、运营公司的资本运作平台作用，通过市场化方式，以公共服务、高新技术、生态环保、战略性产业为重点领域，对发展潜力大、成长性强的非国有企业进行股权投资。鼓励国有企业通过投资入股、联合投资、重组等多种方式，与非国有企业进行股权融合、战略合作、资源整合。

根据不同产业领域特点实行网运分开、主辅分离，除对自然垄断环节的管网实行国有独资或绝对控股外，放开竞争性业务，允许非国有资本平等进入。在水电气热、公共交通、公共设施等提供公共产品和服务的产业和领域，根据不同业务特点，加强分类指导，推进具备条件的企业实现投资主体多元化。通过购买服务、特许经营、委托代理等方式，鼓励非国有企业参与经营。政府要加强对价格水平、成本控制、服务质量、安全标准、信息披露、营运效率、保障能力等方面的监管，根据企业不同特点有区别地考核其经营业绩指标和国有资产保值增值情况，考核中要引入社会评价。

（二）电力产业中混合所有制改革面临的困难

目前有相当一部分国有资本和民营资本对混合所有制持观望态度，对于国有资本而言，如果认为目前的企业资金足够，或者目前企业利润高，即没有必要进行混合所有制改革；对于民营资本而言，如果国企混合所有制改革后，民营资本所占股权比例较低，担心不能有效控制公司，最终在国企没有话语权，也就难以实现投资获得回报的初衷。

（1）电力产业投资回报率是民营资本进入与否的关键，其核心在于电价市场化改革的推进速度。由于目前国家统一管理上网电价、销售电价，在煤价高企时，电价不及时调整，电力产业投资回报率很难达到民营资本的要求。

（2）如果电力价格市场化改革顺利，电力产业投资回报率将提高，民营和社会资本有了进入电力产业的动力，但国有资本也是资本，也有逐利性的特征，"混合"的动力也将大打折扣。因此，电力产业混合所有制改革必将按照"增量先行、多方获益"的思路才有可能进行。

### （三）电网企业的混合所有制改革对策

发电行业已经基本实现市场化，大量民营资本已经进入发电企业，未来混合所有制改革主要针对电网企业而言。因此电网企业的混合所有制改革对策是实现本轮电力体制改革和电力产业国有企业改革的关键。

#### 1. 确定进行混合所有制改革的具体领域

我国电网投资建设资金基本都由电网企业筹集，投资主体单一，导致电网建设资金不足，电网与电源建设不协调，发展明显滞后。线路陈旧、设施老化，影响电力系统安全和供电服务，跨区域输电网络仍然不能满足西电东送，农村电网建设历史欠账较为严重。由于市场垄断，电网建设缺乏活力，对于远离负荷中心、规模较少的风电等可再生能源发电输电网的建设没有动力。建议以发展混合所有制的形式，放开电网建设投资的市场准入，加快跨省区电网建设，促进跨省电力交易，实现电力资源的优化配置，以利于提高效率，促进电力市场的竞争。① 现阶段，电网混合所有制改革，将在直流特高压、电动车充换电设施和抽水蓄能电站三个领域先行推进。具体操作方案和执行细则，将在推进过程中不断博弈、不断调整和妥协。②

#### 2. 合理确定电网企业混合所有制改革的模式

一种是直接转让部分股权给民营资本；另一种针对某个具体的项目或某个领域电网企业与民营企业一起设立项目公司。混合所有制改革的主要目的不同，应采取的模式亦不同。如果主要目的是解决公司治理问题，即让国有企业内部有一定监督，则宜采取第一种模式；如果主要目的是解决资金不足的问题，则宜采取第二种模式。

#### 3. 注重保持国有资产价值，防范国有资产流失

在混合所有制改革过程中，可能涉及国有股权转让或以国有资产出资等情况。根据《国有资产评估管理办法》和《国有资产评估管理办法施行细则》规定，国有资产占有单位在发生资产转让时，必须进行资产评估。为了

---

① 史丹："中国电力体制改革的目标选择"，载《中国能源》2014年第8期，第47页。
② 白玫："新一轮电力体制改革的目标、难点和路径选择"，载《价格理论与实践》2014年第7期，第11页。

确保待处置资产能以公允市场价值交易，电网企业应该聘请资产评估机构对拟处置资产进行评估，并将评估结论作为确定资产处置价格的重要依据。在转让方式上，根据《企业国有资产法》的规定，除按照国家规定可以直接协议转让的以外，国有资产转让应当在依法设立的产权交易场所公开进行。转让方应当如实披露有关信息，广泛征集受让方意见，征集产生的受让方意见为两个以上的，转让应当采用公开竞价的交易方式。电网企业将资产转让给受让方后，应该积极按转让协议的约定将转让款项收回，并及时进行账务处理。因此，在混合所有制改革过程中应坚持依法依规，进一步健全国有资产交易规则，科学评估国有资产价值，完善市场定价机制，切实做到规则公开、过程公开、结果公开。强化交易主体和交易过程监管，防止暗箱操作、低价贱卖、利益输送、化公为私、逃废债务，杜绝国有资产流失。

4. 完善混合所有制改革后的公司治理

公司治理结构通常由股东会、董事会及经理、监事会三部分组成。在实行混合所有制改革后，公司治理最大的变化是股东会层面的变化。以云南电网有限责任公司为例，现在公司属于法人独资公司，股东为中国南方电网有限责任公司，没有股东会，公司的重大事项只需要中国南方电网有限责任公司同意即可。此外，民营资本进入国有企业，其主要目的是获得相应回报，对公司经营可能相对不是特别在意，或者说一般来讲基于其投入资金所占股权比例相对较少，一般很难通过股权制衡实现对公司的控制。因此，民营资本投入国企可能采取类似于私募股权中常采用的对赌模式，即通过章程规定在企业达到某种盈利水平时必须对股东进行分红并明确分红比例，以满足民营股东正常的获利要求。同时，在企业运营中为了确保民营资本获得公平、公正的股东地位，需要推动关键决策信息的公开，并加强第三方审计。这些情况的变化，都可能实质上影响公司的治理，在进行混合所有制改革时应对这些因素有所考虑。

# 第四章
# 电力产业的行政管理、业务监管与行业自律

## 第一节 技术与监管的交织进化

### 一、变压器技术与电力公司早期市政营业范围

1882年，托马斯·爱迪生在纽约构建了首个电力系统，这个直流系统最初以每千瓦时5美元的价格服务于华尔街地区的59家客户。[①] 它以100V运行，主要提供电灯照明用电。到19世纪80年代末，北美许多城市有了同样的小型中心电站，但每个站仅能对几个城市街区供电。从行业的监管角度来看，城市政府行使了这一职能。1900年，市政机构全部的电力企业已占全美发电的8%。关于政府及投资者所有的电力公司优点的激烈争论，持续贯穿了整个电力行业的发展历程，至今政府所有和公私合营的电力公司模式都受到广泛的偏好。

1891年，德国人发明了变压器，这使得人们可以用相对高的电压以相对较低的损耗输送交流电力。1896年，乔治·西屋（George Westinghouse）开始了对尼亚加拉瀑布的水电开发，向超过20英里外的纽约州水牛城（即布法罗市）输送了可观的电力。这开创了将发电厂建在远离负荷中心地方的先例，以高压输电来联系两者，并使用变压器来降低输送至最终用户的电压的实践。

---

① Jeremy Rifkin, The Third Industrial Revolution, Palgrave Macmilan Pulish 2011, New York, US, p. 35.

从此，随着新材料的设计研究及开发，使得使用更高的电压成为可能。在美国，245kV 线路于 1922 年投运。变压器及高压线路的发明使私营电力公司可超越市政的界限扩张，并更好地利用了规模经济。这种扩张加剧了市政管理的问题，并导致了州一级政府对投资者所有电力公司的监管。这一趋势自 1907 年在威斯康星、佐治亚及纽约州建立监管委员会开始，到了 1914 年，美国已经有 30 个州设立了监管委员会，如今已覆盖了所有的州。

垂直一体化的、投资者所有的公司"在指定业务区域内作为唯一的业务供应商开展发、输、配电业务"，并作为一种主导的模式出现。各州允许这些公司收取电费来支付它们的成本。在这些成本中，有一个"公平"的回报率，由电力公司已投资的资金带来的收益确定，这一制度被称为电力及其他公用事业公司的"回报率"规则。这种变化取决于政制（constitution）的决定，与美国联邦体制的权力高度分散相适应，美国大部分电力公司在一个州内运营，各州的规制体系继承了市级政府长此以往的管理相关的政治特性。在更为分散的政制背景下，英国直到 1926 年才颁布法律建立全国统一的电网。在美国，很大程度上由于对私营企业有较强的信心，在 20 世纪的前 30 多年，公有公用事业企业的重要性大为降低。

## 二、大国地方的电力监管

在电力公用事业行业，联邦政府于 1906 年开始销售灌溉项目的剩余电力，销售的优先权归属于市政。自 19 世纪早期以来，可航行水路归属联邦管理，1920 年的《联邦水电法》进一步授权建立联邦能源监管委员会，授权该委员会签发水电许可证。到了罗斯福时期，联邦政府在电力领域的作用大为增强。1935 年出台的有关公用事业控股公司的法律就赋予了美国证券交易委员会以监管权，对操纵股市的部分公用事业控股公司实施了分拆。1935 年出台的联邦电力法授权联邦电力委员会监管输电趸售及电力销售的权力，1936 年农电法建立了农电管理局，为那些将向农村地区提供电能的机构（主要是农业合作企业）而不是投资者所有的电力公司提供贷款和支持。

在 20 世纪 30 年代初，联邦政府还大力投资河流上的水电设施，并用这些设施向"优先客户"，主要是市政和合作式电力公司，提供相对便宜的电能。大型的垦务局大坝，如建成于 1936 年的胡佛水坝（Hoover Dam）和建成于 1942 年的大古力水坝（Grand Coulee Dam）是服务于西部各州的。依据 1933 年推出的田纳西流域管理局法案，联邦政府依法设立非营利性的合作式企业：田纳西流域管理局（Tennessee Valley Authority，以下简称 TVA），该局向各州、各郡、各市提供水电供应。"二战"结束时，TVA 已经成为美国最大的发电商。截至目前，TVA 服务 900 多万用户，其中大部分位于田纳西州，其余的位于邻近的 6 个州，而 TVA 所提供的电能只有约 10% 来自于水电。

1937 年，联邦政府建立了邦纳维尔电力管理局（Bonneville Power Administration，以下简称 BPA），处理与监管哥伦比亚河域盆地 31 座联邦水坝所发出电力的市场销售。目前，BPA 主要向太平洋西北部地区提供大致 35% 的电力，并大量出口到邻近区域。此外，它还控制着太平洋西北部地区约 75% 的高压电输送线路。同样地，分别建立于 1944 年和 1950 年的西南电力管理局和东南电力管理局，以向指定地区的优先客户销售低成本的电力。虽然 1950 年联邦所有发电商的发电量占全美发电量中的比重超过 12%，但此后联邦所有的电力行业所占比重逐渐下降。

### 三、并网及其竞争

在电力公用事业行业发展初期，由垂直一体化的电力公司来对输电进行规划和建设，以它们自己的发电能力来满足自身的负荷。虽然并网有望提升可靠性，但美国的电力公司不愿进行互联，因此丧失了一些对其系统的控制，而直到一战期间才被迫互联。"一战"后，并网发展加速，1927 年有 3 家较大的电力公司建立了 PNJ（Pennsylvania-New Jersey）互联电网作为电力库，连接宾夕法尼亚、新泽西及马里兰州的输电设施，后发展成为 PJM（Pennsylvania-New Jersey-Maryland）区域输电组织（Regional Transmission Organization 以下简称 RTO）。由于不同的电力公司有不同的输电电压标准，两个邻近电力公司的汇合和并网曾通常要求（现在仍通常要求）使用变压器来实现不同电压等级的连接。这些变压器会产生损耗，但并网仍在继续，东部电网于 1962 年形成目前的格局。

在 1965 年出现的那场整个美国东北地区全面停电的事故之后，引发了对互联电网可靠性的关注。电力公用事业行业便因此成立了北美电力可靠性协会（North American Electric Reliability Council，即常用 NERC，后更名为北美电力可靠性公司）及其区域协会，以处理电力的可靠性和趸售电力供应的充足性问题。NERC 引导了电网内相关可靠性能的运行程序进步及改变。虽然大力鼓励与这些程序保持一致，但在整个 NERC 的历史上，这种一致最终是自愿的。2005 年的能源政策法及美国联邦能源监管委员会（US. Federal Energy Regulatory Commission，FERC）的命令，均为使这些程序成为正式的、强制性的标准奠定了基础。2003 年的大停电跨越了 5 个独立系统运营商（ISO，Independent system operator）区域（中西部 ISO、PJM、纽约 ISO、新英格兰 ISO 及安大略 ISO），及从密歇根到新泽西的多个独立控制区域，再次说明了目前电网的高度互联及大规模瓦解的可能性。

虽然有此担心，为应对阿拉伯石油禁运，联邦政府在某种程度上于 20 世纪 70 年代晚期向非公用事业发电敞开了大门，以减少对国外石油的依赖，并促进替代性能源的发展使电力供应多元化。1978 年，国会通过了公用事业管理政策法（Public Utility Regulatory Policies Act of 1978，简称 PURPA），该法要求被监管的电力公司以发电的"可避免成本"购买产自于联合发电、可再生能源或其他指定技术生产的电力，而这种"可避免成本"是由州的监管方决定的。加州及其他一些州决定"可避免成本"大大高于目前的成本，从而鼓励了这类已被证实为不经济的大容量发电站建设。后续的立法，尤其是 1992 年的《能源政策法》，为独立电力生产商、无法律义务向最终用户提供电力的发电商，及可为在其业务地域外的用户发电的电力公司减少了市场准入的障碍。

20 世纪 80 年代，一种电力系统组织开始出现在这种模式下，有组织的竞争性市场将设定电力趸售的价格。发电的所有权将通常与系统其余部分分离，一个独立的实体将运营输电系统并管理趸售市场。配电业务的供应将继续受到监管组织的垄断，但在电力零售方面是可以有竞争存在的。总体而言，市场可发挥一些传统上是在垂直一体化的电力公司内发挥的协调和使成本最小化的功能。

一些外国政府发现他们拥有全国性的电力系统，其中包括可供出售从而增加财政收入并实现趸售市场竞争的发电厂。对这些政府而言，这种新模式极具吸引力。1982年，智利采用了这种模式的一个版本。1990年，英国的撒切尔政府亦采用了同样的做法作为其私有化方案的一部分。在美国，作为需求增长放缓和过于激进的装机容量扩张的结果，一些地区出现了装机容量过剩，这增加了新模式的吸引力，因为普遍以为竞争市场的电价会低于规制电价。

为促进竞争，1996年FERC用1992年《能源政策法》赋予的权力颁布了第888号令，在一个开放性接入的输电电价下，要求对输电具有所有权的组织改变它们的系统设置，使其向趸售客户提供开放性、无差别的接入权。该法令赋予了公用事业和非公用事业型发电商同等的有效接入权。FERC指出，满足这些要求的一个途径在于，由独立系统运营商这一独立、由政府监管的、没有发电及配电资产的实体来运营区域性输电系统。

国会和FERC已反复声称支持竞争性趸售电力市场是国家政策。FERC的第888号令反映了一种理解，即趸售电力市场的有效竞争需要开放的、无歧视的输电网接入权。在开局不利及电力市场改革后，由独立系统运营商运行的有组织的趸售电力市场逐渐实现了重要通用设计元素的共享。最重要的是对现货市场或同类平衡框架的依赖，这种框架有反映发电及输电成本地理位置的价格差异。国际能源机构将这种模式描述为"作为市场设计的标准——政策制定者理想的教科书"。

1999年，FERC颁布了第2000号令，确定区域输电组织（RTOs）作为独立系统运营商（ISOs），而ISOs已向FERC证明它们已经满足了一系列的特定要求。分析系统在可靠性层面的性能，RTOs的责任稍大于ISOs。虽然第2000号令强烈建议美国的电力公司加入RTOs或与ISOs紧密联系，但并没有要求它们必须这样做。就区域而言，东南及西部的很多地方拒绝这么做，而加利福尼亚州和得克萨斯州则是例外，它们建立了单个州的ISOs。

在已经设有RTOs或ISOs的地方，它们运营着整个趸售市场，调度着发电机组与负荷匹配，并监督着输电系统的运行。它们通常还负责输电系统规划，即一个识别并看到要加强系统以降低成本并保持可靠性需求的过程。若是有相关的需求，ISO或者RTO可要求输电系统中具有所有权的机构增加投资金额。在这个新的结构中，仍有必要对发电机组进行集中控制，以使系统成本最小化，满足可靠性约束及响应负荷的意外变化及其他事件。但现在要实现成本的最小化，是指在趸售市场上从独立发电商处购电的成本，即发电商愿意供电的价格最低。新增装机容量的竞争性供应商在决定要建什么及在哪些方面发挥着重要的作用。这种新的大系统结构的详细实施随着时间及地点的不同而有很大的差异，但随着时间的推移，它们的重要功能已经趋同，大部分观察者认为 ISO 或 RTO 系统普遍运行良好。

在零售层面，大部分州不急于实现竞争。尽管如此，22 个州及哥伦比亚特区在继续保持在监管之下配电垄断的同时，已经开始采用各种方法，旨在允许电力在零售层面存有竞争性的供应商。

在 20 世纪 90 年代，加利福尼亚州是那场向着更加依赖市场化的运动的领军者。1998 年它的一个趸售电力市场开始运营，竞争性零售商同年获准进入。然而 2000～2001 年，加利福尼亚州趸售市场经历了价格的大幅上涨甚至停电的危机。这一危机的原因有市场设计的缺陷、西部市场罕见的短缺情况、一些市场参与者的非法市场操纵，以及对所出现问题不恰当的监管。

这一插曲及市政和合作式电力公司（二者从各种附属企业及 20 世纪 30 年代的优惠中获益）的持续反对，降低了这种新的行业结构获得的政治支持。虽然加利福尼亚州 ISO 仍可继续运行，但是加利福尼亚州早已经不是电力零售竞争的领军者。那些情况出现以后，虽然一些已有的 ISO 增加了附属企业，但没有新的 ISO 成立。争取实现电力零售竞争的运动已在 7 个州终止了，但一些地方电价的上涨重新掀起了之前的改革呼声。

整体而言，自电气化的曙光到来之时起，电力行业的成长及变化就是由众多不同的相互作用的因素决定的。追根溯源，这个行业在某种程度上就是一个不断进行技术革新的故事。然而，同等重要的是，这个行业变化的步伐和方向也严重受到监管目的、政策优先次序及经济发展步伐的变化的影响。最后，一些不可预见的事故，如 1965 年和 2003 年的停电及加利福尼亚州能源市场危机，亦严重影响着电网的发展。

## 第二节 电力行业的规制体系

### 一、电力行业的他律与自律体系

电力行业整体治理能力的强弱和国家实力息息相关。一方面，国家需要有完善的专断性权力（despotic power），按照其意志对电力行业进行有效规制；另一方面，也需要有完善的基础性权力，由国家把其发布的政治决策实施到社会上的能力（capacity）。从整体上看，电力产业规制的体系可以分为两种。一是他律管理，即由电力工业主体以外的权力主体进行规制。依据不同的模式，这种规制又可细化为两种，一是老套的行政管理，二是业务监管，两者均是运用国家权力来管理电力行业。二是自律管理，即通过一部分电力企业建立的行业协会来开展管理。这种管理的性质是电力企业的自我管理，属于自治和自律的范畴，并非狭义上的"管电"。

从治理的角度看，国家对电力行业的管理是国家对构成一个社会的核心的资产管理。这种管理体制因各国政治、法律、经济和文化传统的不同而有很大的差异。例如，传统上绝大多数国家对社会的核心资产都采取的是国家所有并经营的模式，采取的都是政企不分的传统模式。但随着各国市场化进度和行政管理模式的变革，各国对电力体制规制的模式就出现了很大差别。其中最大的差别在于是否将行政管理和行政监管区分开来，即我国所谓的"政监分离"。

电力行业的他律和自律体系集中体现在原能源部 1991 年出台的《关于加强电力行业管理的若干规定》中。该规定第 1 条指出，能源部是国务院统管全国电力工业的行政主管部门，对全国电力实行全行业管理。各跨省电业管理局是能源部的派出机构，受部委托，承担电网区域内相应的行业管理职能。非常明显的是，这一时期我国采取的是综合型行政管理模式，而且，当时省级电力局受原能源部和省人民政府双重领导，是统管全省电力工业的行政部门，采取行业管理方式来规划电力。地（市）和县供电局是本地区电力行政部门主体，执行各自管辖范围的电力行业管理职能。这样就在全国建立了一个相对完善的电力行政管理体制，而且省级电力行政主管部门受双重主管，也体现了当时我国行政权力分配的重要特征。最后，这一规定还明确了中国电力企业联合会根据原能源部的委托，协助行使相应的行业管理职能。可以看出，电力企业联合会与其他的行业协会性质差不多，并没有真正意义上的业内自治和自律。

### 二、电力行政规制的两种基本模式

如前所述，对电力采取行政规制是各国共同的做法，但对如何通过规制实现目标，各国采取的模式差别较大。从"政监分离"与否的角度，可以划分为两种基本的电力规制模式。

（一）政监分离模式

就英美国家而言，其机构模式深深地影响了澳大利亚以及很多英语国家，进而实行单独设立监管机构的方式。其兴起于以不对称规制、强化网络互联、反垄断、激励性规制以及重构普遍服务机制为主要内容的监管重建运动中。这样的模式汇集了电力监管的职能，监管机构不受政府部门控制，有着突出的权威以及中立特点。在这种模式中，鉴于中央和地方采取不一样联系的监管机构，这种模式还细分成两类：其一是垂直监管模式，具体是指仅仅设立国家电力规制机构，依据实际需求再考虑在地方是否设置办事机构。如英国、新西兰等国。其二是分级监管模式，采用此模式的国家一般如美国、加拿大、澳大利亚等国。

（二）政监合一模式

21世纪之前的欧洲大陆国家（像法国、德国等）及日本，它们大体上一直都在采用政监合一的监管模式。这种模式的特点主要是政策制定职能和电力监管职能掌握在政府机构手中，根本不会有电力监管机构的出现。目前，大多数国家采取的是政监分离的模式，少数国家实行政监合一的模式。我国传统上采取的是政监合一的体系，2002年2月国务院下发《关于印发〈电力体制改革方案〉的通知》（国发〔2002〕5号）开启了电力监管机构的篇章。

2003年3月，原国家电力监管委员会组建完毕，按国务院授权尽到全国电力监管的责任，从此我国踏上了政监分离的实践道路。

无论政监是否分离，不管谁来处理这类事务，电力行业规制的核心问题都是：（1）谁来规制？即规制的主体在政府经济治理结构中处于怎样的位置以及具有怎样的功能结构；（2）规制对象是什么？规制电力行业的哪些行为？（3）如何规制？有哪些可供选择并可采用的规制手段，这些手段应如何使用？（4）谁来监督规制者？即规制者的监管结构。中国既然采取了政监分离的模式，是以，首先讨论"政"，即政府对电力的行政管理；其次，讨论"监"，即对电力的监管，再讨论中国目前体制的问题以及未来的改革方向。

## 第三节 电力行政管理制度

### 一、电力行政管理的界定

界定一个国家的电力行政管理的内容，其前提是"政监"分离与否。在政监合一的体制下，电力管理体制是指一国行政权对电力行业所作的全部的管理，包括管理主体、管理对象、管理权限、管理手段和程序、法律责任分配等。在政监分离的体制下，电力监管实际上分割了传统单一的电力行政管理的一部分权力，依据电力监管权的不同配置，电力行政管理权力也相应地受到了影响。大致而言，对电力产业的宏观调控、产业政策的制定、电力安全的维护等，通常属于电力行政管理体制的内容，对市场的监管则属于电力监管的内容。

无论是政监分离还是政监合一的体制，电力行政管理体制都应体现现代行政权运行的基本逻辑，即符合以下要求：（1）具有明确的职能分工；（2）具有明确的等级制度；（3）具有有关职权与职责的法规和规章，把组织各项业务的运行都纳入这些法规与规章之中；（4）组织内的一切职务均由受过专门训练的专业人员担任。其最重要的特征是，行政管理是建立在上下级关系的基础上，下级必须服从上级，通过行政命令方式进行管理，一旦产生争议通常只能通过行政渠道内部解决。由此可以总结出电力体制管理的特性，即它具有严格的上下隶属关系，各级管理机关总要对上级负责，不存在独立管理的问题。这不仅仅是电力行政管理权和司法权的不同点之一，更是讨论电力独立监管的前提之一。

### 二、国外电力行政管理的基本模式

无论是政监合一还是政监分离的模式，电力行政管理体制均可区分为如下三种模基本模式。

（一）单一型

即设立特定的行政部门对电力行业采取单一集中管理。实行这种模式的国家，强调电力的经济、技术特性，认为电力管理的专业性非常强，单独的管理部门的设立既有利于细化管理分工，又能充分发挥电力资源的价值，有利于科学合理地管理的。其中，代表国家有印度，它不仅设立了电力部，而且一并设立了煤炭部以及石油天然气部。[1]

（二）集中型

这种模式是将电力与其他能源放在一个行政部门进行统一规划管理，以实现能源管理和利用的科学化、合理化、集中化和专业化。美国是典型代表，它较早地实行了电力集中型管理，并一直保持不变，其国内一直设有能源部以及联邦能源规制委员会（FERC）。[2]

（三）综合型

这种管理模式通常将电力（能源）与若干种联系较密切的行业（如矿产）放在一个行政部门进行统一管理，采用科学化、合理化和专业化的技术手段去开发资源，进而实现资源的管理以及合理的利用。这既注重发挥多种能源资源的综合优势，也注意发挥电力行业的单一优势，因而被广泛应用于

---

[1] James H. Williams and Navroz K. Dubash, Asian Electricity Reform in Historical Perspective, The Political Economy of Electricity Reform in Asia (Fall, 2004), Vol. 77, No. 3, pp. 411–436.

[2] Gilbert N. Sorebo, Michael C. Echols, Smart Grid Security: An End-to-End View of Security in the New Electrical Grid, CRC Press, p. 20.

中等以上的发达国家。例如日本，它将电力能源和矿产资源归属到一块，由经济产业省资源能源厅进行统一管理。

（四）小结

在上述三种模式中，单一型模式的优点在于可以集中管理，突出专业化优势，而最大的缺点则在于忽视了电力与其他能源和自然资源之间的内在联系，难以适应资源开发，并且无法顾及环境的保护、协调与发展。从行政效率来看，类似行政事务的机关设置过于分散，必然造成各管理部门过于相互钳制或者相互推诿，最终导致管理效率低下；集中型模式强调各类能源之间存在着较为密切的内在联系，不应人为分离，而应集中统一管理，这有利于各种能源效益的总体发挥，提高能源利用的整体功能，对于提升办事速度、减少办事程序、发挥能源开发利用综合效益都非常有帮助；综合型的模式与集中型的模式一样，电力行政管理的效率很高，各部门的协调性也较强。但问题在于，这种模式在选择相近的管理领域时会出现较大的问题，如矿产资源虽然与电力有密切关系，但两者无论在物理属性上还是法律性质上差别都很大，两者管理的内容也有天壤之别。是以，这种模式虽然强调了行政协同管理的重要性，但却是以牺牲管理的专业性为代价的，有时会出现适得其反的状况，会因此而失去了管理带来的效率优势。

### 三、电力行政管理的主体及其职能

我国电力行政管理体制典型的特征是权能分散，多头管理，权责不清。此外，同大多数行政管理体制一样，"越位"和"缺位"的状况十分普遍。我国电力行政管理体系存在的最大问题在于，规制主体的实际缺位与多头管理。从横向行政权力分配角度看，我国电力规制基本上延续了传统的利益格局，在权力分配上依然存在两大问题：一是继能源部被撤销以后，一直没有出现哪个部门或者机构可以专门去制定能源或电力行业的综合政策，导致电力行政管理的大多数职能缺乏应有的行政主体来承担。二是就电力规制的经济性职能而言，又出现了多头规制的情形，在电力监管机构出现后，这种规制职能分化的情况尤其明显。就经济性监管职能而言，负责部门至少还包括国家发改委、国资委、财政部、国家能源局（含原电监会）等。目前，电力行政管理职能主要集中在以下部门：

国家发展和改革委员会。国家发改委在电力领域不仅负责长期规划，而且还有权批准所有重要项目的投资，包括发电和输电项目。另外，国家发改委还履行其他一些通常由政府能源部（或类似的专门政策机构）履行的职责，包括制定我国总体的能源政策、预测需求、提供能源选择指导意见等。同时，国家发改委还承担微观经济监管机构的一些核心职能，如价格司不仅主导电力体制改革的核心内容（电价改革），还负责审批发电公司、电网公司的电力销售价格。可见，国家发改委责任重大，具备制定能源或者电力行业综合政策的职能，并且拥有电力监管机构的核心职能，如此繁杂的职能使其政策制定能力明显受到影响，结果是政策和监管职能的界限比较混乱，直接影响了电力工业的相关政策以及未来的规划。

（2）财政部。虽然财政部并不是在电力行业的行政管理中扮演重要的角色，然而其决定着电力企业的财务准则、财务成本标准与电力企业相关的事项，并且对电力企业经营模式改革、建设基金使用情况进行监督管理。

（3）其他部门。国资委负责行使国有资产所有者的权利，其职能包括监督国有企业业绩，任命和撤销企业高管人员，建立审计要求，批准重大决策等。由于目前我国大多数电力企业（包括所有的电网公司）都是国有独资公司，因此国资委对电力行业的监督与管理也很普遍。

## 四、电力行政管理制度的完善

（一）加强区分电力行业管理与监管

如上所言，诸多国家内部均设立了能源部，主要针对电力工业来研究制定决策以及未来的市场架构。这些部门通常还负责需求预测和市场分析，并就燃料及电源结构、能源和环境协调发展等问题作出规定并提出指导意见。此外，这些部门还对监管机构提出政策指导意见，如推进行业市场化的步伐、公共补贴和电价政策等。在已成立了专门电力监管机构的国家，过去政府部门履行的监管职能，如运营许可证管理、电价监管、质量监管等都转移到了监管机构。在有些国家，虽然监管职能已转移到了监管机构，但政府相关部门还保留了制定监管规则的责任。

具体到我国，既然已经采取了政监分离的模式，从机构运行的效率而言，就应进一步将其落到实处。目前亟待处理的主体问题是经济性监管职能的分工。按照原电监会的看法，其职能应当做如下安排：其一，全面的经济监管职能，如市场准入监管、价格监管、服务质量监管和市场监管，电力经济性监管还要承担市场培育和推进改革两项职责。其二，社会性监管，如安全监管、普遍服务监管、环境监管、标准及定额管理和可再生能源监管。在它设计的分权模式中，国家发改委、商务部以及国家工商总局应当负责企业经营一般的综合监管。实言之，这种观点较为可取，但短期内依据我国行政机关的既有利益格局，可能很难实现。是以，2013年3月我国撤销国家电力监管委员会，将电监会、国家能源局的职责整合，重新组建国家能源局，由国家发展和改革委员会管理，旨在整合如下的行政管理职权：

（1）市场准入。市场准入由行政部门许可方能实行，需要行政机关依法核查递交的申请文件以判定能否批准其从事特定活动，解除其法定义务，确认其资格资质或者特定民事关系的权利。国家发改委负责许可跨省级行政区的供电营业区，颁发《供电营业许可证》。省级行政区能源管理部门负责许可省级行政区范围内的供电营业区，颁发《供电营业许可证》。供电营业机构凭上级所发的《供电营业许可证》以及电力业务许可证，即可向工商行政部门递交领取营业执照的申请。

（2）价格监管。主要是对那些经过特许而进入市场的运营商的服务收费水准及收费结构进行的控制。在实现政府监管目标的所有监管政策中，它是最为重要也是最难设计的一个政策环节。在电价环节上主要对上网电价、输配电价以及销售电价开展监管手段，制定定价章程。由于电价制度关乎整个国家宏观经济的运行和发展，所以目前在电价管理方面没有国家发改委的参与是绝对不行的，因此可以采取这样的分工：对于深入市场环节的电价规则几乎都是由国家能源局监管，它全权对市场交易中违反价格规律的行为监督，需要由政府审批的电价在价格监管上。其存在两项不同性质的重要职能：制定价格政策、设定价格制定方法的职能与计算、执行价格的职能。从长远来看，制定价格政策、设定价格制定方法的职能应由国家宏观部门承担。计算、执行价格的职能应由国家能源局（含原电监会）承担；国家能源局一般负责价格执行监管，关键的价格制定方法和过渡时期的电价应由国家发改委领导国家能源局（以及其他参与改革进程的相关部门或机构）共同参与制定。

（二）建构统一管理的行政管理权力主体

为保证我国的电力供应安全，就必须改革现行的电力管理体制，改变低级别多头管理的现状。而采用高级别的集中的宏观电力管理模式，从战略层面对我国的电力实行统一的宏观管理，制定权威的电力发展战略和规划、统一的电力政策和法规，加大宏观调控力度，建立一个从中央到地方统一的以电力战略管理为核心的电力监管体系，依据"政监分离"的发展方向，设立服务综合型电力管理机构以及专业化范畴的电力规制机构。

具体而言，国务院能源主管部门国家能源局管辖下的电力司，可将目前分散于其他几个部门的电源、电网、电力行业管理权集中起来，进而深入到行业中，了解其战略体系并对其未来发展结构框架进行研究规划；加强这些行业的对外交流和沟通，充分掌握国际电力市场信息及加强应对战略研究；深入研究新能源电力的具体应用。这种对电力的集中管理将有效避免政府职能的重复、交叉和扯皮；将促进电力的发展，最大限度地减少电力开发中的浪费、破坏及对环境的影响；还会对外国资本、先进技术以及管理模式有着极大的吸引力。电力司的主要职能是负责电力发展与环境、社会目标的协调，促进电源、电网和电力的优化和发展，构建全面的电力监管体制框架，制定电力发展政策，加强国际交流与合作、管理国际贸易，管理所有的资源，保障国家电力安全等。

（三）建立能源协调机构

关于电力方面出现的问题，不仅仅是一个简单的产业发展与供需问题，更与我国经济社会的可持续发展息息相关。电力问题涉及面广，特点多样化，像环境保护、国家安全、能源外交等特别重要的问题都在其范畴内。因此，彻底解决电力问题需要充分综合地考虑电力安全、电力效率和环境保护等因素。既如此，电力问题的解决与处理必然也涉及各个相关部门的利益。如果各自为政、部门职责分割,则不仅会破坏我国法制的统一性,伤及政府的威严,并且必定会发生部门利益之间的斗争现象,导致政府有效力量流失,对解决电力相关问题十分不利。事实上,我国的电力管理体制一个最大的缺陷就在于缺乏一个综合性的电力主管部门,跨行业、跨部门的综合协调能力相对较弱。这导致无法由一个部门从综合的、长远的、国家利益的角度去考虑国家电力战略,从而造成部门利益损害国家利益的现象。因此,建立一个统一的、权威的协调机构就显得十分必要。

电力协调机构应是在积极层面对电力行业的建设进行引导。电力行业之所以能迅猛地发展,离不开电力协调机构的建立。协调机构负责电力产业各部门之间的协调,负责电源、电网和电力之间的协调,有效快速地在发展目标和政策与电力监管的法律法规之间搭建消息流通的通道。

2006年年末,韩国设立了国家能源委员会行使国家能源决策最高权利。其中包含了25名成员,包括总统、总理,各部部长以及16名从能源领域出来的专家和市民组织代表,其中总统担任主任,总理出任副主任。[①] 我国的能源管理制度经历了数次改革,但都不彻底,从某种程度上讲缺乏统一,能源各行业各自为政,能源产业结构混乱、不合理,导致严重的浪费现象发生。这与理想的目标还有着一定的距离,所以设立能源协调机构至关重要。考虑到我国的实际情况,单独设立电力协调机构的可能性不大,在制定《能源法》时可以考虑在其中规定能源协调机构。

## 第四节 电力业务监管制度

### 一、电力业务监管的界定及其成立前提

无论从何种意义上而言,监管都是一个新兴事物。站在国家治理的高度

---

① James H. Williams and Navroz K. Dubash, Asian Electricity Reform in Historical Perspective, The Political Economy of Electricity Reform in Asia (Fall, 2004), Vol. 77, No. 3, pp. 411–436.

考虑，它源于整个国家对其基础性事业规制的反思。从 20 世纪 60 年代开始，政府独家垄断的垂直一体化产业结构出现了各种问题，促使欧美一些国家开始采取以私有化、引入竞争以及产业重组等多重主题变奏为特征的自由化运动。在公共事业发生脱胎换骨的过程中，基础性公共事业不再作为国家的一个组成部分，而成为一个市场主体。在这种情形下，国家传统的规制方式必然发生变化，以适应对这些行业在市场化之后的新要求。在这场产业革命中，取消和放松政府监管是一个主题，但从整体上看，实际上没有任何国家可以对这些行业真正地取消规制（deregulation）。确切地说，是重新树立国家规制（re-regulation），这种新的模式就是行政监管。

从上述有关的监管背景可以看出，在现代国家治理结构中，监管一般特指政府依法依规对企业的市场进入、价格决定、产品质量和服务条件、安全、环境、普遍服务等实施的直接的外部干预行为。[①] 美国管理和预算办公室（OMB）给监管下定义为：政府行政机构根据法律制定并执行的规章和行为。这些规章或者是一些标准，或者是一些命令，涉及的是个人、企业和其他组织能做什么和不能做什么。监管的主要作用就是针对市场失灵的弥补与保障，并且保证市场经济秩序有序，进而为市场的竞争与发展提供良好的环境。这一目的将监管仅仅限定于解决市场失灵（market failure），典型的如外部负效应问题、区域经济不协调问题、公共产品供给不足、公共资源的过度使用、扎堆投资等问题。

可见，任何监管要成立都必然存在两个前提：其一，有基础性公共事业，它们涉及国计民生、国家的经济命脉，或者会对消费者的福利产生相当重要的影响。其二，政府职能必须分化，至少政府的职能要区分为宏观调控与微观监管（管理）两个领域，否则任何监管都不具有存在的意义。与此相应，政府的职能必须发生两方面的变化：一是从传统计划指令逐步向宏观调控过度；二是在市场微观主体产权多元化后，政府的微观管理不再针对企业进行直接管理，政府的经济性监管职能开始出现。

---

① "各方利益博弈之下电力体制改革陷入僵局阶段"，载《财经》（2006 年 8 月 16 日），http://www.chinapower.com.cn/article/1041/art1041127.asp，访问时间：2015 年 11 月 8 日。

在计划经济和政企合一的体制下,独立的监管机构是没有必要存在的。我国早已建设了电力监管机构,并且与其他的电力产业相关部门权力划清了界限,权责分明是理想的监规制度发展方向。若欲设立的电力产业监管体系合理不混乱,就必然要兼顾对机构组织合理的设计以及与其他权力拥有者的界限。

### 二、电力业务监管与电力行政管理的区分

既然电力监管是从传统行政管理权中分离出来的权力,要在两者之间作出明确的区分确实相当困难,因为两者均属于行政权力,都是国家贯彻、实现自己目标、意志的能力。作为一个新事物,监管要真正与行政管理实现合理区分,还有待时日。这里只能借鉴国外经验,大致作一个区分。

(1) 行政管理是国家直接干预,传统的行政权力以国家的治理目标为基础进而来实行针对性权力,其特点是权宜性的,权限范围大。监管更多体现为间接干预,核心是保证市场的公平竞争,是一种相对消极的权力,其自由裁量的空间也相对有限。

(2) 行政管理对某个行业的管理是垂直一体化管理,不区分具体环节。而监管区分垄断环节与竞争环节,至少在基础公共领域,其核心是对垄断行为进行控制,防止滥用市场支配地位,保护消费者合理利益,提高资源配置的效率。

(3) 行政管理的手段相当多,如行政许可、行政命令、行政处罚等,监管的方式相对单一,主要是许可证监管和规则监管。

(4) 行政管理的内容不仅包括经济管理,也包括社会管理,它可以深入到社会的每个角落和行业的每一个环节。它既包括宏观管理,也包括微观管理,但对管理的分类不一定遵循着专业划分的原则,而监管一般仅涉及经济管理,是一种微观管理,具有日常性和专业性的特点。

### 三、电力业务监管的机构、职能与执法手段

(一) 电监会的机构调整与国家能源局

2003 年 3 月 20 日,经国务院批准,"国家电力监管委员会"正式挂牌建

立。2005年5月1日，我国第一部电力监管行政法规《电力监管条例》（共6章，37条）正式实施，其内容说明了原电监会的定位及其应具有的基本职责，给予了监管机构所需的监管手段，规范了机构以及工作人员的行为。按照国发5号文件的规定，电力监管委员会按垂直管理体系设置，向区域电网公司电力调度交易中心派驻代表机构。《电力监管条例》规定，国务院电力监管机构根据履行职责的需要，经国务院批准，设立派出机构。国务院电力监管机构对派出机构实行统一领导和管理。国务院电力监管机构的派出机构在国务院电力监管机构的授权范围内，履行电力监管职责。在地方层面，原电监会分别在华北、东北、西北、华东、华中、南方设立区域电力监管局。2013年3月，根据《国务院关于提请审议国务院机构改革和职能转变方案》，将国家电力监管委员会、国家能源局的职责合并，建立新机构国家能源局，废弃国家电力监管委员会，而是全权由国家发展和改革委员会管理。

（二）新国家能源局接管的电监会的职能

依据《电力监管条例》，电力监管为电力市场有序提供了强有力的保障，保护了电力投资者、经营者、使用者的合法权益，确保了电力系统的平稳工作，使电力事业蓬勃发展。依据国务院"三定方案"，电力企业投资审批以及定价标准仍然由国家计划与发展行政管理部门决定。《电力监管条例》给予了国家能源局（含原电监会）如下法定职权：

（1）部门规章与行业规则的制定权。国家能源局可以依照有关法律、行政法规和本条例的规定，在其职责范围内制定并发布电力监管规章、规则（第12条）。

（2）颁发和管理电力业务许可证。（第13条）。

（3）市场监管权。包括对发电企业在各电力市场中所占份额的比例实施监管（第14条）；对发电厂并网、电网互联以及发电厂与电网协调运行中执行有关规章、规则的情况实施监管（第15条）；对电力市场向从事电力交易的主体公平、无歧视开放的情况以及输电企业公平开放电网的情况依法实施监管，这实际上是对垄断行为的监管（第16条）；对电力企业、电力调度交易机构执行电力市场运行规则的情况，以及电力调度交易机构执行电力调度规则的情况实施监管（第 17 条）；对供电企业按照国家规定的电能质量和供电服务质量标准向用户提供供电服务的情况实施监管（第 18 条）。

（4）电力安全监督管理权。国家能源局经商国务院发展改革部门、国务院安全生产监督管理部门等有关部门后，制订重大电力生产安全事故处置预案，建立重大电力生产安全事故应急处置制度（第 19 条）。

（5）电价监管权。国家能源局与国家发改委一道，依照法律、行政法规和国务院的规定，对电价实施监管。

（三）执法手段

《电力监管条例》规范了国家能源局（含原电监会）执法的多种方式。

（1）材料调阅权。国家能源局有权要求电力企业、电力调度交易机构报送与监管事项相关的文件、资料，电力企业、电力调度交易机构应当如实提供有关文件、资料（第 21 条）；电力企业、电力调度交易机构应当按照国家能源局的规定将与监管相关的信息系统接入电力监管信息系统（第 22 条）；国家能源局有权责令电力企业、电力调度交易机构按照国家有关电力监管规章、规则的规定如实披露有关信息（第 23 条）。

（2）现场检查权。国家能源局能够通过以下方式进场检查：进入电力企业、电力调度交易机构进行检查；通过对相关工作人员提问获取相关信息；查阅、复制与检查事项有关的文件、资料，对可能被转移、隐匿、损毁的文件、资料予以封存；对检查中发现的违法行为，有权当场予以纠正或者要求限期改正（第 24 条）。

（3）并网与电网互联争议裁决权。发电厂与电网并网、电网与电网互联，并网双方或者互联双方达不成协议，影响电力交易正常进行的，国家能源局应当进行协调；经协调仍不能达成协议的，由电力监管机构作出裁决（第 26 条）。

（4）对电力生产安全事故的处置权。国家能源局接到发生重大电力生产安全事故报告后，应当按照重大电力生产安全事故处置预案，及时采取处置措施。国家能源局按照国家有关规定组织或者参加电力生产安全事故的调查处理（第 27 条）。

(5) 部分行政处罚权。依据《电力监管条例》第五章的规定，国家能源局有权采取责令改正、行政警告、没收违法所得、行政罚款等行政处罚权。

**四、新国家能源局的电力监管制度完善**

如前所述，无论是在市场经济发达的国家还是市场经济刚起步的国家，均将传统的对行业的行政权分为行政管理权与监管权视为一种新事物。这种一分为二的做法在理论上虽然可以成立，行政管理权与监管权可以清晰地区分，但在实践中鉴于现代国家行政权力的庞杂，没有一个国家真正能够严格区分。对我国的电力监规制度，提出如下改进意见：

（1）电力管理与监管应按照高效、集中、专业的行政权力运行规律进行分配，最终实现电力行业可持续发展、电力安全运行、造福民生、促进社会全面发展的理想。

（2）电力行业的行政管理与监管并没有固定的规律，依据法治原则和依法行政原理，两者的权限应当由法律和行政法规确定。目前国家发改委、国家能源局等的权力配置已经由法律、行政法规确定，这种权力分配较为均衡。因为原电监会虽然没有享有完整的市场准入的行政许可权和价格规制权，但享有维护电力安全运行的权力。

（3）依"法无授权即无权"的规则，原电监会的职责与执法手段应严格依据《电力监管条例》实施。根据《电力监管条例》，原电监会主要享有三种权力：①市场监管权，其核心是对各种垄断行为实施监管。②确保电力能够安全稳定运行的权限。③授予以及规制电力业务许可证的权力，这关系到部分电力市场的入网是否被批准。国家能源局（含原电监会）按照《电力监管条例》确定的规章，也应受限于如上三种权力。

（4）国家能源局（含原电监会）市场监管权的作用对象在于市场，而不是对电力企业内部的生产、经营的监督。对于目前的电力市场，国家能源局（含原电监会）的监管内容主要是《电力监管条例》规定的对各种垄断行为及电力质量、电力企业服务的监管上。

## 第五节 电力行业的自律

同大多数行业一样，我国电力行业亦成立了电力行业协会，实行行业自治管理机制。中国电力行业协会（曾称"电力企业管理协会"），是"由我国国内从事电力电气行业的企业单位、事业单位及科研、教育机构等电力从业者共同发起成立的电力行业组织，是全国性、非盈利的社会团体"。在层级上，包括中国电力企业联合会和各省级行政区的电力行业协会，本文统称为中国电力行业协会。

### 一、电力行业自律现状

在电力体制改革前，山东省电力集团作为先锋首先成立了山东省电力行业协会，后黑龙江省、湖北省、山西省、四川省、北京市等省级行政区先后建立省级电力行业协会。一直到2007年年末，全国除了西藏自治区其他各省都建立了省级电力行业协会。省级电力行业协会的建立严格遵循着"一省一会、一业一会"的根本原则，建立出来的模式效仿"官办"。然而即便这些省级协会如雨后春笋般出来，由于它们形态各异的运行模式，一直无法统一标准规划。其设立的模式大体有以下几种：第一种是由省政府主持建立的，如四川省电力行业协会是由四川省经济贸易委员会出面主持四川省内主要的电力企业共同发起设立的；第二种是由省级电网公司建立的，通过原来的电力企业管理协会演变而来，"厂网分开"改革后成立的电力行业协会大部分即属此类；第三种是在电力体制改革时间节点附近成立的，其会员主要有电网企业、发电企业等，覆盖范围宽泛。属于这样的模式当中的电力行业协会占半数之上。

### 二、电力行业协会的定位与职能

关于电力行业协会的特定规定，最早是出现在国务院5号文中。该文对其职能位置有如下定义："自律、协调、监督、服务；政府、社会、企业的桥梁和纽带；在政府赋予权利的情况下进行电力行业信息资料的统计与分析。"然而伴随着行业市场的改革，政府提出了对行业协会"积极发展独立公正、规范运作的专业化市场中介服务机构，按市场化原则规范和发展各类行业协会、商会等自律性组织"的要求，行业协会的职能已不受限于5号文的约束。特别是随着电力行业政企分开的实现，专门监管机构的设置，电力行业协会的定位和职能也亟须明确。

行业协会组织最重要的价值表现在：通过一种行业自治组织的姿态，借助协调、自律以及公共服务的方式，逐渐成为政府与企业的桥梁，使两者可以和谐规范的共处。因此，电力行协的未来路线既要可以填补政府管理的漏洞，增强所提出的决策的可行性，又可作为调节剂有效地解决政府宏观控制与企业微观运行之间的矛盾，有利于提高政府的控制力和管理效率。电力行协通过具有特色的服务职能来缩减企业的运行成本，进而全面提升整个行业的效率，联系上下游产业，协调行业关系，促进行业和谐。电力行协主要承担以下职能：

（1）统计职能。电力行协在政府部门的批准下，主要对全国各个地域的电力行业进行系统的统计，并将结果传送给地方政府以及中国电力企业联合会，主要为政府而服务。

（2）编写电力工业年鉴等文献。电力行协应当安排具有专业素质的人才来进行对电力历史类文献的编写工作。

（3）出版发行行业刊物。主要是发布行业市场信息，发行行业内部带有行业特色的出版物，针对其所属的企业传递行业信息以及布置合适的交流平台。

（4）为会员企业提供考察、学习和交流的机会，组织行业培训和咨询服务。

（5）接受政府的委托临时开展一些调研活动，为政府的某些决策提供依据。

（6）行业资质审核。协助中国电力企业联合会共同进行所属行业的职业技能鉴定工作，并且做到与政府共同对"承装修试"企业资质进行审查等。

至于电力行业的组织架构，可以借鉴其他行业协会成型的模式。在中央建立联合型电力企业，充当联系国务院和全国电力企业的桥梁，负责对全国电力大中小企业进行协调、自律等工作；在地方统一由省级电力行政主管部门将电网企业与发电企业合并在一起，这样既有利于统一管理，又有利于协调行业领域内部间的利益，从而进行更好的自律、协调和服务，确保电力行业可以整体有条理、蓬勃的发展。

## 第六节　基本结论与立法建议

### 一、基本结论

（一）电力行业的"综合治理"

电力行业的特殊性质决定了它应采取"综合治理"方式，即国家的他律和行业协会的自律，从国家与社会两个层面保障电力行业最大限度地为国家和社会服务。是以，电力行业的治理亦相应分为国家层面的行政监管与管理以及社会层面的行业自治与自律。

（二）电力规制应当促进技术创新与进步

电力的政府规制，一方面涉及行政权力的分配与行使，另一方面也涉及电力市场的培育。法律对其规制的制度安排很大程度上不仅会影响规制的效率和市场的有序发展，而且还会影响电力行业对先进技术的吸纳程度。是以，妥善安排政府规制对电力这样一个基础性行业相当重要。

（三）电力行政管理体制的创新

我国电力行政管理体制屡经变迁，能源部、电力部、国家能源局先后撤销后，政企分开本来是科学的行政改革方向。但因为没有相应的配套措施，使这一改革在电力行政管理体制方面出现了严重问题，即专门的电力行政管理体制缺位，电力行政管理权力完全消融在这些多种多样的管理部门中。之所以修订了《电力法》，一个重要的任务就是结合《能源法》等，明确电力行政管理部门及其职能。

（四）电力监管体制的完善

电力监管权力源于行政管理权力中的分支，并且与其无关，其核心在于防止和纠正市场失衡的行为。曾经的电监会之所以没有发挥其应有的作用，其核心原因就在于没有彻底贯彻《电力监管条例》，在实践中出现了越权与监管缺位的状况，尤其是电力安全运行的职权没有充分落实。整体上看，我国目前电力行业的管理与监管权力分配比较平衡，关键问题是权力与职责如何实现一致。

（五）电力行业协会的完善

电力行协同其他大多数协会一样，很难作为电力行业的自治组织。我国改革开放以来恢复了行业协会，但一向作为政府官员分流的主要渠道，基本是由政府主导产生的，其特点是"政会不分"，俗称"二政府"。这一问题最终解决，主要归功于中国行协的民间化改革。

## 二、立法建议

（一）《能源法》修订应明确能源行政管理机构

建议规定：国家能源主管部门采取对国家电力实施统一管理的手段。国务院其他的相关部门则是在其所属权力范畴内管理电力事务。县级以上的政府能源主管部门，对其直接负责区域的能源事务采取统一管理的方式。对于同级政府的相关部门同样在其所属的权力范畴内处理负责区域的能源相关事务的管理工作。

（二）《能源法》应规定能源事务协调机构

建议规定：国家设立能源事务协调机构，负责能源领域重大事项的协调工作，并向国务院提供能源事务的咨询意见。

能源事务协调机构由国务院总理以及国务院电力、经济、科技、财税、建设、资源与环境保护等有关主管部门的负责人组成。

能源事务协调机构设办事机构，具体组成办法由国务院另行规定。

（三）增加"电力监管"一章

规定如下内容：

（1）国家实行对电力行业管理与监督职能相分离的原则，有关部门依法行使职权。国家能源局下设电力监管机构，主要针对全国电力市场的运行做有效的监督以及合理的管理。

（2）国家能源局电力监督管理部门依据它们应该承担的职责，可建立区域电力监督管理机构。区域电力监督管理机构在国家能源局授权范围内，负责区域范围内的电力监督管理事务，履行电力监督管理职责。国家能源局对区域电力监督管理机构采取统一领导、统筹管理的方式。

（3）授权国务院制定电力监管相关条例。

（四）增加"电力行业协会"一章

建议规定：

（1）电力企业可以依法成立电力行业协会。电力行业协会是集相关电力企业于一身的组织，负责行业的自律与良好的服务。经国务院有关部门授权，电力行协会可以管理本行业的事务性工作。电力企业有资格并且需要加入电力行业协会。

（2）电力业协会制度规范主要由例会制定，并且上报国务院电力监督管理机构备案。

（3）电力业协会应当承担如下责任：

①培训和组织会员严格按照相关法律、法规行事；

②对会员的合法权益进行最大的保障，定期向电力监督管理机构上报会员们的需求以及对现实的部分反馈；

③收集整理电力方面的信息，为会员提供良好的服务；

④制定适合会员的合理规章制度，组织单位的工作人员进行技能以及工作的教育培训，为会员的交流学习提供良好的平台；

⑤负责对会员之间、会员与客户之间的电力业务纠纷进行有效的处理及解决；

⑥组织会员就电力业的发展、运作及有关内容进行研究；

⑦对会员的日常行为进行监督，一旦其出现违法行为或者有违协会规章制度的行为，应当依据相关标准给予不同级别的处分；

⑧电力业协会规章制度制定的其他职能。

# 第五章
# 《电力法》修订的具体法律制度

## 第一节 电力规划与建设法律制度

### 一、电力规划的界定及其主体

（一）界定

电力规划是电力产业发展的中长期战略规划，是电力建设事业的发展蓝图，是实施电力产业中各项建设的基础。电力规划工作不仅需要大量有关社会经济发展的历史数据，还需对当前电力行业的现状进行深入的分析，同时亦要对未来社会的发展有比较全面的了解。随着经济的发展和市场化程度的推进，科学合理的电力规划对电力行业健康、快速的发展是不可缺少的因素。

（二）电力规划的主体

电力规划的主体是指依照《电力法》以及相关法律规定的权限，依照法定程序，制订电力规划的主体。在不同法系中，可以将规划的主体概括为三大类型：中央高度集权的规划法系，以英国为代表；国家立法与地方执法相结合的规划法系，以德国、法国和日本为代表；最后一类是指国家没有统一的规划法，由地方政府按各自情况制定规划法律法规，以美国为代表。2008年1月1日起施行的《城乡规划法》第11条规定："国务院城乡规划主管部门负责全国的城乡规划管理工作。县级以上地方人民政府城乡规划主管部门负责本行政区域内的城乡规划管理工作。"可见，我国法律规定的规划主体是第二种类型的，即国家立法与地方执法相结合的规划法系。在电力产业的规划中也是一样，《电力法》第12条规定，"国家通过制定有关政策，支持、促进电力建设。地方人民政府应当根据电力发展规划，因地制宜，采取多种措施开发电源，发展电力建设。"电力行业是关系到国计民生的根本，因此，不仅需要国家制定相应的宏观电力规划，地方政府也应该有关于本地区电力行业发展的具体规划。对于电力企业，做电力规划虽然不是法定的企业职责，但从政府委托角度，也出于企业本身发展的考虑，电力企业都应该深入研究行业规划，做好自己的企业规划，选择对企业发展、社会发展最有利的目标和应采取的措施。

### 二、电力规划的原则

电力规划是否合理、科学，是关系电力事业发展与国计民生的重大问题，为了保证电力规划的合理性和科学性，《电力法》第10条规定，"电力发展规划应当根据国民经济和社会发展的需要制定，并纳入国民经济和社会发展计划。电力发展规划，应当体现合理利用能源、电源与电网配套发展、提高经济效益和有利于环境保护的原则。"这一条文以法律的形式确定了电力规划的性质及电力规划的四个原则。这四个方面相辅相成、有机统一，不仅构成电力规划所应遵守的基本准则，也是保证电力规划科学、合理的基础。

（一）优化能源结构

电力规划包括电源结构、电网建设及电力市场改革三方面的规划。合理利用能源原则要求在电源结构上，站在可持续发展的高度，在对待当代人与子孙后代能源需要的问题上，既要满足当代人的需要，又不对后代人满足其需要的能力构成危害。在电源结构的设计中，应重视能源综合开发水平的增长，提高能源利用率，降低能源消耗；注重可再生资源的开发，除传统的水力发电和火力发电之外，提高对风力发电、太阳能发电和生物质能发电的比重；此外，在制定电力规划的过程中，还应始终贯彻节约资源的思想。在电网建设方面，规划电源布局和电网建设应当统筹规划全国电力事业，充分考虑我国能源布局、供电电源布局和用电布局的现实和各种可能性，优化电力资源配置，加强电网配套设施的建设，实现电力供应效益最大化。在电力市场改革方面,要加快电力体制改革和电价改革,让宏观调控的手段服务于能源合理利用这一目的。

### (二) 输电网络与电源建设相协调

电力不能由供电者直接交给用电者,它需要通过一系列的电源与电网配套设施才能实现。因此,在电源建设的同时,必须建设与其配套的输变电设施、调度通信自动化设施等。从我国电网建设的现状看,在2007年之前,我国电网建设投资甚至不到总投资额的30%,电源建设投资远高于电网建设投资,电源建设和电网建设发展极度不平衡。这种重视电源建设忽视电网建设的现状,导致一些电源建设完成后不能正常地投入生产,对电力资源造成了巨大的浪费。因此,在电力规划过程中,对电源与电网配套发展原则应当给予足够的重视,规划电源和电网布局应进行科学的计算、统筹,遵循电力发展的基本规律,协调安排电源和各项其他配套基础设施的建设,确保电源建设完成后所产生的电力能尽快投入市场。

### (三) 投资科学,有益增长

提高经济效益原则针对的是我国目前高消耗、低产出的粗放型经济增长方式。粗放型经济增长方式是指在生产要素质量、结构、使用效率和技术水平不变的情况下,依靠生产要素的大量投入和扩张实现经济的增长,其实质是以数量的增长速度为核心。以这种方式实现的经济增长,普遍存在消耗较高,成本较高,产品质量难以提高,经济效益低下等问题。粗放型电力增长方式已经不能为我国国民经济发展提供充足、有力的能源支持。依据提高经济效益原则,制定电力规划要充分尊重价值规律及经济增长规律,从国民经济的整体出发,着力转变经济增长方式,通过对电力项目投入与产出进行科学、严谨的计算,对各种电源方式的经营成本及收益进行详细的比较、分析,从而制定科学、高效的电力规划策略,指导电力事业建设的实践。

### (四) 发展绿色经济

有利于环境保护原则是指要避免走发达国家电力建设"先污染、后治理"的老路,电力发展规划应符合环境保护的要求。目前,我国火电和水电占了电源结构的绝大部分,其中,火电占76.50%,水电占19.35%,核电、风电、光伏发电、生物质能发电合计占 4.15%。要加快电力的节约发展、清洁发展和可持续发展，确保电力安全、经济、高效供应，建立低碳、高效、环保的电力供应体系，就必须在电力规划过程中坚持有利于环境保护的原则，严格遵循环境保护工程与发电工程项目同时设计、同时施工、同时投入生产的原则，增加对环境保护项目的资金支出，促进环境保护项目研究工作发展，鼓励新技术、高效技术推广，淘汰对环境污染严重的技术和设备。

### 三、科学优化电力规划

在我国，电力规划一直奉行计划经济时期奠定的、脱离电力市场实际的、以确定性目标为核心的规划理念和规划方法。这种电力规划的方法主要是从供应者的角度出发，被动地满足给定的负荷需求，以尽可能少的发电、输电和配电设备的投资、运行费用，给需求者提供电力服务。这种电力规划的合理性建立在规划人员凭借主观经验对用电者需求的事先判断的正确与否之上，其不足之处显而易见。针对我国现行电力规划方法存在的问题应采取的措施主要表现在如下几个方面。

（一）促进可持续的电力规划

1. 城乡统筹发展

在美国的农村地区，电力普遍服务主要由农村电力合作社负责实施。农村电力合作社是一个非营利性质的自治供电机构。为扶持农电合作社的发展，实现广大农村地区普遍电力服务，联邦政府主要采取了两条措施：一是为农电合作社提供 30 年长期优惠贷款，用于合作社的电力设施建设；二是努力确保农电合作社的电力供应，联邦政府拥有的水电站优先向合作社供应质优、价廉的电力。美国城镇及周边地区的电力供应主要由受监管的公用电力公司承担。对公用电力公司普遍服务的监管由各州公用事业监管委员会负责。采取的主要办法是对供电区域内低收入人群进行补助。美国政府制定了专门的低收入补贴计划。以加州为例，3 口之家收入低于 3.25 万美元即定义为低收入家庭（每增加 1 人标准相应提高 6700 美元）。满足低收入家庭标准的家庭可以提交申请，享受电费 20% 的折扣，并且享受基本不变的固定费率，不随电价的调整而调整。① 美国的做法有很大的借鉴意义。

据统计，我国目前城市化率已达到40%，未来随着工业的不断进步，城市化水平会不断地提高，加之农村地区对电力的需求量本身就小，在广大的农村地区铺设电网的代价又大，电力企业作为独立运营的商事主体自然不愿参与农村电源、电网的投资。从理论上讲，对作为独立商事主体的电力企业苛以普遍服务的公法责任或社会义务，混淆了其角色的性质。电力产业普遍服务原则的实现，以及农村电力事业的建设并不能依靠电力企业的自觉，也不应被纳入市场经济自由调节的范畴，而应该依仗国家财政的支持。电力产业的普遍服务是国家的责任而不是企业的义务，在有国家财政出资的情况下，由电力企业具体负责各项电源、电网事业的建设。此外，在电力规划中，国家也应该对电力产业普遍服务，偏远地区电力事业建设作出相应规定。制定电力规划，而不是任由电力行业在市场经济中自由竞争、自由发展，是因为认识到电力资源在以市场作为资源配置手段寻求产业内部消耗资源最少、环境代价最小、经济效益最佳的作用的同时，更应认识到电力这种特殊资源对人类生活、发展的重要性。正是由于电力对于社会生活意义重大，电力产业应当在规划中坚持普遍服务原则。普遍服务原则最早出现于美国1934年《联邦电信法》中，它针对的是电力燃气等能源服务，是指公民有权通过方便途径、以可承受的价格、获得非歧视性的相关产品提供的普遍服务，以后该原则被广泛地确立为相关行业的法律义务。普遍服务原则并不是要求电力企业对城乡给予同等服务，在城乡用电量差异巨大的背景下，乡村电力规划应当注重运用微网和小型分布式供能系统发展，满足广大乡村人民生活、生产用电需求。加强对乡村电力供应设施的建设，满足乡村用电者需求的同时应当注意供电者的利益，合理规划，防止浪费。普遍服务原则也不是要求电力企业对偏远地区提供无偿的、亏本的服务，这不符合电力企业商事主体的营利本质。电力企业为偏远地区提供电力服务所需成本和必要的盈利应该由国家财政支出，实现普遍服务这一公法原则的成本不应该由私法主体承担。为此，

---

① Gilbert N. Sorebo, Michael C. Echols, Smart Grid Security: An End-to-End View of Security in the New Electrical Grid, CRC Press, p. 20.

可以学习美国的做法，建立电力产业的普遍服务基金，由该基金支持偏远地区的电力事业，使偏远地区生产、生活中的电力需求得以满足。

2. 发展输电网络，科学规划电源

我国电力规划主要从电源建设出发，对电网建设缺乏足够考量。我国的电力规划和建设以电源建设为核心，电网跟着电源走，电源建设后，电网就必须架设。尽管电源是电力产生的基础，但是这种缺乏对电网建设考虑的规划使得很多电网的建设可行性不高。一方面，我国的电源结构还是以火电、水电为主，这两种资源或者移动费用昂贵，或者根本不具有可移动性，致使电源设施基本都靠近资源生产地；另一方面，我国的能源布局是煤炭资源主要在西部和中部，水力资源主要在西南部，而经济发展的现状是东部地区相对发达，对电力资源的需求量较大，西部地区相对落后，对电力资源的需求量较小。能源与经济布局的不平衡导致我国电源建设完成之后还需有庞大的电网设施才能将所生产的电力运输给用电方。因此，如果在电力建设中仅仅考虑电源建设而缺乏对电网建设投资的考虑，缺乏电源、电网整体投资与收益的考虑，就会使很多电网投资得不偿失，没有经济利益可图，电网企业作为一个商事主体将被置于一个尴尬的境地。

过去几十年我国在能源建设方面坚持节约优先、立足国内、煤为基础、多元发展，优化生产和消费结构，构筑稳定、经济、清洁、安全的能源供应体系。这一规划仍然强调的是电源建设，导致在该规划指导下，我国电源建设与电网建设的步调严重不一。一方面是规划严重不合理：有的地方电源建设滞后，输电线路建成后的长期负荷率低于10%；有的地方电网建设滞后，变电站投产后却无负荷分配。另一方面是电源或电网的建设滞后：有的地方由于输电线路滞后，电站建设无施工电源，使工程进展缓慢，也增加了建设成本和施工难度；有的电站建成之后等待输电线路的架设，故只能利用原线路的有限输送能力作有限运行，不能实现最大运营；还有的线路存在规划不科学的情况，由于规划工作不细致、不到位，线路新建投运不到一年就出现超负荷情况，形成电力输送的瓶颈，为了保证线路的安全运行，不得不限制电站的供电，造成电站有电、用户无电的困境。这些问题的产生都是由于没把电源建设与电网建设综合考虑所导致的。

意识到电源建设和电网建设发展不均衡，供电与用电之间没有很好的统筹安排所产生的问题，在今后的发展规划中应当对这些问题给予足够的重视，在加快电源与电网发展的同时调整好电源与电网的结构问题。电力企业应围绕各级政府的中心工作和重点项目建设需要，做好与各级国民经济和社会发展规划及其他专项规划的衔接；高度重视民生工程建设，大力支持新能源开发利用；规划部门和国土部门要将电网规划纳入各级城乡总体规划和土地利用总体规划，以保障电网建设需要。

3. 社会本位，绿色能源

一个合格的电力规划应当包括满足社会、政府、企业、个人的各种目标，它包括了政府对关系国家经济命脉产业控制的要求，企业对合理利润率需求，社会对产业质量安全、科技进步、环境保护的要求，个人对自己及其家庭生存、发展目的的满足。目前电力规划的视角不够宏观，在追求电力行业利益的同时忽视了对社会全面进步的促进，规划过程没有充分考虑环境成本。电力行业能源消耗量的快速增长已经使得我国距离环境目标越来越远。尽管我国在解决环境问题上已经付出了巨大努力，各项环境法规十分严格，污染处罚力度较强，执法效率较高，但是社会环境污染状况仍然不容乐观，甚至有恶化趋势。电力规划应该站在环境保护的角度上，以经济、社会可持续发展为原则，使其贯穿于电源、电网、电力改革等各项事业的规划中。

（二）扩大可再生能源

当前的电力规划往往只强调量的提高，忽视了质的发展，致使我国电力行业产能普遍较低，环境污染较大，能源结构体系不合理。所讲的发展电力产业，过分强调发电量的增长而忽视了电力行业的整体优化，特别是对电力行业产能的提高。虽然我国煤炭资源储量居世界第三位，但人均储藏量仅为462吨，远低于世界平均水平。而现今我国的电源结构还是以火电为主，在目前电力产业能源结构中，76.50%由火力发电构成，水电、核电和其他可再生资源的电源合计不到23%，以火电为主的电力规划现状造成我国电力产业能源消耗大、效率低，环境污染大，能源结构不合理。在水电方面，小机组比例较大，调节性能较好的中型、大型水电站比例较小。这一状况成为制约我国水力发电的瓶颈。因此，优化我国电力产业结构，适当降低火电比例应该是我国电力规划的一个重点。

在"十三五"期间，我国在能源结构方面的主要规划目标应当是，在保证电源规模持续增长的基础上，必须注重电源结构的调整和新能源的开发。这就要求各级电力部门，优化发展火电和水电，并在继续发展火电、水电的基础上注重对核电和可再生能源发电的发展。在"十三五"期间努力使火电比例下降，提升水电、风电、核电以及风力发电、光伏发电、生物质能发电所占的比重。尽管我国煤炭资源的储藏量达 6000 亿吨，居世界第三位，但是人均拥有量并不高。我国以煤为主的电源结构将维持很长时间，在未来相当长一段时间内，都要坚持"电为中心，煤为基础"的能源发展思路，但是，这并不意味着我国的火电不存在任何问题，优化发展火电是将来工作的着重点，提高火电技术，建立低消耗、高能效的火电使电源结构规划的目标之一。水是分布最广泛的可再生资源，并且水电的污染较火电小得多，因此，对水电应当优先加以开发、使用，在水资源丰富的地区优先建立水利电源。世界上有些发达国家的核电比例已经占到了 70% ~ 80%，在"十三五"规划期间，我国应该加快核电发展，提高核电在电源结构中所占的比重，预计在 2030 年能达到使核电比例上升到 7% ~ 10% 的发展目标。其他可再生资源发电也应当因地制宜，结合具体情况得到应有的重视。

（三）发挥市场对资源配置的决定性作用

电力行业是一个产需随时平衡的产业，这使得电力规划必须适应电力供需适时平衡的需要。电力供需的不平衡给社会带来的后果有时是十分严重的，而电力的需求又是 24 小时不断在变化的。为了满足这种特性，电力工业的产能必须大于需求，超出的部分称作备用。备用小了对社会对经济不利，备用大了又会造成设备利用率下降造成全社会的浪费，因而电力规划可以说是备用选取的艺术成果。这种选取成功与否，在于电力规划是否与电力市场的实践相吻合，是否与市场经济的规律相吻合。我国已经基本建立了社会主义市场经济体系，在"厂网分开，竞价上网"改革完成之后，我国的电力工业步入商业运营的电力市场阶段，做好在市场经济条件下的电力规划工作，意义十分重大。市场经济条件下的企业，应以追求企业经济效益最大化为目标，所有的决策投资都应充分考虑回报收益率，要避免投资的武断性和盲目性。电力市场作为电力配置资源的场所，电力规划只是资源配置的蓝图，它如果脱离了市场这个场所，就会沦为一纸空文。电力规划不是目的，只有科学、合理的规划应用于市场之中，接受市场的检验，并且顺应市场变化发展的趋势，不断自我更新，才能实现规划的根本目的——电力行业的优化、发展。在市场经济体制下，电力规划给规划者提出了更高的要求，电力规划工作者应当加强电力市场的实践调查研究工作，分析经济结构优化、电力体制改革、电力市场开拓等宏观因素对电力需求的影响，收集全国以及各地各行各业发展的微观信息，在充分研究本地区用电量和负荷的历史数据和发展趋势的基础上，做好宏观经济预测分析，对各种有效资源进行综合评价。综合考虑资源开发、人类生存、社会发展等方面的各项因素，对电力规划方案从多方面进行权衡分析，以求实现经济效益、环境效益和社会效益的统一，切实做到以市场需求为导向，以经济效益为重心，以资源优化配置为目的，确定符合电力企业和用电方利益实际的电力发展规划。

### 四、基于社会本位平衡社会多元利益诉求

电力行业无论是电源、电网还是其他电力设施的开发与使用都离不开土地，涉及矿产、水、森林、草原、可再生能源等多种自然资源权利的冲突比较常见。土地是人类赖以生存和发展的重要自然资源，土地权利以及矿产、水、森林、草原、可再生能源等自然资源权利共同构成密切相关、错综复杂的权利体系。在对各种自然资源的开发利用中，利益冲突在所难免。

电力资源的开发与运用不仅直接涉及有关电力、能源的立法，与《物权法》的某些规定也密切相关。《物权法》第 52 条规定："国防资产属于国家所有。铁路、公路、电力设施、电信设施和油气管道等基础设施，依照法律规定为国家所有的，属于国家所有。"《物权法》第 88 条规定："不动产权利人因建造、修缮建筑物以及铺设电线、电缆、水管、暖气和燃气管线等必须利用相邻土地、建筑物的，该土地、建筑物的权利人应当提供必要的便利。"《物权法》第 156 条规定，地役权人有权按照合同约定，利用他人的不动产，

以提高自己的不动产的效益。

综观电力资源的开发、运输与土地权利的冲突，可以以《物权法》所确立的权利体系为基础，从土地权利出发，对电力开发、运输与土地权利的冲突进行类型化。在电力开发、运输中不仅可能产生土地所有权的冲突，也可能产生土地承包经营权、建设用地使用权、宅基地使用权等的冲突，因此可以通过相邻关系和地役权等制度加以解决，相关情形分析如下。

（一）电力生产、输配与利益相关者用益物权的协调

在电力开发以及为了输送电力而架设或铺设电力设施时，往往需要长距离穿过空域或他人的土地，并因电力线路保护区制度而对相关设施周边的耕种和建设活动造成限制，从而导致电力开发、输配电网建设与土地承包经营权、建设用地使用权、宅基地使用权等的冲突。

电力开发、线路、管道设施和土地承包经营权的客体存在于不同空间，导致两权有并存的可能。在一般情况下，电力的开发、输配电网设施与土地承包经营权之间并不存在优劣之分，但是电力作为一种具有重大国家战略意义的资源，对国民经济具有重要价值。因此，电力的开发与输配电网设施建设可以适用"电力优先"理论。《电力法》第16条规定："电力建设项目使用土地，应当依照有关法律、行政法规的规定办理；依法征用土地的，应当依法支付土地补偿费和安置补偿费，做好迁移居民的安置工作。电力建设应当贯彻切实保护耕地、节约利用土地的原则。地方人民政府对电力事业依法使用土地和迁移居民，应当予以支持和协助。"依据该理论，当电力建设与土地承包经营权、建设用地使用权、宅基地使用权发生冲突时，应当首先对电力事业建设予以支持，但同时，该片土地上的其他用益物权因此所受到的损失也应该得到合理的补偿。《物权法》第136条规定："建设用地使用权可以在土地的地表、地上或者地下分别设立。新设立的建设用地使用权，不得损害已设立的用益物权。"电力设施建设完毕后长期运营过程中，也不应该对原先在该片土地上已经存在的其他物权造成损害。

电力开发、输配电网设施建设与土地承包经营权、建设用地使用权、宅基地使用权的冲突首先需要通过电力开发、输配电网设施建设的项目业

主与相关物权享有人之间自我协商来解决。这种协商并不是对电力产业优先原则的限制，而是要在发展电力产业的同时尊重民众的合法财产权利，是在电力开发、输配电网设施建设优先发展的前提下，就物权补偿作出的协商。

(二) 电源设施和电网设施与利益相关者的相邻关系

由于电源设施和电网设施必定与某些土地相毗邻，电力开发与输送会对其毗邻土地及土地上的其他事物产生或多或少的影响，由此就会产生诸如相邻通行关系、相邻管线设置关系、相邻施工关系等一系列的相邻关系。此外，在电力设施架设或铺设场合，相关设施所占土地与其周边土地之间也会发生相邻关系的问题。相邻关系产生后，电力的开发和输送就要符合相邻关系的要求。《物权法》就对此类情况作出了规定，如该法第88条要求，"不动产权利人因建造、修缮建筑物以及铺设电线、电缆、水管、暖气和燃气管线等必须利用相邻土地、建筑物的，该土地、建筑物的权利人应当提供必要的便利。"第92条规定，"不动产权利人因用水、排水、通行、铺设管线等利用相邻不动产的，应当尽量避免对相邻的不动产权利人造成损害；造成损害的，应当给予赔偿。"

电力开发、输送的过程中应当遵循《物权法》关于相邻关系的规定。按照有利生产、方便生活、团结互助、公平合理的精神，正确处理相邻关系。给相邻方造成妨碍的，应当停止侵害，排除妨碍。在这种相邻关系中，应该注意从电力发展的大局出发、国家经济建设的大局出发，坚持电力发展的优先地位，同时，对相邻方造成损害的也应予以赔偿。

(三) 公用事业的公共地役权

所谓电力设施主要涉及发电设施、变电设施和电力线路设施。前两类设施因为仅涉及相关不动产的征收，因而一般不存在与其他权利冲突的问题，发生权利冲突的集中体现在电力线路设施方面。原因主要在于，第一，此类设施不征收土地，只对进入设计规程安全距离内的拆除物、砍伐物给予补偿；第二，不仅通过他人土地之上，而且因保护区的设立，还要进一步禁止或限制相关不动产权利人的一些行为。

目前，我国法律没有明确规定电线、电缆通行权的性质。《电力法》第16条解决的只是电力企业建设的占地问题，而没有解决电线、电缆的空间通行权问题，而且它只规定了征收或划拨的取得方式。在《物权法》通过之后，这两种方式都有重大缺陷。因为征收制度的成本过高，而且电力企业有时根本无须取得土地的所有权；而划拨制度的适用范围又相当狭窄。

在实践中，线路保护区有若干种，其所占土地类型也比较复杂，包括电力线路走廊杆塔本身的占地；架空电力线路导线的宽度在地面上投影部分所占的土地；为保证安全而预留电力线路安全距离所占的土地。其中最复杂的是架空电力线路保护区，这里以它为例予以说明。在我国《物权法》规定中，电力企业取得线缆通行权可能通过四种方法。

电力线路保护区的性质超出了相邻关系的定义，也并不完全符合物权法关于地役权的规定。其性质应界定为公共地役权，即为公共利益而需要使用他人不动产的，不动产权利人所应容忍的法定负担。这种负担超过了相邻权的范围。公共地役权的取得必须经过行政许可。现行《物权法》并未对公共地役权作出明确规定，但这不能抹杀确立公共地役权制度在我国重要的现实意义。

公共地役权具有如下两个特征：第一，基于公共利益的需要；第二，须经过行政许可程序。因公共利益之需要使不动产所有权人、使用权人容忍某种非利益的负担，从而使公众之代表取得要求相关不动产所有权人、使用权人承担某种负担的权利。公共地役权主要涉及供电、通信、无线电和电视台、公安、消防、市政、航空等公共利益的行业。公共地役权因其依公共利益而设，自应为无偿。这种无偿而使他人权益退让的公共地役权的设定必须慎之又慎，必须经过法定的程序，经过行政许可才能使该种权利产生。这两点不仅是公共地役权的特征，并且是其设置的限制，由此，公共地役权并不对私权利主体合法的财产权构成不可宽恕的侵害。

公共地役权对我国电力建设，特别是电网建设的实践来讲是必须的。该种权利的法制化，能减少电网建设中不必要的资源浪费，有利于我国电网事业的快速发展。

## 五、基本立场与修法对策

### (一) 基本立场

科学、合理的电力规划是整个电力行业安全、可靠、经济运行的前提,是电力建设事业的发展蓝图,因此,电力规划的制定十分重要。电力规划的科学与否决定了电力建设实践的科学与否。而我国现行《电力法》单纯强调电力建设,却对电力规划的重视程度不够。目前,我国电力规划中存在的问题较多,例如:电力规划视角过于狭窄,忽视农村电力事业建设,忽视电源与电网的协调发展;电力规划中没有对电力产业结构的优化给予足够重视;电力规划与市场经济的脱节缺乏市场操作性等。在对《电力法》进行修改之际,应该立足现实问题,学习外国经验,在新《电力法》中体现出电力规划的重要性,并且对电力规划作出法律规制,以保证其科学性、合理性。

### (二) 修法对策

(1) 现行《电力法》第二章"电力建设"应改为"电力规划与建设"。没有规划,何来建设。新的《电力法》应当突出电力规划在整个电力行业发展中的重要性,将规划与建设并重,用科学、合理的规划引导电力建设。

(2) 现行《电力法》第10条规定:"电力发展规划应当根据国民经济和社会发展的需要制定,并纳入国民经济和社会发展计划。电力发展规划,应当体现合理利用能源、电源与电网配套发展、提高经济效益和有利于环境保护的原则。"

第1款建议致为电力发展规划须遵循市场经济规律的规划。市场经济具有平等性、竞争性、法治性和开放性的特征,市场经济就是要通过市场有效地对社会资源进行调节与分配。

第2款应当加入"优化电源产业结构原则",《电力法》第10条第2款的四项原则中,针对电源建设方面规定的是"合理利用能源原则",该条规定过于宽泛,没有反应出电源产业结构优化的要求。而目前我国电源产业结构不合理是制约我国电力产业发展甚至整个国民经济发展的一个重大问题,电源产业结构优化的要求十分迫切。电源结构优化的原则一定要贯穿于电力规划的始终。

增加第 3 款关于电力规划主体的规定。现行《电力法》虽然有电力发展规划的概念，却没有规定电力发展规划的主体，导致在现实操作中，各种各样的电力规划层出不穷，之间有一些是重复规划，有一些是矛盾规划，不同的规划之间效力等级的高低也没有科学的判断标准。因此，明确电力规划的主体对电力规划制度的健全是必不可少的。

现第 10 条可以改为：电力发展规划应当根据国民经济和社会发展的需要由政府主导、企业参与制定，并纳入城市总体规划。城市人民政府应当按照规划，安排变电设施用地、输电线路走廊和电缆通道。

电力发展规划，应当统筹考虑，合理布局，满足电力系统规划、设计等相关技术标准要求，体现合理利用能源、电源与电网协调发展、提高经济效益和有利于环境保护的原则。

电力规划经法定程序审核后，向社会公开。建立规划实施检查、监督、评估和考核工作机制。

（3）现行《电力法》第 11 条规定，"城市电网的建设与改造规划，应当纳入城市总体规划。城市人民政府应当按照规划，安排变电设施用地、输电线路走廊和电缆通道。任何单位和个人不得非法占用变电设施用地、输电线路走廊和电缆通道。"

《城乡规划法》第 4 条规定，制定和实施城乡规划，应当遵循城乡统筹、合理布局、节约土地、集约发展和先规划后建设的原则。电力规划不仅要涉及城市规划，更应该坚持电力的普遍服务原则，体现农村规划的重要性，体现农户对电力的需求，将乡镇电力规划与城市电力规划统一写入电力规划中，纳入国民经济的总体规划。

建议本条可以修改成：城乡总体规划应包括电力专项规划，通过电力分区规划、控制性详细规划落实发电设施、变（配）电站、架空线路走廊和电缆通道。各级地方人民政府应按照规划予以安排和控制站（厂）址用地、电力线路走廊和电缆用道。

任何单位和个人不得非法占用已列入规划和投入使用的发电设施用地、变（配）电设施用地、架空线路走廊和电缆通道。

(4) 现行《电力法》第 12 条规定："国家通过制定有关政策，支持、促进电力建设。地方人民政府应当根据电力发展规划，因地制宜，采取多种措施开发电源，发展电力建设。"

本条第 1 款缺乏明确的电力规划主体，第 2 款应当转变以"开发电源，发展电力"为目的的思路，体现合理开发与协调发展的要求。并且应该增加体现环境保护和可持续发展在电力规划中的重要性的条款。本条还存在一个严重的问题，就是第 2 款关于由地方人民政府根据规划采取措施开发电源、发展电力的规定。在电力企业"政企分开"后，实施电力建设的应该是电力企业而不是地方人民政府，地方人民政府具有的是引导、监督和管理的职能。

建议本条可以修改成：国务院能源管理部门组织制定电力产业政策，以支持、促进电力产业全面、协调可持续发展。地方人民政府应当根据电力发展规划和电力产业政策，因地制宜，采取多种措施引导投资者合理开发电源、协调发展电网。电力设施的建设、运行应符合国家和行业标准，应满足环境保护的要求。

(5) 现行《电力法》第 13 条规定："电力投资者对其投资形成的电力，享有法定权益。并网运行的，电力投资者有优先使用权；未并网的自备电厂，电力投资者自行支配使用。"

该条文并不属于本章电力规划与建设的内容，应当予以删除。

(6) 现行《电力法》第 14 条规定："电力建设项目应当符合电力发展规划，符合国家电力产业政策。电力建设项目不得使用国家明令淘汰的电力设备和技术。"

该条文总体规定不够明确、细致，第 1 款应当对电力建设项目作出更详细的规定，第 2 款应当增加具有引导意义的内容。

建议本条可以修改成：电力建设项目应当符合电力发展规划，符合国家电力产业政策。电力建设项目由能源管理部门许可或审批，但法律、行政法规另有规定的除外。电力建设项目规划、核准和管理的相关办法由国务院制定。国家鼓励采用低消耗、低污染、高产出的先进技术，提高发电、输电和配电效率。电力建设项目不得使用国家明令淘汰的电力设备和技术。

(7) 现行《电力法》第 15 条规定："输变电工程、调度通信自动化工程等电网配套工程和环境保护工程，应当与发电工程项目同时设计、同时建设、同时验收、同时投入使用。"

首先，不仅电源工程、电网工程和环保工程建设应当同时进行，电力安全设施的建设也应当引入其中，与其一同实施。其次，本条文应当增加关于电力工程行业资质的内容。

建议本条可以修改成：输变电工程、调度通信自动化工程、发电并网接入工程等电网配套工程、安全设施工程，应当与发电工程项目同步设计、同步核准、同步建设、同步验收、同步投入使用，相应环境保护工程依法配套进行。

（8）现行《电力法》第16条规定可以修改成：电力建设项目使用土地，应当在符合土地利用总体规划和土地使用标准的前提下，依照有关法律、行政法规的规定办理，应当听证的，须依法听证。

依法征收土地的，应当依法支付土地补偿费和安置补偿费，做好迁移居民的安置工作。

电力建设应当贯彻切实保护耕地、节约集约用地的原则。

地方人民政府对电力事业依法使用土地和迁移居民，应当予以支持和协助。

（9）现行《电力法》第17条规定："地方人民政府应当支持电力企业为发电工程建设勘探水源和依法取水、用水。电力企业应当节约用水。"

电力企业对水资源的勘探、开发不仅应当在地方人民政府的支持下，更应该在当地水资源管理机构的监督、管理和支持下进行。因此，本条第1款主体不够完整，第2款规定过于简陋，应当予以丰富。

建议本条可以修改成：地方人民政府和当地水资源管理机构应当支持、监督和管理电力企业为发电工程建设勘探水源和依法取水、用水。电力企业应当节约用水。国家鼓励电力企业使用再生水及节水技术。不得使用国家明令淘汰的设备和技术。

## 第二节　电力公用事业供应与使用法律制度

### 一、电力公用事业的普遍服务与强制缔约

(一) 概念

普遍服务是主要用于管制工业领域的经济、法律及商业术语，意指向所有居民提供基准水平的服务。1907 年，美国电话电报公司总裁威尔（Theodore Newton Vail）在年度报告中首次使用"普遍服务"概念，并在翌年提出"一套网络、一种政策、普遍服务（one network, one policy, universal service）"的宣传口号。美国 1996 年电信法案（Telecommunications Act）清楚阐释了普遍服务的三个目标：(1) 促进以公平、合理及可负担价格获得优质服务的可能性；(2) 在全国范围内提高先进电信服务的使用率；(3) 力争使所有消费者（包括那些低收入者、农村居民、海岛居民以及高生活成本地区居民）都能以一个可以与城市水平加以合理比较的价格获得此种服务。

普遍服务的法律特征是：

(1) 普遍服务的根本性质是一种强制缔约义务，是指个人或企业负有应相对人之请求，与其订立合同的义务，即对相对人之要约，非有正当理由不得拒绝承诺。具体到电力行业，即不论何时何地，只要有合理需求，电力部门都应该有覆盖全国范围的服务。多数国家政府通过制定法律和政策，将普遍服务的义务赋予特定企业，使得其获得垄断性质的专营权，然后由这些企业具体实施普遍服务，在授权范围内履行政府的公共服务职能。可见，普遍服务的根本属性是义务与职责。

(2) 普遍服务的标的是一种最低层次的现代意义上的生活必需品。因此普遍服务具有平等性，即无论所处的地理位置、种族、性别、宗教信仰，用户在价格、服务和质量等方面都应得到一视同仁的服务。

(3) 普遍服务要有可购买性，价格应该定位于绝大多数用户能够承受的范畴。国际经济合作与发展组织（OECD）在"普遍服务和电信资费的改革"

的报告中,将电信普遍服务定义为"任何人在任何地方任何时候都能以承担得起的价格享受电信服务,而且服务质量和资费一视同仁"。潜在的消费者(无论在城镇还是在乡村)可能属于低收入阶层,支付的是一种弹性很小的低价格。它也是一种动态的需求,它的最低层次实际上是一国整体经济发展水平、城市化进程和居民收入水平的因变量。

目前普遍服务作为一种原则性理念,已经广泛为世界各国所吸收,其基本特征也已经渗透到电力等具体法律法规之中。

(二)电力公用事业普遍服务的法哲学理论

普遍服务之所以成为一项普遍适用的法律制度,其法理基础主要有以下两方面:

(1)人权理论。《世界人权宣言》第25条和《经济社会和文化公约》第11条规定,包括持久地取得"烹调、取暖、照明能源、卫生设备"等获得食物、住房、服务与基础设施的权利。在现代社会,能源的重要性不可估量,尤其电能产品的共同必需性越来越明显。在这种情形下,对能源的生活、生产需求成为一种现代社会个体生存和发展的基本要求。可见,普遍服务的基本依据在于它是现代社会的一种新兴人权。

(2)契约正义。电力企业的普遍服务义务是法律设定的,它限制了电力企业订立契约环节的自由。其根源在现代契约法上的契约正义。"现代契约法的中心问题,已不是契约自由而是契约正义的问题。约款内容的规制、消费者的保护、对新的契约类型的调整、附随义务理论等与其说是自由的问题,不如说是正义的问题。契约法已从重视其成立转移到契约内容上来了。"电力企业的强制缔约义务的规定,其目的在于调整电力使用者与电力企业之间的关系,以提升消费者福利。但是,这里还必须考虑一个重要问题,即电力普遍服务义务与普通的强制缔约义务有所差别,因为电力普遍义务的实质不仅仅是要追求契约正义,更在于保障社会弱势群体的新兴人权。

(三)我国电力公用事业普遍服务制度框架

1. 普遍服务的法律与政策依据

我国法律规定了电力普遍服务制度。《电力法》第8条明确规定,国家帮助和扶持少数民族地区、边远地区和贫困地区发展电力事业。而《电力供应和使用条例》《供电服务监管办法（试行）》《电力业务许可证管理规定》等也对电力普遍服务做了明确规定。如《电力供应和使用条例》第 26 条规定，供电营业区内的供电营业机构，对本营业区内的用户有按照国家规定供电的义务，不得违反国家规定对其营业区内申请用电的单位和个人拒绝供电。2002 年，国务院在《关于印发电力体制改革方案的通知》中明确提出"监督电力普遍服务政策的实施"作为国家一件大事来抓，将"监管电力社会普遍服务政策的实施"，明确纳入了国家电力监管范畴。原国家电监会的"三定"方案中也明确规定：国家电力监管委员会及其内设机构"研究提出调整电力社会普遍服务政策的建议"，"根据国家有关政策制定电力普遍服务计划并监督实施"。此外，国家还颁布文件，确定了对少数民族地区、边远地区和贫困地区的农村电力建设采取重点扶持，以及对农村用电价格按保本微利原则确定、城乡同网同价等政策。实践层面，普遍服务业已实施。1991 年，原能源部下达《开展电力"为农业、为农民、为农村经济发展服务"达标竞赛的通知》，提出县级供电企业电力建设与发展要为农村、为农民、为农村经济服务。另外，国务院办公厅也曾转发国家计委《关于改造农村电网改革农电管理体制实现城乡同网同价请示的通知》，实施"两改一同价"政策等。1994 年，为了解决老少边穷地区用电难的问题，当时的国家计委、国家经贸委、电力部联合推出"电力扶贫共富工程"，电力部门采取了"国家补一部分，各级政府补助一部分，乡镇集体和用户分别自筹一部分"的办法。此外，村村通电以及抗灾救灾电费的减免，甚至近年进行的农网建设与改造、同网同价等都具有普遍服务的属性。

2. 我国电力公用事业普遍服务的问题

如前文所述，普遍服务在我国已经日益成为电力服务的立法宗旨和实践指导。但是，同比其他国家，我国电力普遍服务依然滞后，究其原因主要体现于以下几个方面。

（1）全局来看电力普遍服务在制度层面还有待完善，公民重要的基本权利即获得电力服务的权利还没有切实保障，尤其是农村电力供应。在我国，虽然经过几十年的努力，特别是近几年进行的大规模农村电网改造，初步解决了农村人口的用电问题，但长期偏高的农电价格制约了农业机械化和农村电气化水平的提高，并增加了农民生产、生活负担。一些偏远农村的电力基础设施匮乏及较高的电价影响了投资者向农村投资的积极性，成为当地经济发展的瓶颈，在这一表面现状之下蕴含着深刻的历史背景和制度成因。众所周知，我国电力企业长期以来政企合一，代替政府发挥管电职能，履行普遍服务的责任与义务。这种模式以其权力集中实施便捷的优点在特殊历史时期的确发挥了作用。但是在市场经济逐步国际化、现代化、透明化的今天，这种特定国有企业垄断性地提供电力服务的模式，已经越发力不从心。例如WTO对普遍服务管制的最基本要求是实施服务的资金结算和管理必须透明，具体包括服务成本的核算和分摊方式的透明，相关账务处理的清晰，以及普遍服务成本管理的机构和方法程序的公开等。我国电力政企合一模式的最大弊端就是价格机制的含混不清，囿于企业行为和政府职能相结合的运作方式，导致企业的真实成本和实际效率难以计算与衡量，政府部门也相应难以实施有效监管。电力行业按照国家法律规定进行普遍服务的高额成本常常以交叉补贴等方式消解填平，但是我国顺应市场经济加大体制改革以来，特别是入世之后，电力部门已经成为受市场规律调整的主体，普遍服务的高额成本令其难以承受，所以我国亟须建立保障电力普遍服务的全新补偿机制。

（2）国有垄断性企业独占普遍服务的经营权使得民营资本和外资的进入没有生存空间。改革开放以来民营资本和外资对我国国民经济持续健康发展贡献巨大，一方面吸收其他资本形式可以优化产业结构，促进产业结构升级，另一方面在行业内部形成多元产业主体竞争的格局也有利于提高企业的生产效率和竞争能力，公民是最终的也是最大的受益者。

（3）电力普遍服务尚没有根据不同地区特点实行具有针对性的服务措施。同比电力普遍服务较为先进的美国，其普遍服务就根据城镇及其周边地区和边远农村的不同地域特征制定了不同模式，更能保障普遍服务的实质平等。其中，美国农村地区的电力普遍服务主要由农村电力合作社负责实施，联邦政府也大力扶持。一是为农电合作社提供30年长期优惠贷款，用于合作社的电力设施建设，极大地降低了农电合作社的供电成本；二是努力确保农电合作社的电力供应，联邦政府拥有的水电站优先向合作社供应质优价廉的电力。美国城镇及周边地区的电力供应主要由受监管的公用电力公司承担。

美国对于能源普遍服务的成本补偿早期也同我国一样，主要采用价格补贴，现在则更多地开始转而采用普遍服务基金（Universal Service Fund，USF）制度。

3. 我国电力公用事业普遍服务的修法对策

我国电力企业普遍服务在实施中出现的最大问题是混淆了电力企业的两种角色：实现普遍服务时承担的公法责任或社会义务的角色与电力企业作为营利企业的角色。依据我国今天的现实情况，电力企业正逐步市场化，此时让它们承担本应属于国家的人权保障义务，对电力企业的要求无疑过苛；而且如果电力企业为了抵消其实现普遍义务时支付的成本，无疑会把这部分成本加于电价上，这就会扭曲电价市场机制的形成。

如前所述，电力普遍服务实际上涉及两种价值冲突：一是弱势群体的人权保障，它体现的是国家对民生、平等、公平价值的追求，二是市场效率。在产业改革之前，解决普遍服务融资问题，主要有政府预算补贴、运营企业内部交叉补贴和从接入费用提取基金三种机制。其中，最常见的莫过于交叉补贴。在引入竞争和纵向一体化分解后，这种机制一方面会使垄断企业以普遍服务为其谋取垄断高价开脱；另一方面，引入竞争必然会使其价格趋于边际定价，继续坚持普遍服务义务必然会使经营者全面亏损，难以持续。

在电力市场化改革不断推进的今天，建立既符合市场经济客观规律又能体现关注民生精神的电力普遍服务供应与补偿机制是我国立法与实践两方面都亟待解决的重大问题。国家应当制定普遍服务的法律条款并保证其实施，同时应当逐步取消政企不分的暗中补贴等补偿方式，建立透明合理的价格机制，理顺价格结构，按成本定价，按照由政府建立电力普遍服务基金的形式按需补贴。

普遍服务基金必须满足如下条件：第一，竞争中性；第二，程序透明；第三，普遍服务承担者必须有效率；第四，较低的运行成本。目前，世界各国比较公认的能够满足这些条件的筹资机制是"普遍服务基金"。在国外，所有的运营商无论其从事何种业务，最终是否提供普遍服务，都要通过交纳数额不一的普遍服务基金承担普遍服务义务；普遍服务资金集中起来后，由指定机构通过招投标等公开竞争方式，统一转移支付给实际承担普遍服务义务的企业，这些企业可以是在位的主导运营商，也可以是新进入者。

考虑到我国的具体情况，在《电力法》修改时，可考虑以下两个方面：

一是规定普遍服务义务，同时确认对电力企业的补偿。可规定为："供电企业负有为公民提供安全、持续、可靠的电力供应与服务的义务。国家对承担前款义务的供电企业予以适当补偿。"

二是规定普遍服务补偿基金。基金的设立可以采取选择两种模式：

(1) 国家、企业与公民三方分担的机制。建议《电力法》在修改时规定如下条文："各级地方政府应该建立电力普遍服务基金，基金由国家、企业与公民分担。基金实行统一政策、地方筹集、分级管理、分工负责。"

(2) 借鉴《可再生能源法》第 24 条，由国家财政设立。可以规定为："国家财政设立电力普遍服务补偿基金，资金来源包括国家财政年度安排的专项资金和依法征收的电费附加收入等。"

建议采取第二种模式。

## 二、安全检查用电权问题

### (一) 安全检查用电权的法律性质

用电检查是查电主体对电力用户的用电情况进行检查，确认电力用户使用电能是否符合相关的使用规范、安全规范和是否存在盗窃电能的行为，目的是确保电力的安全运行和正常的用电秩序。我国电力法体系规定了两种性质的用电检查权。

(1) 行政权力性质的用电检查权。《电力法》第 58 条规定："电力监督检查人员进行监督检查时，有权向电力企业或者用户了解有关执行电力法律、行政法规的情况，查阅有关材料，并有权进入现场进行检查。电力企业和用户对执行监督检查任务的电力监督检查人员应当提供方便。电力监督检查人员进行监督检查时，应当出示证件。"《电力法》第 70 条还规定，有下列行为之一，应当给予治安管理处罚的，由公安机关依照治安管理处罚条例的有关规定予以处罚；构成犯罪的，依法追究刑事责任：……殴打、公然侮辱履行职务的查电人员或者抄表收费人员的；(4) 拒绝、阻碍电力监督检查人员依法执行职务的……

（2）因电力体制改革而模糊的权力（权利）。原电力工业部1996年颁行的《用电检查管理办法》共用了六个条文详细规定了电力监督检查程序，对用户的不安全供电运行、危害供用电安全或扰乱供用电程序、用户窃电行为有不同的处理结果。原电力工业部《用电检查管理办法》规定的查电主体则为供电企业。该"办法"对用电检查的内容、方法、程序和处理均作出了规定。其第1条规定，为规范供电企业的用电检查行为，保障正常供电秩序和公共安全，根据《电力法》和《电力供应与使用条例》和国家有关规定，制定本办法。第4条规定，供电企业应按照规定对本供电营业区的用户进行用电检查，用户应当接受检查并为供电企业的用电检查提供方便。用电检查的内容是：……违章用电和窃电行为……第16条规定，供电企业用电检查人员实施现场检查时，用电检查员的人数不得少于两人。《电力法》第33条第2款、第3款规定，供电企业查电人员和抄表收费人员进入用户，进行用电安全检查或者抄表收费时，应当出示有关证件。用户应当按照国家核准的电价和用电计量装置的记录，按时交纳电费；对供电企业查电人员和抄表收费人员依法履行职责，应当提供方便。依据这些规定，供电企业享有用电检查权。

（二）安全检查用电权与用户权益

在我国电力改革后，供电企业成为单纯的企业法人，与电力用户间属于平等的供用电民事主体关系，这在实践中就产生了诸多问题，如供电企业依据《用电检查管理办法》对用户所作的处罚决定，是否可以提起行政诉讼？有观点认为，用电检查是查电主体的公务行为，与用电户间因此而形成的法律关系是检查与被检查、确认与被确认的行政管理法律关系，而非平等民事主体之间的供用电法律关系，民事行为则是民事主体以设立、变更、终止民事权利、民事义务为目的的行为。以当事人、标的、意思表示为构成要件，所以电力检查权并非民事行为。这种观点无疑误解了用电检查的性质。如前所述，用电检查完全可能是一种《电力法》规定的合同当事人享有的基于供用电合同产生的法定权利，而且用电检查权虽然不是以设立、变更、终止民事权利、民事义务为目的的行为，但它是行使权利的一种行为。

在一个企业针对沈阳市供电公司的用电检查权提起的行政诉讼中，法院判决认为："根据被上诉人向一审法院递交的沈阳供电公司企业法人营业执照以及沈阳供电公司所作的说明，本案被上诉人系沈阳供电公司的下属分支机构，而沈阳供电公司的经济性质为国有企业，并非国家行政机关，且《电力法》也未授权其行使行政管理职权，因此，上诉人对沈阳供电公司用电检查大队作出的中止供电通知不服提起行政诉讼，不符合行政案件的起诉条件，原审裁定予以驳回，并无不当。"①

本案的判决表明，在电力体制政企分开后，电力企业依然享有用电检查权。这种权利并非行政权力，只是电力企业不再享有以往电力行政管理部门享有的行政处罚权而已。当然，对供电企业而言，最好在供用电合同中约定供电企业享有用电检查权。如规定："为保证供电、用电的安全，供电方将定期或不定期对用电方的用电情况进行检查，用电方应当予以配合。用电检查人员在执行查电任务时，应向用电方出示《用电检查证》，用电方应派人员随同并配合检查。"这种权利约定条款不存在任何违法瑕疵，既不属于供电企业滥用优势地位，也不属于胁迫、显失公平等，因为电力企业本身负有维护电力安全运行的法定义务，享有按照用电数量收取电费的权利。

另外，在《物权法》实施后，依据物权的排他性，所有权人能否排除电力企业入户检查？分析认为，即使《电力法》与供用电合同中都没有规定或约定用电检查权，供电企业也享有用电检查权。首先，从《物权法》上说，虽然用电方享有物权，可以排斥其他非物权主体进入，但物权在任何时候都不是绝对的，它受到公法的限制（如征收、警察的合法搜查等），也受到私法的限制（如相邻权），所以用电企业如果有正当理由检查，用电方不能拒绝。其次，从侵权法角度看，用电企业的入户检查，虽然会侵害用电方的所有权，但这种侵害是轻微侵害，在侵权法上，不构成侵权行为。最后，从合同法上看，因为双方有供用电合同，用电企业既有权利也有义务为了保障安全用电而入户检查。

---

① "沈阳市于洪区百货公司与沈阳电业局用电检查大队中止供电纠纷上诉案"（［2005］沈行终字第27号）。

在实践中，电力企业虽然享有用电检查权，但是这种权利的行使必须受到严格限制，这一限制就是用电检查必须有正当理由，并不能给用户造成损害。"正当理由"主要是两种：一是为了保障用电安全，二是电力企业有合理证据怀疑用电方有窃电等违约行为，并且不能给用户造成损害，要求供电企业选择对用户损害最小的方法行使权利。

（三）用电检查权的法律完善

《电力法》已经授权供电企业行使维护供电、用电安全和秩序的管理权和检查权，但未授权供电企业实施电力监督管理的行政处罚权。可见，依据《电力法》，供电企业享有法定的用电检查权。在实践中，很多人认为，供电企业依据《电力法》享有的用电检查权是一种行政法意义上的检查权，相应地，在电力企业改制后，电力企业当然不能再享有这样的权力。分析认为，这种观点是错误的。

在电力体制改革之后，电力企业与用户之间是平等的民事主体之间的关系，电力企业对用户的确不能再享有行政管理权力。但关键问题是，《电力法》如果规定用电企业享有用电检查权，这种权力是否就一定是行政权力？分析认为，这种权力不宜解释为行政权力，而是法律对供用电合同双方当事人法定权利的规定，换言之，它是一种权利而不是权力。现代合同法中有很多法定权利，如基于消费者与劳动者的保护而规定的各种权利；又如《合同法》第60条、第92条规定的合同履行中的附随义务、后合同义务，对一方而言是义务，对另外一方来说当然是权利。在供用电合同中，为了维持电力的安全运行和用电秩序，法律专门赋予了供电企业这种检查合同相对人用电的权利。这种观点之所以可以成立，最重要的原因在于，电力企业依法承担维护电力安全运行的义务，而用电检查权是实现这种义务的手段之一。

综上所述，电力企业在《电力法》上享有的用电检查权是成立的，其性质是一种法定的权利。在《电力法》修改时，建议：

（1）完善现行用电检查制度：第一，在上位法中确立电力企业对电力用户的用电检查制度，即在《电力法》，至少在《电力供应与使用条例》中描述该项制度的目的、原则、性质、主体、基本内容、程序要求和法律责任；

第二，遵循对用户损害最小化的原则，在制度设计上对电力企业的用电检查权给予严格限制，以防止权利的滥用。

（2）《电力法》仅仅规定了检查"安全用电"的权利，在《电力法》修订中应作广义明确解释，即检查"安全用电、违约用电、窃电"的权利。这是符合立法原旨的，《用电检查管理办法》第1条规定，用电检查的目的是"规范供电企业的用电检查行为，保障正常供电秩序和公共安全"，其中的"供电秩序"就包括了检查是否窃电、违约用电的权利。考虑到现实中窃电、违约用电行为的多发性，分析认为《电力法》在修订时有必要增加这一内容。

### 三、电费预付制度及其货币孳息

在实践中，电力企业为了及时收缴电费以及方便供电服务，往往与银行等金融部门携手，由银行直接面向用户提供交付电费并由此获得相应额度电力的服务，即用户持电卡到银行或者供电公司的营业场所预存电费，购买一定额度的电，然后再充在自己电表中，从而完成供用电交易。由于用户在交付电费时，并未实际获得与电费相应额度的供电服务，此时，用户能否取得预存电费的利息，就成了一个颇有争议的问题。

"电费预付"一词本身就颇可商榷。其成立是以供用电合同就应当先供电后付费为前提的。毋庸置疑，依据我国《电力法》第33条之规定，可以推导出供方先供电、用户后付费的法定履行顺序；然而，《电力供应与使用条例》第27条第2款则规定"用户应当按照国家批准的电价，并按照规定的期限、方式或者合同约定的办法，交付电费"。此后，我国《合同法》第182条也规定"用电人应当按照国家有关规定和当事人的约定及时交付电费。用电人逾期不交付电费的，应当按照约定支付违约金。经催告用电人在合理期限内仍不交付电费和违约金的，供电人可以按照国家规定的程序中止供电。"从以上条款中可见，我国法律对电费的交付方式既有法定顺序（即供方先供电、用户后付费），也允许当事人协商约定（其中当然不排除用方先付费、供方后供电的方式）。按照"约定优于法定""有约定的从约定，无约定的从法定"的效力鉴别原则，只要当事人选择了约定方式，用户的任何付费都是正常的合同履行行为，并无所谓"预先"付费之说。在此前提之下，用户的交费就是动产的交付，一经交付，所有权自然转移供电人，如无特别约定，按照"原物效力及于孳息"的物权规则，电费利息当然归供电人所有。

需要指出的是，关于电费约定交付制度中是存在一定的效力冲突和条文表述瑕疵的。第一，作为行政法规的《电力供应与使用条例》，其效力自然在《电力法》之下，若将《电力法》第33条的履行顺序理解为强制性规定，则以《条例》层面作相反规定，恐有违反上位法之嫌；第二，《合同法》虽与《电力法》处于同一效力层级，其规定若对《电力法》有所突破，根据"新法优于旧法"的适用规则，自然也无障碍，但问题在于其第182条在"国家有关规定"与"当事人的约定"之间用了"和"字相连，从而将二者间应然的选择关系变为既定的并列关系，必然影响到该条文的明确适用。考虑到短期内修改《合同法》尚不现实，因此建议，可以在《电力法》修改中解决。

约定电费交付方式的真正障碍可能在于现行欠费停电制度。由于用户先行付费的方式有些是通过办理IC卡等技术措施实现的，而这些措施又具有电费余额为零时即时停电的共同特点。这与《电力供应与使用条例》第39条规定，即"违反本条例第二十七条规定，逾期未交付电费的，供电企业可以从逾期之日起，每日按照电费总额的1‰至3‰加收违约金，具体比例由供用电双方在供用电合同中约定；自逾期之日起计算超过30日，经催交仍未交付电费的，供电企业可以按照国家规定的程序停止供电。"显然存在冲突，而且该条又位置于《条例》的第八章"法律责任"中，当事人是否可以作与此不同的约定，更是需要特别讨论的问题，这也需要在电力法修改时予以关注和解决。

### 四、关于停电的法律问题

#### （一）停电的产生及其概念

电力安全生产的目标是维护电力系统安全稳定运行，保证经济、社会发展和人民群众生活对电力的正常需求，防止和杜绝人身伤害、财产损失。在发供电系统正常情况下，供电企业应连续向用户供应电力。但在电力运行中，停电在所难免，如何认定由于停电而产生的法律纠纷，在《侵权责任法》通过之后是一个重要的电力法律问题。

停电法律制度首涉及的问题是界定"停电"这一术语。我国现行电力法使用了"停电""中止供电"和"停止供电"三个术语。在大多数情形，三者是混用的，如《供电营业规则》第67条规定，除因故中止供电外，供电企业需对用户停止供电时，应按下列程序办理停电手续……第69条规定，引起停电或限电的原因消除后，供电企业应在三日内恢复供电。不能在三日内恢复供电的，供电企业应向用户说明原因。

从上述立法来看，"停止供电"是"停电"的简称。"中止供电"与"停止供电"是同义词。从理论上说，"中止"与"停止"的区别在于，中止是暂时的、临时性的，停止则是永久性的。所以，在法律上，采用"中止供电"这一术语通常更为精确。"停电"则是一个生活术语。

综上所述，停电可以概括为在发供电系统正常情况下，供电企业采取的中断用户供电的行为。其法律特征是，它必须是在发供电系统正常情况下，由供电部门主动采取的行为，具有预见性和计划性。

按照现行法律、行政法规、部门规章的规定，我国目前区分两种停电的发生原因，包括计划停电、违约停电和意外停电三种。

1. 计划停电

计划停电即供电企业因供电设施检修、依法限电等原因而强制性中断供电。计划停电的原因包括两种：

（1）供电企业因电力运行安全的需要对电力设施进行检修。《合同法》第180条和《电力法》第29条第1款规定，供电人因供电设施计划检修、临时检修、依法限电或者用电人违法用电等原因，需要中断供电时，应当按照国家有关规定事先通知用电人。《供电营业规则》第68条规定，因供电设施计划检修需要停电时，应提前七天通知用户或进行公告；因供电设施临时检修需要停止供电时，应当提前24小时通知重要用户或进行公告。发供电系统发生故障需要停电、限电或者计划限、停电时，供电企业应按确定的限电序位进行停电或限电。但限电序位应事前公告用户。《电力供应与使用条例》第 28 条也作了同样规定。这些规定都确定了电力设施检修时的停电制度。

（2）依法限电，即依照有关法律、行政法规对一部分地区、部分用户、用电大户的部分用电设施中断供电，以限制其用电量的一种措施行为。目前我国的电力分配具有较为浓厚的行政调控职能，电力企业可以依法采取限电的措施。

2. 违约停电

违约停电主要包括如下三种类型：

（1）用户违反供用电合同，危害供电、用电安全和扰乱供电、用电秩序的。《电力法》第 32 条规定："用户用电不得危害供电、用电安全和扰乱供电、用电秩序。对危害供电、用电安全和扰乱供电、用电秩序的，供电企业有权制止。"第 65 条规定，危害供电、用电安全或者扰乱供电、用电秩序的，由电力管理部门责令改正，给予警告；情节严重或者拒绝改正的，可以中止供电，可以并处五万元以下的罚款。《供电营业规则》第 66 条规定，对危害供用电安全，扰乱供用电秩序，拒绝检查者；受电装置经检验不合格，在指定期间未改善者；用户注入电网的谐波电流超过标准，以及冲击负荷、非对称负荷等对电能质量产生干扰与妨碍，在规定限期内不采取措施者；违反安全用电、计划用电有关规定的，可以采取停电措施。

（2）用户违反供用电合同，逾期支付电费的。《合同法》第 182 条规定，用电人逾期不交付电费的，应当按照约定支付违约金。经催告用电人在合理期限内仍不交付电费和违约金的，供电人可以按照国家规定的程序中止供电。《供电营业规则》第 66 条规定，拖欠电费经通知催交仍不交者，电力企业经批准可以采取停电措施。

（3）用户违反供用电合同，盗窃电能的。《电力法》第 71 条规定，盗窃电能的，由电力管理部门责令停止违法行为，追缴电费并处应交电费五倍以下的罚款；构成犯罪的，依照刑法有关规定追究刑事责任。《用电检查管理办法》第 21 条规定，现场检查确认有窃电行为的，用电检查人员应当予以中止供电，制止其侵害，并按规定追补电费和加收电费……此外，用户违反其他供用电合同的重要义务的，供电企业也可以停止供电。如《供电营业规则》第 66 条规定，拒不在限期内拆除私增用电容量的或私自向外转供电力的，电力企业经批准可以采取停电措施。

当然，实践中也有因供电企业违约而停电的，此时供电企业应承担法律责任。

3. 意外停电

《合同法》区分了"中止供电"与"断电"。意外事故造成的"停电"可以称为"断电"。"断电"与"停电"并非同一概念，前者是不得已的停电，后者则是电力企业有计划的、有意识的停电。断电的法律特征是，它发生在发供电系统因自然原因或其他原因造成的情形，与电力企业的意志无关，具有偶然性、不可预见性。停电与断电最核心的差别在于，前者是因为电力企业自身的可控原因停电，后者则是则不是电力企业有计划的停电。为统一起见，将断电称为意外停电。

"意外停电"的情形有三种：

（1）《合同法》第 181 条规定，因自然灾害等原因断电，供电人应当按照国家有关规定及时抢修。未及时抢修，造成用电人损失的，应当承担损害赔偿责任。"自然灾害"包括地震、雪灾等导致电力电缆的损坏。《供电营业规则》第 66 条第 2 款规定，在出现不可抗力和紧急避险时，可以不经批准即中止供电，但事后应报告本单位负责人。

（2）第三人破坏电力设施导致断电。如第三人破坏电力设施、建筑施工过程中挖断电缆等。

（3）因电力系统的故障出现的断电。《供电营业规则》第 68 条与《电力供应与使用条例》第 28 条规定的是"因故需要中止供电"，这里的"因故"是指三种情形：a. 因供电设施计划检修需要停电；b. 因供电设施临时检修需要停止供电；c. 发供电系统发生故障需要停电、限电或者计划限、停电。其中，前者是因为电力企业自身的可控原因停电，后者则是因"自然灾害等原因断电"，不是电力企业有计划的停电。

（二）停电中的法律责任

在停电中，由于供电企业与用户之间存在供用电合同，由于停电或断电造成损害的，供电企业可能要承担违约责任或侵权责任。在停电违约责任中，有如下两个重要问题值得讨论。

1. 归责原则

供电企业停电或断电造成用户损害的，其承担违约责任的归责原则是过错原则还是无过错原则？对此，《电力法》第59条规定："电力企业或者用户违反供用电合同，给对方造成损失的，应当依法承担赔偿责任。"《合同法》第107条规定："当事人一方不履行合同义务或者履行合同义务不符合约定的，应当承担继续履行、采取补救措施或者赔偿损失等违约责任。"依据这两条规定，供电企业承担违约责任，仅以其不履行合同或者履行合同不符合约定为要件。

但《合同法》第180条规定，供电人因供电设施计划检修、临时检修、依法限电或者用电人违法用电等原因，需要中断供电时，应当按照国家有关规定事先通知用电人。未事先通知用电人中断供电，造成用电人损失的，应当承担损害赔偿责任。依据这一规定，供电企业依法进行公告断电事项，即依照法定程序事前通知用户相关的停电信息，即无须承担民事责任。由此可见，供电企业承担的是过错责任，只有在其没有依法尽到通知义务时才承担违约责任。因供电设施临时检修停电时，没有提前24小时通知重要用户；依法限电时，没有按照事先确定的限电序位进行限电的，此时，依据《电力供应与使用条例》第42条规定，电力企业或者用户违反供用电合同，给对方造成损失的，应当依法承担赔偿责任；未事先通知用户中断供电，给用户造成损失的，应当依法承担赔偿责任。

对因用户逾期不支付电费的停电，《合同法》第182条规定，用电人应当按照国家有关规定和当事人的约定及时交付电费。用电人逾期不交付电费的，应当按照约定支付违约金。经催告用电人在合理期限内仍不交付电费和违约金的，供电人可以按照国家规定的程序中止供电。在这种情形下，供电企业催告用户在合理期限内支付电费，用户依然没有交纳的，供电企业有停电的法定权利。

《合同法》第180条相对于《合同法》第107条而言是特殊规定，因此，《合同法》第180条应优先适用，供电企业承担的是过错违约责任。

## 2. 意外停电的责任

《合同法》第181条规定，因自然灾害等原因断电，供电人应当按照国家有关规定及时抢修。未及时抢修，造成用电人损失的，应当承担损害赔偿责任。这只赋予供电企业负有及时抢修的义务，并没有明确规定其是否承担赔偿财产损失的责任。《电力安全生产监管办法》（2004年3月9日国家电力监督委员会令第2号）第20条规定，电力企业发生事故后，事故现场有关人员应当立即报告本单位负责人。单位负责人接到事故报告后，应当迅速采取有效措施，组织抢救，防止事故扩大，减少人员伤亡和财产损失，并按照规定向有关单位报告。这一规定主要是从电力监督管理部门与供电企业之间的管理和被管理的关系出发制定的，对供电企业和用户之间的供电合同权利、义务关系，供电企业如何防止事故扩大，减少用户损失则语焉不详。

对这一问题分析如下：

第一，"供用电、水、气、热力合同"属于合同分则的一章，《合同法》总论部分第117条规定了不可抗力制度，因为分则没有特殊规定的一般应该适应总则的规定，所以意外停电是否承担责任，取决于该"意外事件"是否构成不可抗力。如断电是因为自己没有预见、不能避免和不能克服的事件造成的，供电企业依据《合同法》第117条可以免责。同时，合同法第119条有关受害人防止和避免损害的发生和扩大的义务的规定也可以适用。

第二，依据《合同法》第181条的规定的"自然灾害"的原因，实际上相当于第117条规定的不可抗力，此时电力企业应及时抢修，未履行及时抢修义务的，应对用电人承担赔偿责任。如及时抢修的，就不需要向用户承担赔偿责任。

第三，对第三人因窃电等原因造成的损害，因不在《合同法》第181条的调整范围内，此时应适用有两条相关的法律：一是《合同法》第121条有关因第三人的原因造成违约的规定，依据这一规定，首先应由供电企业向用户承担责任，再由供电企业向第三人追偿。二是《电力法》第60条第3款，依据这一规定，电力企业不承担责任，由第三人承担责任。因为该款并没有区分违约与侵权，所以停电也可以适用该规则。这样，这两条法律规范出现了冲突。如果认为，《电力法》规定的由第三人承担责任是指第三人承担最终责任，则两者是一致的。如果认为电力企业完全不承担责任，则两者是矛盾的。分析认为，依据特别法优于普通法的法律适用规则，此时应适用电力法。

**五、电力供应安全的责任与义务**

（一）电力供应安全的责任与义务的法律特征

《电力法》中有诸多有关电力安全的规定，如《电力法》立法目的中的"保障电力安全运行"。第18条："电力生产与电网运行应当遵循安全、优质、经济的原则。电网运行应当连续、稳定，保证供电可靠性。"第19条："电力企业应当加强安全生产管理，坚持安全第一、预防为主的方针，建立、健全安全生产责任制度。电力企业应当对电力设施定期进行检修和维护，保证其正常运行。"这些条款尤其是第19条明确了电力企业的安全供电义务。《电力供应与使用条例》第22条规定："用户对供电质量有特殊要求的，供电企业应当根据其必要性和电网的可能，提供相应的电力。"此外，《供电营业规则》《电力供应与使用条例》也有大量关于安全供电和用户安全用电的规定。例如《电力供应与使用条例》第29条第3款规定："供电企业和用户应当采用先进技术、采取科学管理措施，安全供电、用电，避免发生事故，维护公共安全。"

由此可见，电力企业的安全供电义务是其法定义务，它既是电力企业对用户的义务，也是对社会的义务，因为电力的运行安全涉及整个社会利益。同时，因为供电企业与用户之间存在供用电合同，所以这也是供电企业对用户的合同义务。如果供用电合同没有规定的，依据《合同法》第60条的规定，供电企业也负有这一法定的合同法上的义务。

电力企业保障电力安全运行的标准之一是保障电力设施符合安全运行的标准。

（二）电力供应安全的责任与义务的界域

电力企业的安全供电义务的范围是由电力设施的产权决定的。《供电营业规则》等一系列部门规章、地方性法规都确立了这一规则。如《供电营业规则》第 47 条规定，供电设施的运行维护管理范围，按产权归属确定。它采取的是产权规则。即谁享有电力设施的所有权，谁就承担维护的责任。依据这一规定，电力企业对不属于它的供用电设施，无须承担管理与维护责任。也就是说，电力企业仅对属于它所有或者它受托管理维护的电力设施承担安全供电义务。

在实践中，主要注意以下几种较为特殊的情况。

1. 公用电力设施

（1）公用路灯。《电力供应与使用条例》第 14 条规定："公用路灯由乡、民族乡、镇人民政府或者县级以上地方人民政府有关部门负责建设，并负责运行维护和交付电费，也可以委托供电企业代为有偿设计、施工和维护管理。"依据这一规定，电力企业对公用路灯有无维护和保障安全供电的义务，取决于政府是否委托给电力企业管理。

（2）公用供电设施。《电力供应与使用条例》第 17 条第 1 款、第 2 款规定："公用供电设施建成投产后，由供电单位统一维护管理。经电力管理部门批准，供电企业可以使用、改造、扩建该供电设施。共用供电设施的维护管理，由产权单位协商确定，产权单位可自行维护管理，也可以委托供电企业维护管理。"

2. 城市小区的供配电设施

（1）城市小区供配电设施的所有权归属。目前，城市居民小区的供配电设施的建设和维护有多种模式，在不同的模式中，出资人并不相同。如一些小区的供电设施产权归小区全体业主所有，高压配电部分的管理及维护应由供电部门负责，低压配电日常小维护应由物业公司从物业费中开支，大修则由维修资金开支。对于不同的供配电设施，其产权应如何依据《物权法》确定呢？

《物权法》第 73 条规定，建筑区划内的其他公共场所、公用设施和物业服务用房，属于业主共有。供配电设施当然属于小区的共用设施，所以应属于全体业主共有。在实践中，开发商因开发房地产项目向电力部门申请建设供配电时，通常要交纳设计费用、勘探费、电力增容费、土地施工费、电力设施费、施工费、电缆沟分摊费等。也就是说，通常情况下，小区的供配电各种设施最终是由全体业主出资的,其所有权应属于全体业主共有。

在实践中,如果电力企业自己投资提供了各种供配电设施,或者与用户共同出资建设了供配电设施,此时,应适用《电力法》的规定,即"电力事业投资,实行谁投资、谁收益的原则。"(第 3 条)。因为对所有权的最终确认,最基本的法律规则是"投资与收益一致。"如《人民防空法》第 5 条第 2 款规定,人民防空工程平时由投资者使用管理,收益归投资者所有。我国法律并没有规定电力企业必须出资建设电线、电缆等设施,所以应采取谁投资、谁所有的模式。这对电力企业无疑是有利的,因为电力企业不仅可以不支付小区电力设施的建设费用,而且在侵权行为发生时,还可以减轻自己的赔偿责任。

(2)小区供用电设施的管理与维护。既然供用电设施的产权非常复杂,那么,供用电设施的管理、维护义务和费用应如何处理呢?首先看看目前的法律相关规定。《电力供应与使用条例》第 17 条区分了公用与专用的供电设施,并对维护的主体做了不同的规定:如果是专用的,供电企业如果没有接受用户的委托,是没有管理和维护义务的。对于电表,《电力供应与使用条例》第 26 条则明确规定,用电计量装置安装在供电设施与受电设施的产权分界处。安装在用户处的用电计量装置,由用户负责保护。依据上述规定,用电计量装置及表后线产权属用户,应由用户自行维护管理并负责保护。

但是,《物业管理条例》第 51 条第 1 款规定:"供水、供电、供气、供热、通信、有线电视等单位,应当依法承担物业管理区域内相关管线和设施设备维修、养护的责任。"这一规定与《电力供应与使用条例》《供电营业规则》不同,它没有区分共有与非共用,而是直接规定用电企业应承担管理、维护电网的义务。这样,《电力供应与使用条例》《供电营业规则》就出现了矛盾。依据《立法法》规定,《供电营业规则》《电力供应与使用条例》不能对抗《物业管理条例》。

从法理上说,《物业管理条例》的规定是不符合所有权的基本规则的,因为享有所有权的人,当然应承担所有物的维护和管理责任。

(三)用户用电的相关安全责任与义务

《电力法》第 32 条规定了用户的安全用电义务:"用户用电不得危害供

电、用电安全和扰乱供电、用电秩序。对危害供电、用电安全和扰乱供电、用电秩序的，供电企业有权制止。"依据这一规定，用户有安全用电的法定义务。

《电力供应与使用条例》进一步明确规定了用户违反安全用电义务的六种类型。即用户不得有下列危害供电、用电安全，扰乱正常供电、用电秩序的行为：（1）擅自改变用电类别；（2）擅自超过合同约定的容量用电；（3）擅自超过计划分配用电指标；（4）擅自使用已经在供电企业办理暂停使用手续的电力设备，或者擅自启用已经被供电企业查封的电力设备；（5）擅自迁移、更动或者擅自操作供电企业的用电计量装置、电力负荷控制装置、供电设施以及约定由供电企业调度的用户受电设备；（6）未经供电企业许可，擅自引入，供出电源或者将自备电源擅自并网。

与电力企业的安全供电义务一样，用户的安全用电义务也是一种基于供用电合同产生的合同义务。对用户违反安全用电法定义务的责任，《电力法》第65条规定，危害供电、用电安全或者扰乱供电、用电秩序的，由电力管理部门责令改正，给予警告；情节严重或者拒绝改正的，可以中止供电，可以并处五万元以下的罚款。《电力供应与使用条例》第40条规定，违章用电的，供电企业可以根据违章事实和造成的后果追缴电费，并按照国务院电力管理部门的规定加收电费和国家规定的其他费用；情节严重的，可以按照国家规定的程序停止供电。此外，如果双方在供用电合同中约定了用电人违反安全用电义务的违约金，无论用电人的违约行为是否给供电人带来损失，用电人都要承担支付违约金的法律责任。

用电人违反安全用电的规定或者约定，给供电人或第三人造成损失的，还要承担侵权责任，包括恢复原状和损害赔偿。

### 六、基本立场与修法对策

（一）基本立场

（1）电力企业的普遍服务是一项法定的义务，但这项义务不应由作为营利性的电力企业来承担，目前的立法实际上是把电力企业的社会责任强化成了法律责任,造成了扭曲市场价格、加重电力企业负担等恶果。应考虑借鉴道路交通基金、证券投资者保护基金的做法,通过设立普遍服务基金来实现对电力企业的补偿。

(2) 用电检查权有《电力法》和合同法上的法律依据。在电力法上,电力企业享有的是法定的权利,这种权利并非行政权力,电力企业不享有行政处罚权;在合同法上,电力企业也应享有这种合同权利。但是第一,这一制度在现行立法中存在缺陷,应予完善;第二,这种权利的行使应受到必要的合理性和程序性限制,电力企业入户检查必须有正当理由,其理由主要有两种:一是为了保障用电安全,二是电力企业有合理证据怀疑用电方有窃电等违约行为。

(3) 为理顺公法与私法的关系,鉴于《合同法》已经规定了供用电合同,《电力法》无须再全面规定供用电合同,但应将《合同法》没有规定的重要内容纳入《电力法》中,如用电检查权。

(4) 涉及电力公共利益的停电,可因电力企业事先履行了通知义务而绝对免责,电力企业没有过错的,可以免责;涉及合同双方的私人利益的停电,供电企业可能会因对方的合理抗辩而承担责任。意外停电是否承担责任,取决于以下两个因素:第一,该"意外事件"是否构成不可抗力;第二,《电力法》第60条第3款与其他法律的冲突解决与否。

(5) "预付费"之说本身亟待商榷,在现行法律框架中,只要解决供用电合同履行顺序约定化,所谓的"预付费"及其利息归属问题都迎刃而解。目前需要解决的是该项制度中的效力层级和相关条文的表述瑕疵问题。

(6) 依据现行法,供电企业除依产权对自己所有的供用电设施承担维护管理义务外,还对以下两类非己所有的供用电设施承担法定管理维护义务:一是公用供电设施,二是在城市居住小区。

(二) 修法对策

(1)《电力法》应明确规定普遍服务义务,同时确认对电力企业的补偿。可规定为:"从事民用电力产品供应的企业负有为公民提供安全、持续、可靠的电力供应与服务的义务。国家对承担前款义务的电力企业予以适当补偿。"

（2）《电力法》应规定普遍服务补偿基金："国家财政设立电力普遍服务补偿基金，资金来源包括国家财政年度安排的专项资金和依法征收的电费附加收入等。"

（3）修订《电力供应与使用条例》。现行的《电力供应与使用条例》是1996年颁布的，随《电力法》出台颁布实施的电力法规。由于该条例出台时间较早，并受到当时经济历史背景的限制，一些规定已不适应市场经济条件下电力供应与使用的管理，不能解决电力发展中的实际问题，因此，应修订《电力供应与使用条例》。

鉴于《供电营业规则》在实践中可操作性较强，但法律效力远远不如《电力供应与使用条例》。所以，修订时可将《供电营业规则》与《电力供应与使用条例》合并规定，充实《电力供应与使用条例》的内容。《电力供应与使用条例》修改中需要解决的问题之一是，改变现行欠费停电的程序规则，以排除电费交付方式约定化的后续障碍。

（4）完善现行用电检查制度：第一，在上位法中确立用电检查制度，即在《电力法》，至少在《电力供应与使用条例》中描述该项制度的目的、原则、性质、主体、基本内容、程序要求和法律责任。第二，遵循对用户损害最小化的原则，在制度设计上对电力企业的用电检查权给予严格限制，以防止权利的滥用。

（5）在《电力法》修改中，将《电力供应与使用条例》第27条与《电力法》第33条加以整合，以明确供用电合同履行顺序约定化的法律依据。

（6）在《电力法》修改中，进一步明确依产权设定维护管理责任的物权原则，以校正《物业管理条例》关于不按产权规则、加大供电公司维管责任的弊端。

（7）修改《居民用户家用电器损坏处理办法》。建议修改《居民用户家用电器损坏处理办法》第6条：①免责事由修改成"不可抗力"。②"七日"的民事索赔权除斥期间是不成立的。故而，建议在修改时，将该除斥期间的内容删除。

## 第三节　公共电网企业公共属性法律界定

### 一、电网企业定位[①]

根据国家确立的电力体制改革和国有企业改革方案，电网企业的职能将由商业类和公益类混合型企业逐步向公益类国企转变。在网售未彻底分开之前，电网企业继续向普通工商业电力用户售电。但在网售彻底分开后，电能的交易在市场环境下将有很大的变化，电网企业最终将由输配供一体化的公司转变为输配电公司。由独立的售电公司参与市场竞争，从市场买电并向用户供电。[②] 但同时电网企业需要继续向无议价能力用户履行保底供商义务。

（一）电网企业是公用电网建设的投资者、建设者、维护管理者和经营者

党的十八大强调，要推动国有资本更多投向关系国家安全和国民经济命脉的重要行业和关键领域，不断增强国有经济活力、控制力、影响力。电网就属于这一重要行业和关键领域，电网领域的特殊性要求国家必须保持对电网领域的控制力和影响力。

电网是典型的自然垄断产业，其适度垄断经营体制由其技术特征和经济规律性质决定，不以人们的主观意志为转移。电力的行政垄断和行业垄断可以打破，但是作为自然垄断环节的电网环节应是一个整体，从技术上难以拆分。具体而言，只有各级电网保持完整统一，电网、建设、调度、交易、服务紧密协同，才能确保电力安全、促进科学发展、保障优质服务、提高效益效率。

在市场经济中，企业是经济活力的最重要源泉，是科技创新的核心主体，是社会进步的巨大推力。电网企业通过建立现代企业制度，建立和健全适应

---

[①] 四川省电力公司课题组：《关于〈电力法〉修改之电网企业定位问题研究》。
[②] 张森林、孙延："电力体制改革和电力市场对南方电网影响分析"，载《广东电力》2012年第11期，第3页。

社会化大生产和市场要求的公司制，形成了高效灵活的经营机制，使得电网企业既具备国有资本投入的前提条件，又满足电网、建设、调度、交易和服务统一管理、紧密协同的发展要求，因此电网企业应该是公用电网建设的投资者、建设者、维护管理者和经营者。

（二）电网企业是涉及公共利益的电能提供者

公共利益是一个法律概念，以价值选择为基础，呈现历史性特征。公共利益必须具有公共性质，体现社会发展的整体性要求和强国富民的目标。纵观各国立法和行政实务，许多国家对于公共利益之"公共性"的理解都日益宽泛，凡国家建设需要、符合一般性社会利益的事业，都被认为具有公共性。公共利益的受益范围一般是不特定多数的受益人，而且该项利益需求往往无法通过市场选择机制得到满足，而需要通过统一行动有组织地提供。电力能源是社会全体成员存在和发展所必需的、该社会全体成员中不确定的个人都可以直接享有的社会价值，那么电力能源的提供就涉及了公共利益。

电网企业是电力能源的提供者，电网企业以投资建设运营国家电网为核心业务，要为用户提供连续、稳定的电力能源并保证供电可靠性。随着全国各项事业耗电量的增加，电网公司全力增加电力容量，拓展各种电源方式，为日益发展的社会经济提供坚强的电力保障，故电网企业是涉及公共利益的电力能源提供者。

（三）电网企业是电能的运输者

能源资源与能源需求的逆向分布要求电网企业必须扮演电力能源运输者的角色。中国地域辽阔，但是我国的能源资源与需求却呈现出逆向分布的态势，为保证能源需求地区的能源供应，就要求建成综合能源运输体系。随着中国经济发展，能源需求总量不断上升，其中受端地区的增长更快。在目前能源运输系统已经非常紧张的情况下，即使铁路规划中投资全部完成，运力增加，未来区域间能源运输仅靠铁路也不可能满足。

目前主要以输煤为主的能源输送体系并非最优方案。应该考虑将输电纳入能源综合运输体系中，提高输电占整个能源输送的比例，这样才能逐步接近并达到社会总成本最小的最优方案。如果考虑发电的外部成本，在受端地区进行电源建设,其社会总成本远高于在送端地区的煤电基地集中建设电源。将输电方式纳入综合能源运输体系后,现有的电力布局原则就要做相应调整。要改变传统的就地(省内)解决电力平衡的思路,集中建设火电和水电基地,再通过输电将能量送至用电终端。也就是说,必须从整个国民经济、环境、社会和能源安全各个角度全局考虑电力布局,从而实现能源和环境资源的有效配置,达到可持续发展的目标。因此电网企业必须具有能源商品运输者的特性,同时具备商品运输者的权利与义务。

作为电力能源商品运输者的电网企业在运输电力能源商品时需要电力输送的线路优先权、线路保障权、线路管理权、线路应急处理权等一系列的权利。

(四)电网企业是电力市场供给与需求平衡者

由于电力具有传输瞬时性、发供用同时性、供应持续稳定性等特点,这要求电力生产管理必须有一个有效的生产指挥系统,使得发、输、供、用电各层次的生产工作协调一致,因此调度控制机构成为电网运行控制的中枢,电力市场的安全高效运行依赖于调度和电网的紧密协作。同时,电网企业也通过调度控制机构实现电力市场供给与需求的平衡。其作用主要体现在:

首先,编制下达发电、供电调度计划。电力市场供给与需求要求调度按照最大范围优化配置资源的原则,充分发挥电网的发、输、供电设备能力,最大限度地满足社会和人民生活用电的需要。这是经济社会发展要求使然。

其次,按照电网的客观规律和有关规定使电网连续、稳定、正常运行,使电能质量(频率、电压和谐波分量等)指标符合国家规定的标准,这是电能的技术特征使然。

最后,调度控制机构按照"公平、公开、公正"的原则,依照国家能源、环境保护等产业政策及有关电力市场的运营规则、合同或者协议保护发电、供电、用电等各方的合法权益,按电力市场调度规则,组织电力市场运营。

(五)电网企业是国家电力能源安全战略的实施者

随着人类社会的发展,能源安全的问题越发凸显,没有能源就没有生存和发展。电力是工业的先行官,电网联系着电力生产者和使用者,支撑着电力系统的安全稳定运行。作为管理电网的企业切实地履行着保证国家电力安全的神圣使命和职责,是国家电力安全战略的实施者,在国家能源战略布局中占有举足轻重的地位。

(1) 电网企业通过实施电网规划、建设、运营、调度、交易等一体化的管理,确保了我国不发生大面积停电事故,有力地保证了国家电力安全。反观国际上却接连发生多起大面积停电事故:2012年印度发生大面积停电,全国近一半地区供电中断;2011年日本福岛核危机引发大面积停电;2009年巴西大停电;2003年美国东部和加拿大部分地区停电。

(2) 电网企业能够快速恢复因自然灾害中断的电力供应,起着抗灾的中坚作用。在我国发生的汶川大地震、玉树地震、芦山地震中;在舟曲泥石流以及雨雪冰冻灾害中,电网企业充分发挥集团化优势,统一管理、统一调度,迅速开展救灾,以最快的速度恢复灾区供电,保证了灾区电力安全。

(3) 电网企业坚持开展电力安全技术与管理的研究和创新,即是电力安全技术的创造者也是实施者。在电力能源传输(特高压技术)、电力系统运行和控制、电力系统通信等有关电力安全技术与安全管理方面,电网企业大力开展研究和实践,成效显著,为电力安全提供了可靠的技术保证。

(六) 电网企业是电力市场交易物质硬件设施的组织者

电力市场交易具有其独特的载体,是电力市场主体对市场客体进行交换的物质基础。一般意义上的市场载体包括网点设施、仓储设施、运输设施、通信设施和商品交易的场所设施等。但对电力市场而言,市场载体就是电网。事实上,电网作为电力传输和电力市场的主要载体承担着电力系统安全稳定运行和实现电力市场交易的重任,对整个电力市场的运营起着至关重要的作用。

交易安全离不开市场秩序安全稳定,涉及千家万户的公共安全。在电力交易中,其主要的客体为电能。电能属于无形的商品,同时由于电力生产、输送、消费的瞬时性,决定了电能给付行为只能在电网及其配套设施中完成,电网不仅是电力交易的载体,还直接关系到电力供应的安全稳定和电力工业的发展,对促进经济社会持续快速健康发展,保障社会和谐稳定具有重要意义。而电网企业作为一种自然垄断的企业和电网建设运维的主体,则需要在电力交易中为其他市场主体（包括电力生产商、电力供应商、消费者等）提供安全坚强可靠、环保高效的电网，并且在其职能范围内组织起电力市场交易的载体、物质硬件设施的建设维护工作，以保证整个交易能够顺利进行。

### 二、《电力法》修法对策

（一）电网企业主要经营范围

（1）电网投资、建设、运行、维护管理业务；

（2）按照政府定价从事电源点上网电量收购和向用电人销售电能业务；

（3）经过特许，为满足区域电力供需平衡的技术安全性要求从事发电业务；

（4）经营输送电能业务；

（5）为安全合理配置电能从事电力调度业务；

（6）为从事以上业务必需的相关辅助性业务。

（二）电网企业被授权公共管理职责

电网企业可以根据法律法规的授权，在授权范围内承担公共管理职责。电网企业履行公共管理职责应当满足以下条件：

（1）必须基于公共安全或公共利益目的；

（2）必须严格遵循法定程序；

（3）不得超越法律法规规定损害电力用户或第三人的合法权益；

（4）赔偿因违法履行公共管理职责造成的损失。

## 第四节 电力法律责任制度

### 一、电力运行事故

（一）法律界定

1.《电力法》的界定

《电力法》第 60 条规定了电力运行事故，但没有做出任何界定。其第 1 款只是规定："因电力运行事故给用户或者第三人造成损害的，电力企业应当依法承担赔偿责任。"从法条上看，这一条款存在两个不明确的问题：

第一，电力运行事故是否包括高压和低压造成的事故？也就是说，是否对高压和低压做出区分？依据我国现行法律的规定，低压电侵权适用一般侵权行为的构成要件，高压电侵权则适用无过错责任，受害人只需要证明损害、损害与行为之间的因果关系即可以追究行为人的责任。《电力法》第 60 条第 1 款没有区分低压与高压，既不符合现行《侵权责任法》的规定，在实践中也会使电力企业在低压侵权情形无法适用《侵权责任法》规定的诸多抗辩事由。

第二，电力企业承担的是过错责任，还是无过错责任？《电力法》第 60 条第 2 款规定："电力运行事故由下列原因之一造成的，电力企业不承担赔偿责任：（一）不可抗力；（二）用户自身的过错。"从这里规定的"不可抗力"的免责事由来看，它应当是无过错责任；但从"用户自身的过错"来看，它规定的又是过错责任。而且，"用户自身的过错"本身包括故意与过失，如果用户对自己的损害仅仅有过失，电力企业就可以免责，这一规定就完全违反了法理和现行法：一方面，如果电力企业承担无过错责任，那么用户的过失最多只能导致电力企业减轻责任，而且依据最高人民法院《关于审理人身损害赔偿案件适用法律若干问题的解释》第 2 条第 3 款，对用户的人身损害，用户只有在有重大过失的时候才能免责；另一方面，如果电力企业承担的是过错责任，那么，损害是因为用户的一部分过失造成的，此时也只能适用过失相抵制度，减轻电力企业的责任，电力企业不可能免除赔偿责任。

2.《居民用户家用电器损坏处理办法》的界定

目前我国电力法体系中，只有原电力工业部 1996 年颁布的《居民用户家用电器损坏处理办法》对电力运行事故作了界定。其第 3 条规定："本办法所称的电力运行事故，是指在供电企业负责运行维护的 220/380 伏供电线路或设备上因供电企业的责任发生的下列事件：

1. 在 220/380 伏供电线路上，发生相线与零线接错或三相相序接反；

2. 在 220/380 伏供电线路上，发生零线断线；

3. 在 220/380 伏供电线路上，发生相线与零线互碰；

4. 同杆架设或交叉跨越时，供电企业的高电压线路导线掉落到 220/380 伏线路上或供电企业高电压线路对 220/380 伏线路放电。"

根据该办法的界定，电力运行事故就是在电力运行过程中，因为电力公司的过错导致电力设施存在瑕疵，基于电力运行规律而造成的事故。这一定义界定了两个方面的重要内容：一是界定了电力运行事故需要电力企业有过错；二是界定了电力运行事故仅仅限于在 220/380 伏的供电线路。

（二）理论界定与修法对策

从语词来看，"电力运行事故"的核心有二：一是"电力运行"，也就是说，它发生在电力依据其规律流动的过程中。二是"事故"，通常而言，事故既包括无过错造成的，也包括过错造成的。从这个角度看，《居民用户家用电器损坏处理办法》第 3 条的界定不能成立，因为它界定的仅仅包括过错造成的事故。分析认为，《电力法》在修改时，应取消"电力运行事故"这一概念，理由如下：

（1）这一概念相当不精确。从实践中法院的判例来看，它被理解为一切与电力运行有关的事故，包括电力企业的责任事故、不可抗力、外力破坏造成的事故以及其他的意外事故。在实践中，这种理解无疑与《电力法》第 60 条的规定有关，可见，本规定大大加重了电力企业的责任，使电力企业承担了自己不应承担的责任。

（2）正因为它被理解为一切与电力运行有关的事故，它就必然包括因第三人破坏电力设施造成的事故、完全由行为人造成的事故。从逻辑上说，行为人触电造成的损害与电力运行"事故"无关，因为此时电力运行本身并没有任何问题，触电之所以出现伤害是由电力本身的物理属性决定的。

（3）如果把电力运行事故理解为电力企业在电力运行过程中的瑕疵造成的事故，那么法律只需要规定高压运行事故即可，因为《民法通则》《侵权责任法》对高压电造成的损害采取的是无过错原则，在这种情况下，《电力法》最多规定特殊的免责事由。低压电造成的损害，采取的是过错原则，与普通侵权没有什么差别，所以《居民用户家用电器损坏处理办法》第 3 条规定的220/380伏并没有什么法律意义。

因此建议,《电力法》在修订时,无须采纳"电力运行事故"的概念,而应直接界定高压造成损害的特殊免责事由。

## 二、电力侵权法律制度

(一) 低压与高压的区分依据及高压的界定

1. 低压与高压的区分依据

之所以要在法律中区分低压与高压,是因为:(1) 触电反应的程度与电流强度、电流通过路径、电压、电流通过时间长短、人体状况等因素有关。电压越高,电流越大,对导体周围的影响越大。在人体电阻一定的情况下,电流大小是由电压高低决定的,所以触电人身损害的程度最终是由电压高低决定的。在一定的电压条件下,只要人体不接触带电导体是不会触电的,但是对于高电压而言,尽管人体没有接触带电导体,只要人与带电导体的距离小于一定的安全距离,同样会触电,所以不同的高电压线路会设定不同的安全距离。(2) 对人体而言,无论是380伏,还是220伏,都不是安全电压,但是人体接触220伏或380伏的电,都有自救的可能。1千伏及其以上的电压等级的电,对人体会有严重的伤害,人体没有自救的可能。由此可见,法律有必要对电压进行区分,因为电压的大小决定了其危险性的大小。

2. 高压的界定

《民法通则》第123条规定,从事高空、高压、易爆、剧毒、放射性、高速运输工具等对周围环境有高度危险的作业造成他人损害的,应当承担民事责任。这里的"高压"是指工业生产中的高压,如高压电、高压容器等。不同的行业对高压的认定标准不同,如压力容器中,高压容器的设计压力为10Mpa以上100Mpa以下,超过100Mpa的为超高压容器。对高压电的范围,由原电力工业部1996年颁布的《供电营业规则》第6条规定:"供电企业供电的额定电压:1、低压供电:单相为220伏,三相为380伏;2、高压供电:为10、35(63)、110、220千伏。"该条还规定,"除发电厂直配电压可采用3千伏或6千伏外,其他等级的电压应逐步过渡到上列额定电压。用户需要的电压等级不在上列范围时,应自行采取变压措施解决。"《电力设施保护条例》第 10 条规定,1 千伏至 10 千伏的电力线路必须设置 5 米的保护区。该规定表明 1 千伏即对周围环境有高度危险。我国电力行业标准 DL408 – 91《电业安全工作规程》(发电厂和变电所电气部分)总则第 4 条规定电气设备分为高压和低压两种:高压,设备对地电压在 250V 以上者;低压,设备对地电压在 250V 及以下者。

《关于审理触电人身损害赔偿案件若干问题的解释》第 1 条开宗明义作了规定:高压电,是指 1kV 及其以上电压等级;1kV 以下电压等级为非高压电。需要指出的是:第一,法律中的"高压"与物理上的高压不同,它是以电对人体的危害性作为判断标准,是一个法律标准,并非电力行业上的技术标准。因为在电力传输领域,"高压"的概念是不断改变的,随着科学技术的发展,行业技术标准(特别是输电电压)在不断的提高,高压在物理上的界定可能会发生变化。第二,1 千伏是额定电压,即电力系统及电力设备规定的正常工作电压,即与电力系统及电力设备某些运行电压特性有关的标称电压。但实际运行电压容许在一定程度上偏离额定电压,在这一容许偏离范围内,各种电力设备以及电力系统仍能正常运行。所以,在某些情况下,电力设备实际运行的电压稍微偏离额定电压,不是说该设备的额定电压等级有改变。

《侵权责任法》第 73 条和《电力法》都没有对高压作出界定。《关于审理触电人身损害赔偿案件若干问题的解释》也仅仅适用于人身损害赔偿,而不能适用于财产损害赔偿。为了法律的统一适用,分析认为,在《电力法》修改时,应以法律的形式明确高压的界定,即指 1kV 及其以上电压等级。

(二)低压侵权的归责原则

1. 立法及理论争议

对于低压电侵权的归责原则,我国法律并没有明确规定。对其法律适用,主要有如下三种观点。

(1)过错原则。如 2003 年 3 月 11 日河南省高级人民法院民一庭《关于当前民事审判若干问题的指导意见》第 12 条规定:"1 千伏以下的电压引起的电击事故损害赔偿纠纷,适用过错责任原则,1千伏以上(含1千伏)的电压引起的电击事故赔偿,对电力设施产权人或高压电危险作业人适用无过错责任原则,电力设施产权人或高压危险作业人之外的其他致害主体,适用过错责任原则。"

(2)无过错原则。认为因为低压触电也是危险作业的一种,故也适用无过错责任原则,属于"等外"范围。有人认为《民法通则》第123条(《侵权责任法》第73条)列举了高电压作业为高度危险作业,该条将电力生产、传输、销售、使用等电力作业都列入了高度危险作业范围,但对于该危险作业即危险物电流的具体标准未作具体规定,应该理解为适用抽象标准。另外,最高人民法院《关于触电人身伤亡的司法解释》(〔2001〕3号)没有规定1千伏以下电压等级触电的情形,但并不排斥在此种情形下对作业人适用无过错责任。

(3)过错推定原则。《电力法》第60条第2款规定了几种免责事由:"电力运行事故由下列原因之一造成的,电力企业不承担赔偿责任:(一)不可抗力;(二)用户自身的过错。因用户或者第三人的过错给电力企业或者其他用户造成损害的,该用户或者第三人应当依法承担赔偿责任。"本款规定的抗辩事由包括不可抗力、用户(受害人)过错及第三人过错。对于本款,有人解释其为过错推定责任,并进一步认为《电力法》第60条的规定使电力企业侵权民事责任从无过错责任转变为过错推定责任,这个转变具有重大的现实意义。此外,原电力工业部1996年8月21日颁布《居民用户家用电器损坏处理办法》第6条规定:"供电企业如能提供证明,居民用户家用电器的损坏是不可抗力、第三人责任、受害者自身过错或产品质量事故等原因引起,并经县级以上电力管理部门核实无误,供电企业不承担赔偿责任。"本条规定的原则毫无疑问是过错推定原则。即由电力企业(被告)提出证据证明自己没有过错,否则,将被推定为有过错而必须承担赔偿责任。

2. 综述意见

分析认为,低压电侵权应适用过错原则。理由是:

其一,《侵权责任法》第73条明文规定了高压电侵权才适用严格责任,而且,依据《侵权责任法》第7条的规定,无过错责任只有在法律有规定的时候才能适用，法律明确规定高压侵权适用无过错责任，"低电压"是"高电压"的反义词，专门明确的"高电压"适用范围就不适用"低电压"。

其二，在司法实践中，最高人民法院《关于触电人身损害赔偿的司法解释》（〔2001〕3号）明确界定了高压的范围。依据其起草人的解释，对非高压电引起的赔偿，电力设施产权人或者其他人如果没有过错就不承担赔偿责任，如果有过错，则根据过错程度承担相应的责任，而受害人如果有过错，就应当根据混合过错规则免除、减轻责任。因非高压电引起的人身损害赔偿，可以参照解释第4条、第5条的规定确定赔偿范围及支付方式。

其三，在现代风险社会中，危险无处不在。但只有高度危险的物品或作业造成的损害才适用无过错责任，并非所有危险活动均应适用无过错原则。危险活动与危险物因其危险程度之不同，可分为两类：一般危险与高度危险，只有高度危险活动才适用无过错责任原则，这符合无过错责任的内涵，把所有的危险活动适用无过错责任原则只能无谓加重加害人的责任，不符合公平原则。若一般危险的行为就让行为人承担无过错责任，实在不利于社会的发展，所以还是必须有相当的"高度"，行为人才负其高风险责任，是一般人能够接受的。

综上得出如下结论：

（1）《居民用户家用电器损坏处理办法》的规定与《侵权责任法》冲突，不宜继续适用。因为居民用户是低压电，应适用《侵权责任法》第6条规定的过错责任，适用无过错责任增加了电力企业的负担，而且与《侵权责任法》矛盾。

（2）《电力法》第60条第1款的规定，因为没有区分低压电与高压电，与《侵权法》的规定也有冲突，因此建议修改。

（三）电力侵权的责任主体

《民法通则》和《侵权责任法》都没有专门规定低压致损。这时，首先应适用《电力法》的规定，即按照"电力事业投资，实行谁投资、谁收益的原则"来确定所有权人，基于民法"损之所在，利之所归"的原则，电力企业当然应承担责任。

对于高压侵权，《民法通则》第 123 条规定从事高空、高压、易燃、易爆、剧毒、放射性、高速运输工具等对周围环境有高度危险的作业造成他人损害的，应当承担民事责任，没有明确规定承担责任的主体到底是谁。《侵权责任法》第 73 条规定："从事高空、高压、地下挖掘活动或者使用高速轨道运输工具造成他人损害的，经营者应当承担侵权责任，但能够证明损害是因受害人故意或者不可抗力造成的，不承担责任。被侵权人对损害的发生有过失的，可以减轻经营者的责任。"它使用的是"经营者"这一概念。

"经营者"一词的内涵也并不明确，通常理解为实际作业人、管理人或使用人。在《侵权责任法》制定以前，学者建议使用"高压输电线路的经营者、高压设施的使用者"的概念；也有学者建议使用"所有人、占有人或管理人"的概念。"作业人"包括实际控制高度危险作业客体并利用其营利的人，可以是高度危险业的所有人、占有人，也可以是高度危险作业的经营者，其外延大于"经营者"。

在司法实践中，一旦发生人身触电伤害纠纷，受害者往往也都把供电公司作为索赔对象。鉴于此，原电力工业部颁布的《供电营业规则》第 51 条就规定，在供电设施上发生事故引起的法律责任，按供电设施产权归属确定。产权归属于谁，谁就承担其拥有的供电设施上发生事故引起的法律责任，但产权所有者不承担受害者因违反安全或其他规章制度，擅自进入供电设施非安全区域内而发生事故引起的法律责任，以及在委托维护的供电设施上，因代理方维护不当所发生事故引起的法律责任。本条规定有两个重要内容：一是电力设施侵权的责任由电力设施的产权人承担。二是本条并没有区分高压侵权与低压侵权，适用的是同一规则。《触电损害解释》第 2 条规定，因高压电造成人身损害的案件，由电力设施产权人依照民法通则第 123 条的规定承担民事责任。本条规定仅适用于高压电侵权。

在《侵权责任法》没有明确电力设施侵权责任主体的情形，在实践中，就产生了两个重要问题：（1）由产权人承担责任是否适用于低压电与高压电？（2）"产权人"与"经营权人"是否矛盾？换句话说，作为部门规章的《供电营业规则》和《触电损害解释》在《侵权责任法》实施后是否能够继续适用。

分析认为，无论是低压侵权还是高压侵权，都应当由产权人承担责任，其合理性体现为：

（1）从《物权法》的角度看，真正造成电力侵权的原因是电能固有的危害性。电能属于民法中物的一种，电力设施则更是一种物，既然为物，则当事人可以取得其所有权。依据《物权法》的物权变动规则，电能应当从交付之时起发生所有权转移。交付有现实交付和观念交付两种。现实交付，是指动产物权的让与人将其对动产的占有现实地转移给受让人。观念交付则非真正的交付，只是动产占有在观念上的移转。供电企业与用户间的电能交付属于现实交付，但又区别于通常的现实交付。合法有效的电能交付必须同时具备四个条件：①须有完整的用电计量装置；②用电计量装置须向供电企业登记。例如《供电营业规则》第16条第1款规定："任何单位或个人需新装用电或增加用电容量、变更用电都必须按本规则规定，事先到供电企业用电营业场所提出申请，办理手续。"③须有电力设施产权分界点；④电流须通过上述计量装置越过产权分界点到达用户侧。

鉴于电力商品的产、供、销是同时进行的，电力商品生产、交换、流通物质载体——供电设施必须具有整体性，但一般情况下，发电、输配电是由不同的主体进行的，供电企业并不必然是电力设施产权人，还有可能是输电企业或用电人。在物权上判断电能"归属"唯一的办法，就是看供电设施的产权分界点。供电设施的产权分界点可以确定电力的所有人或者管理人，进而认定电力运行事故的侵权人和责任承担者。

需要注意的是，电力设施产权人之所以承担责任，其根本原因并不在于他对电力设施享有所有权，而是他对电力享有所有权。因为造成损害的是电力，而不是电力设施，电力的无形性又决定了其必须借助于一定的供电设施才能流通和交换。电能在谁的设施上，电的所有权就归谁，电流经过供电设施产权分界点，即视为电能的交付和风险的转移。

（2）从《合同法》角度看，依据其第142条的规定，电力交付后，其风险也自交付时转移。第178条规定，供用电合同的履行地点，按照当事人约定；当事人没有约定或者约定不明确的，供电设施的产权分界处为履行地点。在合同双方没有约定履行地点时，供电设施产权分界处就作为法定的履行地点。之所以如此规定,是因为产权分界点是当事人交付电能的地点。

在实践中,当事人通常在供用电合同中约定电力设施产权归属,以判断电能交付和所有权转移,确定电能在电力设施上产生的损耗(包括变损、线损)的分界,认定合同是否适当履行及确定受诉法院管辖地。

(3) 从《侵权责任法》的角度看,高度危险责任的合理性在于"谁能够控制、减少危险谁承担责任"的危险控制理论以及"谁享受利益、谁承担风险"的报偿理论,依据这些原理,电能的所有人或者管理人承担责任。

综上所述,电力作为一种商品参与市场交易、流通,必须借助一定的供电设施将发电、输电、配电、用电等环节联系起来,电力在多个主体的电力设施中持续流动造成损害的,当然应由电力设施的产权人承担责任。

### 三、电力行政执法主体制度

(一) 电力行政执法的困境

1. 电力执法主体的缺位

目前电力执法的现实困境是,一方面,电力企业具备保护线路的人力、物力及相关的技术条件,是保护电力设施的现实力量,但是改革之后没有行政执法权。另一方面,根据现行的法律制度,具有执法权的电力管理部门在现实中无力单独承担保护电力设施等职责。除了用电检查权在实施中遭遇到极大阻碍以外,在其他电力领域,电力行政执法主体的缺位也使电力企业蒙受了巨大损失。

近年来,违反电力规划、破坏电力设施、盗窃电能等危及电力安全的案件频繁发生,此类问题未能得到及时、有效的遏制,且有日趋严重之势。由于电力是关乎社会公众利益和公共安全的行业,此类问题不仅造成电力企业的巨额资产损失,而且严重破坏了电网用户正常的用电秩序,给电网安全稳定运行造成了极大的影响。可以说,自电力行业改制以来,电力行业发展的瓶颈之一就是行政执法主体的缺位,因此亟须通过本次《电力法》的修订作进一步的明确。

2. 实践中的突破

一些地方政府为了改变电力体制改革后出现的电力执法的困境，解决电力设施破坏严重、违反电力规划、窃电现象突出的问题，作出了尝试性的执法模式创新，在其多元化的执法主体组成中，供电企业通常是必不可少的组成部分。下面略举几例加以说明。

（1）湖北十堰："电力警务室"。在十堰供电公司与公安部门采取的专项联合执法合作过程中，十堰供电公司决定将警企联动机制长期确立下来。2007年8月8日，十堰市公安局、十堰供电公司联合下发了《关于成立"十堰市公安局电力警务室"的通知》，对电力警务室的机构设置、任务、工作人员职责等进行细致规定。文件明确了电力警务室是十堰市公安局派驻十堰供电公司的机构，属非常设机构，实行公安局和供电公司双重领导，电力警务室要严格按照公安机关的工作程序开展工作。

（2）湖北荆州：电力行政执法监察大队。荆州市编委为市电力行政执法监察大队核定的正式编制仅为5人，但这个编制的批转流程解决的是执法主体产生程序的合法性。但是实际上荆州市电力行政执法监察大队实际组成人员为19人，分别来自市经委、公安局技术监督局和荆州供电公司。荆州市经委方面的解释是：荆州市电力行政监察大队目前的资源配置虽然有限，但它的设立有一个标志性的意义，即解决了电力行政执法主体的合法性。

（3）福建漳州：电力行政执法办公室。漳州市经贸委电力政执法办公室由市经贸委及漳州电业局组成，下设5个工作组。同时，漳州市明确提出，全市行政管辖范围内电力设施保护工作、电力线路保护区内清理障碍工作等由漳州市经贸委电力行政执法办公室负责管理。各县（市）经贸委电力行政执法办公室要按照规定的管理职责，在县（市）党委、政府的领导下，对危及电力设施安全的行为及时进行制止和纠正。

（4）云南：电力设施保护领导小组。云南省电力设施保护工作领导小组由政府分管领导任组长，电力行政、发改委、公安、建设、林业、工商、国土、水利、电力监管、政府法制机构及其他相关部门和电力企业为小组成员单位，各单位在法定的职权和职责范围内开展电力设施的保护工作。

从以上模式可以看出，单纯依靠行政机关无法胜任执法工作，在现实中的一些做法实际上已经突破了法律上的规定，各地的一些做法不论是专项整治活动还是设立一个综合性的领导小组，都将供电企业纳入其中。其在相关的执法活动之中不仅仅起到了技术顾问之类的作用，还从事了一定的行政执法活动。现行的电力行政执法活动需要电力企业的参与，而且事实上它们也经常参与。但是在现行的法律制度中，此种做法面临法律风险。这些尝试都取得了不错的效果，对于此种有效的尝试，应当在《电力法》的修改中得到体现。

### （二）电力行政执法权应由谁行使

《电力法》修改时的一个重大问题就是确定电力执法权主体。如前文所述，在制定《能源法》之际，我国的能源主管部门可能也会发生变化。因此，《电力法》与《能源法》最需要衔接的问题之一就是主管部门的确定。

在《能源法》尚未通过之际，《电力法》的修改只能依据已经生效的法律确定主管机关。我国刚通过了《石油天然气管道保护法》，其第4条第1款明确规定："国务院能源主管部门依照本法规定主管全国管道保护工作，负责组织编制并实施全国管道发展规划，统筹协调全国管道发展规划与其他专项规划的衔接，协调跨省、自治区、直辖市管道保护的重大问题。"鉴于此，《电力法》在修订时恐怕还是得规定"国务院能源主管部门"为电力行政执法主体。

### （三）电力企业能否被授予行政执法权

#### 1. 反对的观点

反对授权电力企业被授予部分行政处罚权的观点，概括起来有如下理由：其一，不符合政企分开的改革趋势。在电力体制改革之前就是由电力企业行使相关的行政执法权，现在重新赋予企业行政执法权是逆改革潮流的倒退行为。其二，电力企业有可能成为行政执法的对象，对其进行行政授权，将导致利益冲突。其三，作为供用电合同中民事主体的电力企业，拥有民事方面的请求权，如果再授予其行政执法权，将造成平等的民事主体间地位的不平等，投资者和电力用户的利益无法得到有效的保障。

2. 赞成的理由

分析认为，授予电力企业部分行政处罚权，不仅是基于现实的需要，在理论和实践上也是可行的，并且授权并不违背相关的法学理论。

（1）部分授权不同于电力体制改革前的政企不分。电力制度改革前电力企业的行政执法和现在对电力企业的改革完全是基于不同的立法背景和立法目的，并且职权范围也是不同的。

电力体制改革的重心是政企分开，通过立法授权将电力行政执法权交由电力企业行使并未改变其企业性质，不存在与电力体制改革的大方向相冲突的问题。完全取消电力企业的行政执法权是基于政企分开，为了更好地体现企业的营利功能、并且使得行政执法权能够更恰当地行使，于是在相关执法机关尚未设立并具备执法条件的情况下，骤然取消了原来执法主体的资格。事实证明，当时在尚未考察主体的执法可能性及执法能力的情况下，设计电力行政执法的主体，经过十几年的实践检验，效果不佳，这就是所谓"立法造成执法的不能"。现在的授权是在符合法理的前提下进行部分适当的授权。

（2）部分授权符合《行政处罚法》的规定。行政法上，可以行使行政管理职能的主体，不仅限于行政机关，尚包括法律、法规授权的组织。法律、法规授权的组织是指依具体法律、法规授权而行使特定的行政职能的非国家行政机关组织。法律、法规授权事业组织行使特定行政职能的情况并不少见。相对于事业组织来说，法律、法规较少授权企业组织行使行政职权。因为企业组织主要以营利为目的，从而往往与一定的行政职能具有利害关系。此种情况也不是绝对的，对某些企业可能不适于授权行使某类行政职能，但并非不能授权行使其他行政职能。我国在体制转轨时期，有一些由过去的专业行政机关转制而建立的大型全国性专业公司或行业集团，法律、法规往往授权其行使原行政机关行使的某些管理性行政职能。这在一定时期、一定阶段是不可避免的。例如，《中华人民共和国烟草专卖法》第14条第2款授权全国烟草总公司和省级烟草公司行使下达卷烟产量指标的行政职能，全国烟草总公司根据国务院计划部门下达的年度总产量计划向省级烟草公司下达分等级、分种类的卷烟产量指标。又如，我国盐业管理也存在此种情况，许多省级盐业公司被授权行使盐业管理的某些行政职能。1989年8月27日，国务院批转发布的《关于国务院有关部门与国家专业投资公司职责划分的意见》更明确授权投资公司行使多种行政性职能。

依据行政法的基本原则和一般法理，相应组织应具备下述条件，法律、法规才能授权其行使一定的行政职能：

第一，相应组织应与所授权行使的行政职能无利害关系。例如，法律、法规不能授权参与市场竞争的企事业组织管理与市场竞争有关的行政事务，否则，即违反行政法的公正原则。具体到电力行政执法的授权上来说，在区分不同的行政执法内容的前提下，对于符合该项条件的职能进行部分授权，通过法律法规授权获得的行使针对电力设施和电能保护的行政执法权有着严格的执法范围限定，作为被授权的执法主体，不得将行政执法权用于处理与其他民事主体的合同法律关系。

第二，相应组织应当具备了解和掌握与所行使行政职能有关的法律、法规和有关技术知识的工作人员。供电企业具备大量的懂得电力相关技术的人员，供电公司有大量专门的电力设施维护人员、防窃电工作人员，再对其进行相关的法律、法规的培训，较能适应相关行政执法工作的要求。

第三，相应组织应具备行使授权行政职能所需要的基本设备和条件。

第四，对于某些特别行政职能，被授权组织还应具备某些特别的条件，如保密、安全、技术、经验以及工作人员的特殊素质要求等。电力企业之所以再次成为人们所关注的授权主体，就在于其具备其他的组织所不具备的电力方面的相关技术、经验及工作人员。电网经营企业具有较充分的人力、物力等资源，且具有一定技术和经验，如能由电力企业来行使部分行政执法权，能够弥补当前电力管理部门电力行政执法能力之不足。

依法限定被授权组织的特殊法律地位，可避免破坏平等的市场主体地位：被授权组织在行使法律、法规所授行政职能时，是行政主体，具有与行政机关基本相同的法律地位。被授权组织以自己名义行使法律、法规所授职能，并由其本身就行使所授职能的行为对外承担法律责任。被授权组织在行使行政职能的场合，必须为公共利益行事，不得谋求本组织的利益，并应严格遵守法律、法规授权的范围与目的。

综上所述，部分授权电力企业行使电力行政执法权在法理方面不存在障碍。另外,实践证明了授予电力企业部分行政执法权的可行性。在《电力法》的修改中可以将此种成功的实践变为法律制度,正如法谚云,"法律是临时有效措施的定型化"。另外,也是出于降低行政执法法律风险的必要考虑。地方的此种尝试毕竟缺乏上位法的有力依据,依靠制定地方性法规来保障合法性的话,又会造成立法资源的浪费,各地法律的差异过大也会影响法律的权威。

如果《电力法》可以授权电力企业维护电力设施,这确实是非常理想的一种解决方案。因为电力企业既有维护电力设施安全的能力,也有维护电力设施安全的强烈意愿,相对来说,其他行政机关都不愿履行这一职责。如果这一方案不能通过,还有两种代替方案:一是电力监管机构仿效银监会将其派出机构设置到省辖市一级,由电力监管机构负责履行这一职责。二是可在省和省辖市两级,设置专门从事电力、电信、石油、天然气等能源行政执法的公安执法支队,由地方公安部门归口管理,代表政府行使电力设施保护的行政执法职能。

针对目前执法的困境,仅仅依据目前《电力法》的规定由具有执法权的主管部门行使全部执法权是不现实的,为此,建议《电力法》规定能源主管部门可以授权电力企业以行政执法权。

### 四、基本立场与修法对策

(一)基本立场

(1)《电力法》在修订时应抛弃"电力运行事故"的概念,因为这一概念过于模糊,混淆了低压电侵权和高压电侵权两种性质完全不同的侵权责任。另外,《电力法》使用这一概念还使人误认为低压电侵权也适用《电力法》第60条,这既与《民法通则》《侵权责任法》相抵触,也加重了电网企业的负担。

(2)《电力法》应直接界定高压的范围,以统一高压电危险作业造成的财产损害和人身损害的法律适用。

(3)《电力法》应明确规定由电力设施产权人承担侵权责任,且不应区分低压电造成的损害与高压电造成的损害。目前只有部门规章规定了由电力设施产权人承担责任，这存在两个问题：一是效力不高，二是司法实践往往以电力企业有安全供电义务为由判决电力企业共同承担责任。

（4）《电力法》应仅仅规定高压电侵权的特殊免责事由，对低压电侵权无须规定。《电力法》第60条相对于《侵权责任法》是特别法，但又是旧法，所以两者的适用存在争议。而且《电力法》规定的免责事由存在重大问题，如规定受害人过错可以免责、免责事由规定不完整等。

（5）《电力法》在修订时应运用《侵权责任法》第77条的授权，规定高压电触电的赔偿限额，这是由电力企业的特殊性决定的。

（6）停电造成的损害，电力企业只承担过错责任。高压停电造成的损害，受害人选择违约赔偿请求权与侵权赔偿请求权的权利受到限制。但这一问题属于法律解释问题，无须在法律中规定。

（7）电力行政执法机关的缺位——这一困扰电力企业多年的问题必须通过《电力法》修订来解决。如果《电力法》可以授权电力企业维护电力设施，这确实是非常理想的一种解决方案。如果这一方案不能通过，还有两种代替方案：一是电力监管机构仿效银监会将其派出机构设置到省辖市一级，由电力监管机构负责履行这一职责。但我国刚通过的《石油天然气管道保护法》明确规定国务院能源主管部门为执法主体，《电力法》大抵也只能作类似规定。二是可在省和省辖市两级，设置专门从事电力、电信、石油、天然气等能源行政执法的公安执法支队，由地方公安部门归口管理，代表政府行使电力设施保护的行政执法职能。这一方案实行难度也比较大。

（8）电力企业行使部分行政处罚权，不仅有理论依据，同时实践中也有很好的效果。电力企业有权依据《行政处罚法》获得部分行政执法权，包括行政处罚权。但电力企业的营利性质不尽符合《行政处罚法》有关行政权力授权的规定，考虑到《中华人民共和国烟草专卖法》有授权烟草公司行使部分行政权的立法例，可以通过《电力法》作授权性规定。

（9）我国没有规定单位窃电可以构成单位犯罪，《电力法》不能突破《刑法》专门予以规定。

（10）目前地方性法规对窃电计算标准的规定，因为与刑法、刑事诉讼法的原则背离，不宜写入《电力法》中。只能通过修改《电力法》第31条予以防范。

（二）修法对策

（1）建议《电力法》规定："电力设施的运行维护管理范围，依据所有权的归属确定。电力运行过程中造成的损害，由电力设施的所有权人承担责任。"

（2）建议《电力法》第60条修改为："高压电运行过程中造成的损害，如是由下列原因之一造成的，电力设施产权人不承担赔偿责任：（1）不可抗力；（2）受害人故意；（3）受害人从事法律、行政法规所禁止的行为；（4）其他法定正当理由。"

（3）建议《电力法》规定："高压包括1千伏（kV）及其以上电压等级的高压电；1千伏（kV）以下电压等级为非高压电"。

（4）《电力法》在修订时，可以规定：

"高压触电产生的人身损害赔偿责任应当在40万元人民币的最高限额内按照实际损害承担赔偿责任，但法律另有规定的除外。"

或：

"高压触电产生的人身损害赔偿责任应当在限额内按照实际损害承担赔偿责任，赔偿责任限额由国务院电力主管部门制定，报国务院批准后公布执行。"

（5）《电力法》应规定由能源主管部门作为行政执法主体，并规定"能源主管部门可以依法授权电力公司行使部分行政处罚权。"

# 参考文献

## 一、著作类

[1] 史际春，邓峰. 经济法总论：第二版 [M]. 北京：法律出版社，2008.

[2] 史际春. 国有企业法论 [M]. 北京：中国法制出版社，1997.

[3] 李曙光. 转型法律学——市场经济的法律解释 [M]. 北京：中国政法大学出版社，2004.

[4] 李曙光. 经济法学：第二版 [M]. 北京：中国政法大学出版社，2013.

[5] [日] 新电气事业讲座编辑委员会. 电力事业经营总论 [M]. 北京：水利电力出版社，1986.

[6] 武建东. 深化中国电力体制改革绿皮书纲要 [M]. 北京：光明日报出版社，2013.

[7] 中华人民共和国统计局. 中华人民共和国2014年国民经济和社会发展统计公报 [M]. 北京：中国统计出版社，2015.

[8] 陈富良. 放松规制与强化规制——论转型经济中的政府规制改革 [M]. 上海：上海三联书店出版社，2001.

[9] 陈富良，万卫红. 企业行为与政府规制 [M]. 北京：经济管理出版社，2001.

[10] 陈富良. 我国经济转轨时期的政府规制 [M]. 北京：中国财政经济出版社，2000.

[11] 陈泉生. 可持续发展与法律变革 [M]. 北京：法律出版社，2000.

［12］陈永权．区域电力市场下发电集团公司竞价决策［M］．北京：中国电力出版社，2009．

［13］程荃．欧盟新能源法律与政策研究［M］．武汉：武汉大学出版社，2012．

［14］杜立民．电力竞争与我国电力产业市场化改革［M］．杭州：浙江大学出版社，2010．

［15］国家电力监管委员会输电监管部．大用户直接交易探索与国外电力交易监管经验［M］．北京：中国电力出版社，2008．

［16］国网能源研究院．能源与电力分析年度报告系列：2010 国外电力市场化改革分析报告［M］．北京：中国电力出版社，2010．

［17］国网北京经济技术研究院．国外电力市场化改革年度分析报告（2008 年）北京：中国电力出版社，2009．

［18］何永秀，韩金山，李莹．电力与经济关系的计量分析［M］．北京：中国电力出版社，2008．

［19］黄振中．国际能源法律制度研究［M］．北京：法律出版社，2012．

［20］李晓辉．保障我国能源安全的经济法律制度研究［M］．厦门：厦门大学出版社，2011．

［21］刘瑞复．经济法学原理［M］．北京：北京大学出版社，2008．

［22］彭文兵．电力发展与投融资［M］．上海：上海财经大学出版社，2009．

［23］曲云鹏．澳大利亚能源规制、政策及启示［M］．北京：知识产权出版社，2011．

［24］戚聿东．中国经济运行中的垄断与竞争［M］．北京：人民出版社，2004．

［25］戚聿东，柳学信．自然垄断产业改革国际经验与中国实践［M］．北京：中国社会科学出版社，2009．

［26］史际春．反垄断法理解与适用［M］．北京：中国法制出版社，2007．

［27］时璟丽．可再生能源电力价格形成机制研究［M］．北京：化学工

业出版社，2008.

［28］吴世勇，马光文，等．水电竞价理论与方法［M］．北京：中国电力出版社，2008.

［29］王俊豪．政府管制经济学导论——基本理论及其在政府管制实践中的应用［M］．北京，商务印书馆，2001.

［30］徐孟洲．耦合经济法论［M］．北京：中国人民大学出版社，2010.

［31］杨鲁，田源．中国电力工业发展与改革的战略选择［M］．北京：中国物价出版社，1991.

［32］杨泽伟．发达国家新能源法律与政策研究［M］．武汉：武汉大学出版社，2011.

［33］叶荣泗，吴钟瑚．中国能源法律体系研究［M］．北京：中国电力出版社，2006.

［34］杨凤．经济转轨与中国电力监管体制建构［M］．北京：中国社会科学出版社，2009.

［35］王俊豪．中国垄断性产业的结构重组、分类管制与协调政策［M］．北京：商务印书馆，2005.

［36］张昕竹．中国规制与竞争：理论与政策［M］．北京：社会科学文献出版社，2000.

［37］王良春．自然垄断与政府规制［M］．北京：经济科学出版社，2003.

［38］张昕竹．中国电网管理体制改革研究［M］．南昌：江西人民出版社，2010.

［39］赵爽．能源变革与法律制度创新研究［M］．厦门：厦门大学出版社，2012.

［40］赵庆寺．美国能源法律政策与能源安全［M］．北京：北京大学出版社，2012.

［41］朱晓艳．大部制下中国电力管制机构改革研究［M］．北京：经济管理出版社，2009.

［42］张昕竹．中国基础设施产业的规制改革与发展［M］．北京：国家

行政学院出版社，2002.

［43］赵会茹，李春杰，李泓泽. 电力产业管制与竞争的经济学分析［M］. 北京：中国电力出版社，2007.

［44］邹斌，周浩，李晓刚. 电力市场原理与实践［M］. 北京：中国林业出版社，北京大学出版社，2006.

［45］张昕竹，冯永晟，马源. 中国电网管理体制改革研究［M］. 南昌：江西人民出版社，2010.

［46］张守文. 经济法总论［M］. 北京：中国人民大学出版社，2009.

［47］钟雯彬. 公共产品法律调整研究［M］. 北京：法律出版社，2008.

［48］张昕竹. 中国铁路规制与竞争理论和政策［M］. 北京：中国行政学院出版社，2004.

［49］杨紫烜. 国家协调论［M］. 北京：北京大学出版社，2009.

［50］张泳. 制度理论及中国电力行业制度变迁研究［M］. 北京：经济科学出版社，2005.

［51］周定山. 西方国家电力体制改革实践及经验教训［M］. 北京：中国水利水电出版社，2005.

## 二、中文译著类

［1］［美］布坎南. 公共财政［M］. 赵锡军，译. 北京：中国财经经济出版社，1991.

［2］［美］丹尼尔·F. 史普博. 管制与市场［M］. 余晖，译. 上海：上海三联书店，2008.

［3］［美］保罗·萨缪尔森，威廉·诺德豪斯经济学［M］. 萧琛，主译. 北京：人民邮电出版社，2008.

［4］［美］E. 博登海默. 法理学法律哲学与法律方法［M］. 邓正来，译. 北京：中国政法大学出版社，2004.

［5］［美］理查德·A. 波斯纳. 反托拉斯法：第二版［M］. 孙秋宁，译. 北京：中国政法大学出版社，2003.

［6］［美］J. E. 克武卡，L. J. 怀特. 反托拉斯革命——经济学、竞争与

政策：第四版［M］．林平，臧旭恒，等，译．北京：经济科学出版社，2007．

［7］［美］马西莫·莫塔．竞争政策——理论与实践［M］．沈国华，译．上海：上海财经大学出版社，2006．

［8］［美］约瑟夫·斯蒂格利茨．政府为什么干预经济［M］．郑秉文，译．北京：中国物资出版社，1998．

［9］［美］E. S. 萨瓦斯．民营化与公私部门的伙伴关系［M］．周志忍，等，译．北京：中国人民大学出版社，2002．

［10］［美］埃利诺·奥斯特罗姆．公共事物的治理之道［M］．余逊达，陈旭东，译．上海：上海三联书店，2000．

［11］［美］埃利诺·奥斯特罗姆．公共服务的制度建构［M］．上海：上海三联书店，2000．

［12］［美］埃利诺·奥斯特罗姆．制度分析与发展的反思：问题与抉择［M］．王诚，译．北京：商务印书馆，1992．

［13］［美］萨利·亨特．电力市场竞争［M］．易立云，杨海波，乔涛，译．北京：中信出版社，2004．

［14］［美］杰弗里·罗斯韦尔，托马斯·戈麦斯．电力经济学：管制与放松管制［M］．叶泽，译．北京，中国电力出版社，2007．

［15］［美］G. J. 施蒂格勒．产业组织和政府管制［M］．潘振民，译．上海：上海三联书店，1996．

［16］［美］W. 基普·维斯库斯，小约瑟夫·E. 哈林顿，约翰·M. 弗农．反垄断与管制经济学：第三版［M］．陈甬军，覃福晓，等，译．北京：机械出版社，2004．

［17］［美］STEVEN STOFT. 电力系统经济——电力市场设计［M］．宋永华，刘俊勇，王秀丽，译．北京：中国电力出版社，2006．

［18］［美］美国麻省理工学院．电网的未来［M］．北京：中国水利水电出版社，2013．

［19］［美］吉尔·琼斯．光电帝国——电力发展史上的巨人和他们的战争［M］．吴敏，译．北京：中信出版社，2006．

［20］［美］詹姆斯·M. 布坎南. 公共物品的需求与供给［M］. 马珺, 译. 上海：上海人民出版社, 2009.

［21］［美］Geoffrey Rothwell, ［西班牙］Tomas Gomez. 电力经济学管制与放松管制［M］. 叶泽, 译. 北京：中国电力出版社, 2007.

［22］［美］约瑟夫·P. 托梅因, 理查德·D. 卡达希. 美国能源法［M］. 万少廷, 译. 北京：法律出版社, 2008.

［23］［英］约翰·穆勒. 政治经济学原理及其在社会哲学上的若干应用［M］. 赵荣潜, 等, 译. 北京：商务印书馆, 1991.

［24］［英］约翰·梅纳德·凯恩斯. 就业、利息与货币通论：重译本高鸿业, 译. 北京：商务印书馆, 1999.

［25］［英］大卫·休谟. 人性论［M］. 关文运, 译. 北京：商务印书馆, 1980.

［26］［英］亚当·斯密. 国民财富的性质和原因的研究［M］. 郭大力, 王亚南, 译. 北京：商务印书馆, 1974.

［27］［英］托马斯·霍布斯. 利维坦［M］. 黎思复, 等, 译. 北京：商务印书馆, 1985.

［28］［英］戴维·M. 纽伯里. 网络型产业的重组与规制［M］. 何玉梅, 译. 北京：人民邮电出版社, 2002.

［29］［英］奥利弗·布莱克. 反垄断的哲学基础［M］. 向国成, 袁媛, 等译. 于立, 校. 大连：东北财经大学出版社, 2010.

［30］［法］让·雅克·拉丰, 让·梯若尔. 政府采购与规制中的激励理论［M］. 石磊, 王永钦, 译. 上海：三联书店上海分店, 上海人民出版社, 2004.

［31］［法］让·雅克·拉丰, 让·梯若尔. 电信竞争［M］. 胡汉辉, 刘怀德, 罗亮, 译. 北京：人民邮电出版社, 2001.

［32］［日］植草益. 微观规制经济学［M］. 朱绍文, 译. 北京：中国发展出版社, 1992.

［33］［德］魏伯乐（Weizsacker）, ［美］奥兰·扬（Oran R. Young）, ［瑞士］马塞厄斯·芬格（Matthias Finger）私有化的局限［M］. 王小卫, 周

缨,译.上海:上海三联书店,上海人民出版社,2006.

### 三、论文类

[1] 陈武.低碳背景下能源行业如何发展?[J].中国能源报,2010年(6).

[2] 张春华.低碳经济:气候变化背景下的发展之路[J].WTO 经济导刊,2009(2).

[3] 史际春.论营利性[J].法学家,2013(3).

[4] 史际春.我国国营企业对于国家财产的经营管理权[J].中国法学,1984(3).

[5] 史际春.关于公司、企业的若干考证和辨析[J].法学家 1996(4).

[6] 史际春.论"大民事"[J].政法论坛,2002(4).

[7] 史际春.公用事业民营化及其相关法律问题研究[J].北京大学学报:哲社版,2004(4).

[8] 史际春.反公用事业垄断若干问题研究——以电信业和电力业的改革为例[J].法商研究,2005(3).

[9] 李曙光.中国法律现代化的取向[J].新华文摘,1994(7).

[10] 李曙光.中国的公司治理及其转型期的改革[J].政法论坛,2003(3).

[11] 李曙光.行政许可、政府干预与政府转型[J].开放导报,2004(6).

[12] 李曙光.公司法的模式、理念与修改[J].新华文摘,2005(3).

[13] 李曙光.经济法词义的解释与理论研究的重心[J].政法论坛,2005(6).

[14] 张平.发电设备装机容量稳步增长——2014 年发电设备行业发展年度报告[J].中国电力报,2015(2).

[15] 彭志龙,吴优,武央,王海燕.我国能源消费与 GDP 增长关系研

究［J］. 统计研究，2007（7）.

［16］王睿. 再议电力市场化改革［J］. 能源，2014（10）.

［17］张森林，孙延：《电力体制改革和电力市场对南方电网影响分析》，载于《广东电力》，2012（11）.

［18］刘辉，韩晓英. 坚持输配一体放两头管中间——华北电力大学曾鸣教授"能源大讲堂"纵论我国电力体制改革的基本路径［J］. 中国电力教育，2014（13）.

［19］史丹. 中国电力体制改革的目标选择［J］. 中国能源，2014（8）.

［20］白玫. 新一轮电力体制改革的目标、难点和路径选择［J］. 价格理论与实践，2014（7）.

［21］张森林，孙延，电力体制改革和电力市场对南方电网影响分析［J］. 广东电力，2012（11）.

［22］白让让. 行政权力、纵向约束与管制困境［J］. 财经问题研究，2006（9）.

［23］陈富良，徐涛. 电力行业规制政策的变迁及启示［J］. 财经问题研究，2009（2）.

［24］崔金兰，刘天琪. 分布式发电技术及其并网问题研究综述［J］. 现代电力，2007（3）.

［25］冯飞，王金照. 关注风电和太阳能发电的新变化［J］. 中国发展观察，2012（2）.

［26］胡凯. 论瓶颈垄断与行政垄断下的接入规制［J］. 邮电学院学报，2009（6）.

［27］胡德宝. 中国自然垄断产业改革的博弈分析——基于利益集团的视角［J］. 山西财经大学学报，2009（12）.

［28］林伯强. 中国能源战略调整和能源政策优化研究［J］. 电网与清洁能源，2012（1）.

［29］林伯强. 中国电力工业发展改革进程与配套改革［J］. 管理世界，2005（8）.

［30］林伯强. 电力产业对中国经济可持续发展的影响［J］. 世界经济，

2009（7）.

［31］林伯强．电力短缺、短期措施与长期战略［J］．经济研究，2004（3）.

［32］林伯强．有目标的电价补贴有助于能源公平和效率［J］．金融研究．2009（11）.

［33］林伯强．阶梯电价政策的反思［J］．21世纪经济报道，2010（11）.

［34］刘希颖，林伯强．改革能源定价机制以保障可持续发展——以煤电联动政策为例［J］．金融研究，2013（4）.

［35］李志学，杨媛．环境规制政策对能源企业绩效的影响——以火力发电企业为例［J］．财会月刊，2011（11）.

［36］李琼慧，黄碧斌，蒋莉萍．国内外分布式电源定义及发展现况对比分析［J］．中国能源，2012（8）.

［37］李明．利益集团影响公共决策的事例分析和理论讨论［J］．湖南大学学报（社会科学版），2009（6）.

［38］李济英．电力工业与国民经济互动关系分析［J］．经济师，2004（4）.

［39］刘文华．从三峡工程看经济合同［J］．法学杂志，2001（6）.

［40］刘文华．论产业法的地位［J］．法学论坛，2001（6）.

［41］刘光华．经济法的语境论研究进路［J］．兰州大学学报（社会科学版），2002（2）.

［42］刘光华．中国《反垄断法》的文本特征——以"滥用市场支配地位"为例［J］．河南省政法管理干部学院学报，2008（4）.

［43］刘宝华，王冬容，舒安杰．对加州电力危机的再认识［J］．电力系统自动化，2007（7）.

［44］孟雁北．论产业政策与反垄断法的冲突与协调［J］．社会科学研究，2005（2）.

［45］马昕，朱亚星，李晓博．中国电力工业与国民经济增长关系的研究［J］．统计与决策，2007（3）.

[46] 邱本. 论市场竞争法的基础 [J]. 中国法学, 2003 (4).

[47] 任娴婷, 杨春华. 电网"N-1"风险管控 [J]. 中国电力教育, 2010 (32).

[48] 史际春, 赵忠龙. 竞争政策, 经验与文本的交织进化 [J]. 法学研究, 2010 (5).

[49] 谭显东, 胡兆光. 我国电力工业在国民经济中的地位和作用研究 [J]. 能源技术经济, 2010 (11).

[50] 吴宏伟. 试论我国行政性垄断及其消除对策 [J]. 法学家, 2000 (6).

[51] 论竞争法的政策功能 [J]. 中国人民大学学报, 2001 (2).

[52] 论竞争法的基本原则 [J]. 法学家, 2001 (2).

[53] 我国反垄断法与产业政策、竞争政策目标 [J]. 法学杂志, 2005 (2).

[54] 王乾坤, 胡兆意, 李琼慧. 中国与世界主要国家电价比较分析 [J]. 电力技术经济, 2009 (12).

[55] 王克稳. 我国行政审批与行政许可关系的重新梳理与规范 [J]. 中国法学, 2007 (4).

[56] 王信茂. 我国电力投资体制改革30年回顾 [J]. 电力技术经济, 2008 (6).

[57] 王晓晔. 规范公用企业的市场行为需要反垄断法 [J]. 法学研究, 1997 (5).

[58] 王晓华. 依法规范行政性限制竞争行为 [J]. 法学研究, 1998 (3).

[59] 王晓华. 有效竞争——我国竞争政策和反垄断法的目标模式 [J]. 法学家, 1998 (2).

[60] 王晓华. 公用企业滥用优势地位行为的法律管制 [J]. 法学杂志, 2005 (1).

[61] 王俊豪. 大部制背景下垄断性产业的管制机构改革 [J]. 中国工业经济, 2008 (7).

[62] 王俊豪. 中国垄断性产业改革对管制机构的需求 [J]. 财经论丛, 2008 (3).

[63] 王俊豪. 中国垄断性产业普遍服务政策探讨——以电信、电力产业为例 [J]. 财经研究, 2009 (10).

[64] 肖国兴.《能源法》与中国能源法律制度结构 [J]. 中州学刊, 2010 (6).

[65] 肖国兴. 我国能源价格规制实践变迁与市场化改革建议 [J]. 价格理论与实践, 2014 (1).

[66] 徐永禧. 美国、加拿大8·14大停电 [J]. 国际电力, 2003 (5).

[67] 徐介宪, 迟峰, 宋平. 国外电力改革与立法的做法与经验 [J]. 华东电力, 2006 (7).

[68] 于良春. 经济发达国家电力产业的规制改革 [J]. 当代财经, 2006 (3).

[69] 于良春. 完善中国电力监管机构的问题研究 [J]. 山东社会科学, 2003 (6).

[70] 杨东. 论反垄断法与行业监管法的协调关系 [J]. 法学家, 2008 (1).

[71] 杨紫烜. 对产业政策和产业法的若干理论问题的认识 [J]. 法学, 2010 (9).

[72] 杨素琴, 韩念杭, 罗念华. 分布式电源接入地区电网影响研究综述 [J]. 南京工程学院学报（自然科学版）, 2011 (3).

[73] 张士元. 完善产业政策法律制度 [J]. 法学, 2010 (9).

[74] 朱成章. 电力工业有哪些客观规律 [J]. 中国能源报, 2013 (7).

[75] 朱成章. 中国的电价问题 [J]. 电力需求侧管理, 2005 (3).

[76] 朱成章. 电价, 电力改革的难点所在 [J]. 大众用电, 2009 (6).

[77] 朱成章. 关于中国电价问题的探讨 [J]. 中外能源, 2013 (7).

[78] 朱成章. 电力改革，英国的经验教训 [J]. 低碳世界》, 2012 (7).

### 四、网页新闻类

[1] 中国电力联合会. 中国电力工业现状与展望 [OL]. 中国电力联合会网 [2015 – 03 – 10] http://www.cec.org.cn/yaowenkuaidi/2015 – 03 – 10/134972.html.

[2] 陈凯，陈振飞，孙蒙. 中国式智能电网进入全面建设特高压电网为骨干 [OL]. 人民网 [2015 – 08 – 03] http://energy.people.com.cn/GB/12509123.html.

[3] 中国低碳经济网. 电力革命智能电网登高望远天地宽洞见未来和机遇 [OL]. [2015 – 07 – 07] http://www.lowcn.com/jianpai/diangongjienen/201007/077975.html.

[4] 中国石油化工网. 2014年我国石油表观消费量超5.18亿吨 [OL]. [2015 – 01 – 29] http://oil.chinairn.com/news/20150129/172610372.shtml.

[5] 任松筠. 江苏省政府与国家电网公司签署战略合作协议 [OL]. 人民网 [2015 – 07 – 10], http://js.people.com.cn/n/2015/0710/c360300 – 25527618.html.

[6] 中共中央关于制定国民经济和社会发展第十三个五年规划的建议 [OL]. 新华网 [2015 – 11 – 04] http://news.xinhuanet.com/ziliao/2015 – 11/04/c_128392424.htm.

[7] 南方日报. 新电改"三放开一独立三强化"社会资本可投资成立售电主体 [R/OL] [2015 – 03 – 25]. http://www.chinasmartgrid.com.cn/news/20150325/601806.shtml.

[8] 中国新闻网. 新闻背景：中国电价中存在"电价交叉补贴" [OL]. [2015 – 11 – 19] http://www.chinanews.com/cj/cj-gncj/news/2009/11 – 19/1974343.shtml.

[9] 李其谚. 各方利益博弈之下电力体制改革陷入僵局阶段 [OL]. 财经 [2015 – 08 – 16] http://www.chinareform.org.cn/cirdbbs/dispbbs.asp?boardid

=9&id=102019&move=next&page=0.

［10］曾鸣. 深度解读新电改：9号文你真的看懂了吗？［OL］. 北极星电力网［2015-10-26］http：//news. bjx. com. cn/html/20150326/602018. shtml.

## 五、案例类

沈阳市于洪区百货公司与沈阳电业局用电检查大队中止供电纠纷上诉案（〔2005〕沈行终字第27号）

## 六、外文类

［1］*Fossil fuel.* from Wikipedia，the free encyclopedia，https：//en. wikipedia. org/wiki/Fossil_fuel.

［2］United States Department of Energy. *Exploring the imperative of revitalizing America's electric infrastructure*，U. S. Department of Energy Report.

［3］Jeremy Rifkin. *The Third Industrial Revolution*，Palgrave Macmilan Pulish，2011，New York，US.

［4］Gilbert N. Sorebo and Michael C. Echols. *Smart Grid Security*，CRC Press Taylor & Francis Group，2012.

［5］Bernard Tenenbaum，Reinier Lock，Jim Barker. *Electricity privatizationstructural*，competitive and regulatory options，Energy Policy，Volume 20，Issue 12，December 1992.

［6］Aviel Verbruggen. *What's Needed Next to Refine the EU Directive on Cogeneration Regulation*，The Electricity Journal，Volume 20，Issue 2，March 2007.

［7］Ingo Vogelsang. *Incentive Regulation and Competition in Public Utility Markets：A 20-Year Perspective*，Journal of Regulatory Economics；22：15-27，2002.

［8］Paul L. Joskow. *Lessons Learned From Electricity Market Liberalization*，The Energe Journal，Special Issue on the Future of Electricity，2008.

[9] Jean Tirole. *Hierarchies and Bureaucracies: On the Role of Collusion in Organizations*, Journal of Law, Economics, & Organization, Vol. 2, No. 2, Autumn, 1986.

[10] James H. Williams and Navroz K. Dubash. *Asian Electricity Reform in Historical Perspective*, The Political Economy of Electricity Reform in Asia, Vol. 77, No. 3, Fall, 2004.

[11] Harvey Averch, Leland L Johnson. *Behavior of the Firm Under Regulatory Constraint*, American Economic Review, Vol. 52, No. 5, December, 1962.

[12] Ingo Vogelsang. *Electricity transmission pricing and performance-based regulation*, CESIFO Working Paper NO, 1474.

[13] Harvey Leibenstein. *Allocative Efficiency and X-Efficiency*, The American Economic Review, 56, 1966.

[14] *National Electricity Market*, from Wikipedia, the free encyclopedia, https://en.wikipedia.org/wiki/Fossil_fuel.

[15] Gilbert N. Sorebo, Michael C. Echols. *Smart Grid Security: An End-to-End View of Security in the New Electrical Grid*, CRC Press.

[16] Sabino Cassese. *Public Control and Corporate Efficiency*, Contained in Raymond Vernon & Yair Aharoni, eds, State-Owned Enterprise in the Western Economies, Routledge, 2014.

[17] J. Bonbright. *Principles of Public Utilities rates*[J], Columbia University Press, 1961.

[18] Becker G S. *A theory of competition among pressure groups for political influence*, The Quarterly Journal of Economics, 1983.

[19] Charles F. Philips, Jr. *The Regulation of Public Utilities*, Public Utilities Reports, Znc, 1993.

[20] Committee report. *Report of the Electricity Regulation Committee*, 2011 Energy Bar Association, Energy Law Journal 2011 Energy L. J. 265.

[21] G. Pepermans et al. *Distributed Generation: Definition, Benefits and Issues*, Energy Policy, 2005.

［22］George J. Stigler. *The Theory of Economic Regulation*, The Bell Journal of Economics and Management Science, Vol. 2, No. 1, Spring, 1971.

［23］George J. Stigler. and Friedland. *What Can The Regulation Regulate: The Case of Electricity*, Journal of Law and Economics,1962.

［24］Janusz Bielecki and Melaku Geboye Desta. *Electricity Trade in Europe Review of the Economic and Regulatory Changes*, Kluwer Law International.

［25］John E. Kwoka. *The Role of Competition in Natural Monopoly: Costs, Public Ownership, and Regulation*, Review of Industrial Organization,2006.

［26］Joseph E. Stiglitz. *Economics of the Public Sector*, New York : W. W. Norton, 2000.

［27］James Buchanan. *An Economic Theory of Clubs*, Economica, New Series, Volume 32.

［28］Peltzman S. *Towards a more general theory of regulation*. The Journal of Law and Economics,1976.

［29］Peter Z. Grossman Daniel and H. Cole. *The End of A Natural Monopoly: Deregulation and Competition in the electric power industry*, Routledge Taylor& Francis Group,2003.

［30］Porter M E. *America's green strategy* . ScientificAmerican, 1991.

［31］Roger D. Blair and Jeffery L. Harrison. *Monopsony in Law and Economics*, University of Florida, Cambridge University Press.

［32］John B. Kirkwood: *Antitrust Law And Economics*, Seattle University School of Law, USA, Volume 21.

［33］Richard A. Posner. *Theories of Economic Regulation*, The Bell Journal of Economics and Management Science, Volume 5, Issue 2 , Autumn,1974.

［34］Richard J. Gilbert and Edward P. Karn. *International Comparisons of Electricity Regulation*, Cambridge University Press.

［35］Samuelson Paul A. , *The Pure Theory of Public Expenditure*, Review of Economics and Statistics 36,1954.

［36］*Unites States v. Terminal Railroad Ass'n of St. Louis*. 224 U.S. 383,

1912. Yinfang Zhang, David Parker and Colin Kirkpatrick, *Competition, regulation and privatisation of electricity generation in developing countries: does the sequencing of the reforms matter?* The Quarterly Review of Economics and Finance 45, 2005.

# 附件1：《电力法》修改建议稿

## 第一章　总　则

**第一条**　为满足国民经济发展和人民生活水平提高对电力的需要，保障和促进电力事业发展，维护电力投资者、经营者和使用者的合法权益，保障电力安全运行，制定本法。

**第二条**　本法适用于中华人民共和国境内的电力规划、建设、生产、输送、交易、供应和使用活动。

**第三条**　电力事业是公用事业，应当适应国民经济和社会发展的需要，适当超前发展。

国家鼓励、引导国内外的经济组织和个人依法投资、经营电力业务。

**第四条**　按照市场在资源配置中起决定性作用的原则，建立统一开放、竞争有序的全国电力市场，促进电力资源大范围优化配置，规范电力交易行为，完善电力市场监督管理。

**第五条**　电力设施受国家保护。

禁止任何单位和个人危害电力设施安全或者非法侵占、使用电能。

**第六条**　电力建设、生产、供应、和使用应当依法保护环境，采用新技术，减少有害物质排放，防治污染和生态破坏。

国家鼓励优化电源结构和布局，提高清洁能源发电比例，大力发展可再生能源，坚持安全高效发展核电，支持清洁能源分布式发电。鼓励开展需求侧管理。

电网应与电源发展和电力需求相适应，提高电力资源优化配置和安全保障能力。电力生产、电网经营企业及电力用户应共同保障电网安全，提高电力系统安全运行水平。

第七条 国务院电力管理部门负责全国电力事业的监督管理。国务院有关部门在各自职责范围内负责电力事业的监督管理。

县级以上地方人民政府电力管理部门负责本行政区域内电力事业的监督管理。县级以上地方人民政府有关部门在各自的职责范围内负责电力事业的监督管理。

第八条 电力企业依法实行自主经营、自负盈亏，并接受电力管理部门的监督。

第九条 国家帮助和扶持少数民族地区、边远地区和贫困地区发展电力事业。

政府承担电力普遍服务责任，电力企业依法实施电力普遍服务，相应费用纳入成本。

第十条 国家鼓励在电力建设、生产、供应和使用过程中，采用先进的科学技术和管理方法，对在研究、开发、采用先进的科学技术和管理方法等方面作出显著成绩的单位和个人给予奖励。

第十一条 各级政府应当依法行政和监管，保障电力可持续发展和供应，保障电力市场有效运转和供用电秩序，保障各类参与主体的合法权益；

发电企业应当按照国家规划进行各类电源开发和建设，服从电网统一调度，遵守电力市场交易规则，维护交易秩序；

售电企业应当依法合规从事市场交易行为，诚信履行对用户的义务和责任；

电力用户应当服从电网调度，有序用电，安全用电，节约用电；

其他社会主体应当保护电力通道和电力设施。

## 第二章 电力规划与建设

第十二条 电力发展规划应当根据国民经济和社会发展的需要由政府主导、企业参与制定，并纳入城市总体规划。城市人民政府应当按照规划，安排变电设施用地、输电线路走廊和电缆通道。

电力发展规划，应当统筹考虑，合理布局，满足电力系统规划、设计等相关技术标准要求，体现合理利用能源、电源与电网协调发展、提高经济效益和有利于环境保护的原则。

电力规划经法定程序审核后，向社会公开。建立规划实施检查、监督、评估和考核工作机制。

**第十三条** 电网建设规划应当纳入城乡发展总体规划，并与其他相关规划相衔接。地方人民政府应当按照规划，安排变电设施用地、输电线路走廊和电缆通道。

任何单位和个人不得非法占用变电设施用地，不得违章使用输电线路走廊和电缆通道。

**第十四条** 国家通过制定有关政策，促进电力系统科学规划、有序建设。

地方人民政府应当根据电力发展规划，制定相应政策，支持电力企业开展电力建设。

**第十五条** 电力建设项目应当符合电力发展规划，符合国家电力产业政策。

电力建设项目不得使用国家明令淘汰的电力设备和技术。

**第十六条** 输变电工程、调度通信自动化工程、发电并网接入工程等电网配套工程、安全设施工程，应当与发电工程项目同步设计、同步核准、同步建设、同步验收、同步投入使用，相应环境保护工程依法配套进行。

**第十七条** 电力建设项目使用土地，应当在符合土地利用总体规划和土地使用标准的前提下，依照有关法律、行政法规的规定办理，应当听证的，须依法听证。

依法征收土地的，应当依法支付土地补偿费和安置补偿费，做好迁移居民的安置工作。

电力建设应当贯彻切实保护耕地、节约集约用地的原则。

地方人民政府对电力事业依法使用土地和迁移居民，应当予以支持和协助。

**第十八条** 地方人民政府和当地水资源管理机构应当支持、监督和管理电力企业为发电工程建设勘探水源和依法取水、用水。电力企业应当节约用水。国家鼓励电力企业使用再生水及节水技术。不得使用国家明令淘汰的设备和技术。

## 第三章　电力生产与调度

**第十九条**　电力生产与电网运行应当遵循安全、优质、清洁、经济的原则。

电网运行应当连续、稳定，保证供电可靠性。在确保电网安全的前提下，优先保障可再生能源发电。

**第二十条**　电力企业应当加强安全生产管理，坚持安全第一、预防为主、综合治理的方针，建立、健全安全生产责任制度。

电力企业应当对电力设施定期进行检修和维护，保证其正常运行，保障电力系统安全。

**第二十一条**　发电燃料供应企业、运输企业和电力生产企业应当依照国务院有关规定或者合同约定供应、运输和接卸燃料。

电力生产企业使用煤炭发电的，应当制定煤炭质量保证制度，建立商品煤质量档案。

**第二十二条**　电网运行实行统一调度、分级管理。电网调度应当遵循公平、公正、公开的原则，依法行使电力调度权，任何单位和个人不得非法干预。

**第二十三条**　国家提倡电力生产企业与电网、电网与电网并网运行。具有独立法人资格的电力生产企业要求将依法合规生产的电力并网运行的，电网经营企业在核实其满足并网条件后应当接受。

并网运行必须符合国家标准或者电力行业标准。

并网双方应当按照统一调度、分级管理和平等互利、协商一致的原则，签订并网协议，确定双方的权利和义务；并网双方达不成协议的，由省级以上电力管理部门协调决定。

**第二十四条**　电网经营企业应当在保证电网安全运行的前提下，依法按照规划履行对可再生能源等发电项目上网电量的全额保障性收购义务，及时提供上网服务。

自然人从事分布式发电业务，与电力生产企业享有相同的权利和义务。

**第二十五条**　电网调度管理办法，由国务院依照本法的规定制定。

## 第四章 电力供应与使用

**第二十六条** 国家对电力供应和使用，实行安全用电、节约用电、有序用电的管理原则。

电力供应与使用办法由国务院依照本法的规定制定。

**第二十七条** 供电企业在核准的供电营业区内向用户供电，承担其供电营业区基础性公共供电服务。

供电营业区的划分，应考虑电网结构和供电合理性等因素。一个供电营业区内只设立一个基础性公共供电营业机构，可设立多个售电企业。

省、自治区、直辖市范围内的供电营业区的设立、变更，由供电企业提出申请，经省、自治区、直辖市人民政府电力管理部门会同同级有关部门审查批准。跨省、自治区、直辖市的供电营业区的设立、变更，由国务院电力管理部门审查批准。

**第二十八条** 供电营业区内的供电营业机构，对本营业区内的用户有按照国家规定供电的义务；不得违反国家规定对其营业区内申请用电的单位和个人拒绝供电。

申请新装用电、临时用电、增加用电容量、变更用电和终止用电，应当依照规定的程序办理手续。

供电企业应当在其营业场所公告用电的程序、制度和收费标准，并提供用户须知资料。

**第二十九条** 电力供应与使用双方应当根据平等自愿、协商一致的原则，依法签订供用电合同，确定双方的权利和义务。

**第三十条** 供电企业应当保证供给用户的供电质量符合国家标准。对公用供电设施引起的供电质量问题，应当及时处理。

用户对供电质量提出特殊要求的，供电企业应当与用户协商确定供电方案，提供相应的电力。

用户用电设备引起的公共电网电能质量问题，应当由用户及时处理。

**第三十一条** 供电企业在发电、供电系统正常的情况下，应当连续向用户供电，不得中断。因供电设施检修、依法限电或者用户违法用电等原因，需要中断供电时，供电企业应当按照国家有关规定执行。

用户对供电企业中断供电有异议的，可以向电力管理部门投诉；受理投诉的电力管理部门应当依法处理。

用户应保证因使用用电设备对公共电网电能质量产生的影响在国家规定电能质量指标限值范围内。用户用电对电能质量的影响超过国家标准的，应当采取措施予以消除，达不到国家标准的，供电企业有权中止供电。

第三十二条　因抢险救灾需要紧急供电时，供电企业必须尽速安排供电，所需供电工程费用和应付电费依照国家有关规定执行。

第三十三条　用户应当安装用电计量装置。用户使用的电力电量，以计量检定机构依法认可的用电计量装置的记录为准。

用户受电装置的设计、施工安装和运行管理，应当符合国家标准或者电力行业标准。

国家鼓励新型用电信息采集和电能计量等装置的开发和使用，供电企业与电力用户应当按照合同约定的计量与缴费方式进行结算。

第三十四条　用户用电不得危害供电、用电安全和扰乱供电、用电秩序。

对危害供电、用电安全和扰乱供电、用电秩序的，供电企业有权检查并制止。用电检查的具体规定，由国家另行作出。

任何单位或个人不得以任何方式盗窃电能。窃电指以非法占用电能，以不交或者少交电费为目的，采用非法手段不计量或者少计量用电的行为。

第三十五条　用户应当按照价格主管部门核定的电价或合同约定的电价，按约定支付电费。

电费支付可以采用预存、托付等方式。

抄表收费人员和供电企业用电检查人员进行抄表收费或者用电检查时，应当出示有关证件。用户应当予以配合，不得无故拒绝、阻碍。

用户未按合同约定按时缴纳电费的，供电企业有权依法中止供电。

第三十六条　供电企业应督促用户整改用电安全隐患，并将重大隐患报电力管理部门。电力管理部门应监督用户开展整改工作。

当用户内部的重大隐患危及电网设备安全运行时，供电企业有权中止供电。

第三十七条 政府有关部门应按照市场化的方向，鼓励供电企业和用户采取有效措施，实施电力需求侧管理，促进节约用电、移峰填谷、有序用电及需求响应。

第三十八条 电力市场建设应当以电力安全为基础，坚持公平开放，促进资源合理配置和节能减排，有序放开发电和售电环节竞争，促进电力市场信用体系建设，加强电力行业和相关领域监管，逐步形成政企分开、主体规范、交易公平、监管有效的电力市场体系。

电力市场管理办法由国务院根据本法的规定制定。

## 第五章 电价与电费

第三十九条 本法所称电价，是指上网电价、输配电价和销售电价。电价实行政府定价与市场定价相结合的定价原则，分级管理。

第四十条 国家实行分类电价、分时电价、阶梯电价等电价制度。

上网电价与销售电价主要由市场竞争形成；未参与电力市场竞争的上网电价、销售电价，以及输配电价实行政府定价。

政府定价应当合理确定成本和收益，坚持保障民生，妥善处理交叉补贴问题，确保居民、农业、重要公用事业和公益性服务等用电价格相对平稳。

市场形成价格，应当符合法律规定，任何单位和个人不得非法干预。

拥有自备电厂的企业应当承担社会责任，按规定缴纳政府性基金和系统备用费。

第四十一条 任何单位不得超越电价管理权限制定和变更电价。禁止任何单位和个人在电费中加收其他费用，法律、行政法规另有规定的除外。

禁止供电企业在收取电费中代收其他费用。

第四十二条 电价的管理办法，由国务院依照本法的规定制定。

## 第六章 农村电力建设和农业用电

第四十三条 省、自治区、直辖市人民政府应当制定农村电气化发展规划，并将其纳入当地电力发展规划及国民经济和社会发展计划。

第四十四条 国家对农村电气化实行优惠政策，对少数民族地区、边远地区和贫困地区的农村电力建设给予重点扶持，对农业生产供电设施的建设运营给予政策支持。

**第四十五条** 国家提倡农村开发水能资源，建设中、小型水电站，促进农村电气化。

国家鼓励和支持农村利用太阳能、风能、地热能、生物质能和其他清洁能源进行农村电源建设。

**第四十六条** 县级以上地方人民政府电力管理部门在制订有序用电方案时，应当优先保证农村生活、排涝、抗旱和农业季节性生产用电。

**第四十七条** 农业和农村用电管理办法，由国务院依照本法的规定制定。农村用电安全工作应纳入农村社区公共服务体系建设。

## 第七章  电力设施保护

**第四十八条** 任何单位和个人不得危害发电设施、变电设施和电力线路设施及其有关辅助设施。

在电力设施周围进行爆破及其他可能危及电力设施安全的作业的，应当按照国务院有关电力设施保护的规定，经批准并采取确保电力设施安全的措施后，方可进行作业。

**第四十九条** 电力管理部门应当按照国务院有关电力设施保护的规定，对电力设施保护区范围进行认定，电力企业对认定的电力设施保护区设立标志。

任何单位和个人不得在依法划定的电力设施保护区内修建可能危及电力设施安全的建筑物、构筑物，不得种植可能危及电力设施安全的植物，不得堆放可能危及电力设施安全的物品。

对在依法划定电力设施保护区前已经种植的植物或已经存在的建筑物、构筑物，植物妨碍电力设施安全的应当修剪，建筑物、构筑物禁止加高；需要修剪、砍伐种植物的，或者依据国家相关法律、法规和标准需要拆除建筑物、构筑物的，应当与种植物、建筑物、构筑物产权人协商，并依法给予补偿。

**第五十条** 在依法划定的电力设施保护区内，新种植植物的，电力设施产权人或管理人应当予以修剪、砍伐。新设置建筑物、构筑物的，电力设施产权人或管理人发现后，告知其禁止作业，并向当地人民政府汇报。

任何单位和个人需要在依法划定的电力设施保护区内进行可能危及电力设施安全的作业时，供电企业发现后，应当告知其禁止作业，并向电力管理部门汇报，经电力管理部门批准并采取安全措施后，方可进行作业。

**第五十一条** 电力设施与公用工程、绿化工程和其他工程在新建、改建或者扩建中相互妨碍时，有关单位应当按照国家有关规定协商，达成协议后方可施工。

## 第八章 监督管理

**第五十二条** 电力管理部门依法对电力企业和电力用户执行电力法律、行政法规和规章的情况进行监督检查。

**第五十三条** 电力管理部门根据工作需要，可以配备电力监督检查人员。

电力监督检查人员应当公正廉洁，秉公执法，熟悉电力法律、法规，掌握有关电力专业技术。供电企业用电检查人员根据需要，依法对用户安全用电情况进行监督检查。用电检查人员进行监督检查时，应当出示《用电检查资格证书》。用电检查资格由电力管理部门组织统一考试，合格后发给相应的《用电检查资格证书》。"

**第五十四条** 电力监督检查人员进行监督检查时，有权向电力企业或者用户了解有关执行电力法律、行政法规的情况，查阅有关资料，并有权进入现场进行检查。

电力企业和用户对执行监督检查任务的电力监督检查人员应当提供方便。

电力监督检查人员进行监督检查时，应当出示证件。

**第五十五条** 电力管理部门建立企业法人及其负责人、从业人员信用记录，将其纳入统一的信用信息平台。电力管理部门对企业和个人的违法失信行为予以公开，对违法失信行为严重且影响电力安全的，实行行业禁入措施。

**第五十六条** 电力监督管理办法，由国务院依照本法的规定制定。

## 第九章　法律责任

**第五十七条**　电力企业或者用户违反供用电合同，给对方造成损失的，应当依法承担赔偿责任。

电力企业违反本法第二十八条、第二十九条第一款的规定，未保证供电质量或者未事先通知用户中断供电，给用户造成损失的，应当依法承担赔偿责任。

**第五十八条**　因电力运行事故给用户或者第三人造成损害的，电力企业应当依法承担赔偿责任。

电力运行事故由下列原因之一造成的，电力企业不承担赔偿责任：

（一）不可抗力；

（二）用户自身的过错。

因用户或者第三人的过错给电力企业或者其他用户造成损害的，该用户或者第三人应当依法承担赔偿责任。

**第五十九条**　违反本法第十三条规定，电力建设项目不符合电力发展规划、产业政策的，电力管理部门不予审批，项目在建的责令停止建设，已建成项目禁止投入使用。

违反本法第十三条规定，电力建设项目使用国家明令淘汰的电力设备和技术的，由电力管理部门责令停止使用，没收国家明令淘汰的电力设备，并处一百万元以下的罚款。第六十三条　违反本法第二十五条规定，未经许可，从事供电或者变更供电营业区的，由电力管理部门责令改正，没收违法所得，可以并处违法所得五倍以下的罚款。

**第六十条**　违反本法第二十六条、第二十九条规定，拒绝供电或者中断供电的，由电力管理部门责令改正，给予警告；情节严重的，对有关主管人员和直接责任人员给予行政处分。

**第六十一条**　违反本法第三十二条规定，危害供电、用电安全或者扰乱供电、用电秩序的，由电力管理部门责令改正，给予警告；情节严重或者拒绝改正的，可以中止供电，可以并处五万元以下的罚款。

**第六十二条**　违反本法第三十三条、第四十二条规定，未按照国家核准或者合同约定的电价和用电计量装置的记录向用户计收电费、超越权限制定电价或者在电费中加收其他费用的，由物价行政主管部门给予警告，责令返还违法收取的费用，可以并处违法收取费用五倍以下的罚款；情节严重的，对有关主管人员和直接责任人员给予行政处分。

第六十三条　违反本法第四十七条第二款和第四十九条规定，未经批准或者未采取安全措施在电力设施周围或者在依法划定的电力设施保护区内进行作业，危及电力设施安全的，电力设施产权人和管理人发现后，应当告知其禁止作业，并向电力管理部门汇报，由电力管理部门责令停止作业、恢复原状并赔偿损失。

第六十四条　违反本法第四十八条规定，在依法划定的电力设施保护区内修建建筑物、构筑物或者种植植物、堆放物品，危及电力设施安全的，由当地人民政府责令强制拆除、砍伐或者清除。

第六十五条　有下列行为之一，应当给予治安管理处罚的，由公安机关依照《治安管理处罚法》的有关规定予以处罚；构成犯罪的，依法追究刑事责任：

（一）阻碍电力建设或者电力设施抢修，致使电力建设或者电力设施抢修不能正常进行的；

（二）扰乱电力生产企业、变电所、电力调度机构和供电企业的秩序，致使生产、工作和营业不能正常进行的；

（三）殴打、公然侮辱履行职务的查电人员或者抄表收费人员的；

（四）拒绝、阻碍电力监督检查人员依法执行职务的。

第六十六条　盗窃电能，制造、销售窃电器材的，依照《治安管理处罚法》处罚，构成犯罪的，依照刑法有关规定追究刑事责任。盗窃电力设施或者以其他方法破坏电力设施，危害公共安全的，依照刑法有关规定追究刑事责任。

第六十七条　供电企业对查获的窃电者，应予制止，并可当场中止供电。窃电者应按所窃电量补交电费，并承担补交电费三倍的违约使用电费。决绝承担窃电责任的，供电企业应报请电力管理部门依法处理。窃电数额较大或情节严重的，供电企业应提请司法机关依法追究刑事责任。

第六十八条　窃电时间无法查明时，窃电日数至少以一百八十天计算，每日窃电时间：动力用户按12小时计算，照明用户按6小时计算。

第六十九条　电力管理部门工作人员滥用职权、玩忽职守、徇私舞弊，构成犯罪的，依法追究刑事责任；尚不构成犯罪的，依法给予行政处分。

第七十条　电力企业职工勒索用户、强行指定设计单位、施工单位和设备材料供应单位，尚不构成犯罪的，依法给予行政处分；构成犯罪的，依法追究刑事责任。

## 第十章　附　则

第七十一条　本法自　　年　月　日起施行。

# 附件2：国外电力法概述

## 一、英美法系国家立法情况

### （一）美国电力立法情况

改革之前，美国的电力企业以私营为主，实行发输配一体化垄断经营。改革的目标在于引入竞争，打破垄断和降低电价。由于美国电力工业管理以州为主，因此在改革过程中，联邦只提要求，具体方案由各州自行制定和实施。

1978年美国出台《公共事业管制政策法案》，主要目的在于鼓励非电力公司建设发电厂，以促进发电竞争。1986年出台了《电力消费者保护法》，该法规定了对水力发电项目重新颁发许可证的程序和时限。同时规定在实施过程中要引入竞争，避免垄断。1992年出台了《能源政策法》，该法规定了电力市场的竞争性定价和市场准入等，但是在配电环节仍实行垄断经营。同年，美国又通过了修改《联邦电力法》的决议，要求公共电力企业必须以成本价向第三方提供输电服务，联邦能源管理委员会监管开放输电业务，促进电力批发市场的竞争。

1996年联邦能源管理委员会发布了888号和889号法令，规定了互惠的开放准入输电服务价格和辅助服务价格，规定发电和输电必须从功能上分离，所有发电商享受同等待遇。法令还要求输电服务商建设用于批发电力交易的实时信息系统。

1999年联邦能源管理委员会又针对888号法令颁布后出现的问题，发布了2000号法令，对市场设计和规则制定做出了部分改进，并提出了建立区域输电组织的设想。

(二) 英国电力立法情况

英国于 1989 年开始实行的新的《电力法》，这也是英国电力改革的开始。改革的主要思路是实行私有化，改革电力管理体制，减少政府干预，引入竞争，建立监督机制，提高经济效益，减轻用户负担。成立电力管制办公室，强化对电力的监管。

英国电力管制办公室的主要职责是：通过编写和发放电力许可证，规范电力企业行为；监督法规的执行情况（包括实施电能计量监督、电价监督、是否持续供电监督和供电质量监督等）；调解纠纷和争议；发布负荷预测、电源点选择、环保要求等公共信息；推进电力市场竞争；保护用户利益等。其中最具意义的是电力许可证制度。每个经营许可证等于一本管理条例，附有各种规定，按照每个许可证持有者的实际情况，把《电力法》的条文具体化为"规定"。许可证由电力管制办公室组织各方面专家和法律工作者编写，许可证持有者必须在规定的时间内向电力管制办公室编写实施细则。在此之后，英国又陆续实施了《电网规则》和《电力库运行规则》等规范电力市场行为的法规，用以保证发电侧和配电市场的有序竞争。2000 年，英国又开始了新一轮改革措施。改革以新《电力法》作为法律基础，在具体管理、交易制度方面以《2000 年公用事业法》和新的《平衡和结算规程》作为规范，在英格兰和威尔士以新电力交易制度（NETA）取代了电力库制度。NETA 以双边合约为主导，输电公司不再是电力的唯一购买者。NETA 的实施使电力行业出现了纵向整合和横向兼并的趋势。

2003 年 1 月，英国通过了 Betta 法案，以降低苏格兰的发电公司向英国其他地区用户提供服务的过网费。该法案希望将英格兰和威尔士实施的 NETA 制度向苏格兰推广，建立全国统一的电力交易和传输制度（Betta）制度，以促进全英电力市场的竞争。

2012 年 5 月，英国能源与气候变化部公布了新一轮电力市场改革法案（草案），并广泛征求各方意见，最终形成了以确保获得可靠的电力供应、促进清洁能源投资和保障消费者利益为目标的正式法案（以下简称法案）。英国政府曾于 2002 年开始执行可再生能源义务政策（RO），对低碳电力的发展起到了一定促进作用。本次实施的新法案将逐步替代 RO 成为新的可再生能源电力发展政策，以提高可再生能源的投资、保障供电可靠性。

2011 年，英国能源部正式发布了《电力市场化改革白皮书（2011）》，开始了以促进低碳电力发展为核心的第四轮电力市场改革。2012 年，为了促进可再生能源的发展，英国政府公布了被誉为英国能源行业"20 年来最大变革"的电力市场改革法案（草案），将差价合约和容量市场引入电力市场，以最大程度降低用户电费支出，保障供电可靠性并减少发电商面临长期电价波动的风险，从而促进低碳电力的投资。2013 年年底，改革法案正式发布，2014 年正式实施。

（三）澳大利亚电力立法情况

澳大利亚电力公司改革前效率较低，州际电网连接薄弱。澳大利亚通过立法，在联邦和州政府的共同推动下，实施了以引入市场竞争、提高效率、降低电价，发展全国统一电网，形成全国一体的电力市场为主要目标的电力改革。

1991 年，澳大利亚国家电网管理委员会开始制订国家电网规约，这是一份在州际电力公司和用户之间试行的初步市场设计文件，最终成为国家电力法规中的市场规章和入网条款。

1996 年 5 月，澳大利亚各州政府共同签署了国家电力市场（NEM）立法协议，接受《国家电力法》并使之生效。NEA 规定：只有国家电力市场管理公司（NEMMCO）可以经营电力批发市场，发电商、电网服务供应商必须在国家电力市场管理公司注册，零售商及用户只能从电力批发市场购买电力。NEA 的生效为澳大利亚 NEM 的建立奠定了法律基础。

1997 年，澳大利亚竞争和消费者委员会决定，批准《国家电力法规》。该法规的实施在澳大利亚成功地建立起电力库制度，在发电和供电环节引入竞争，将监管电力市场的权力赋予国家电力市场管理公司的同时也通过法律救济程序对其进行制约。国家电力法规对发、输、配、供各环节的市场准入条件和管理程序都作了较详细的规定。

（四）新西兰的立法情况

在改革之前，新西兰的电力工业由能源部负责。80 年代后期，新西兰开始了电力工业改革，政府放松了对行业的控制，逐步引入竞争机制，并形成了现在的电力市场。

1986年，新西兰议会通过《商业法案》，并由独立的商业委员会监督。1987年，新西兰电力公司成立，实行政企分开，企业实行商业化经营与管理。1992年，对属于地方政府的供电局实行公司化、私有化。1993年，新西兰电力市场公司成立。1994年完成了厂网分离，新西兰输电公司从新西兰电力公司分离出来，成为独立的国有企业。

1998年，议会通过《电力工业改革法案》，电力工业改革进一步深化。建立全面开放的市场，发电侧竞价上网，供电公司出价购买。电厂之间有竞争，需求侧也存在竞争。政府允许私人投资者参与。政府放松对经济的干预，电力市场由行业自己组织，制定市场规则，参与者自愿参加。电力市场参与者根据其市场占有比例投票决定有关事项。电力市场监督委员会由不同类别的主要参与者中的资深人士组成，是电力市场的权威机构。实行合同购电与市场购电并存，实行节点价格。随着电力改革的不断深入，按照《电力工业改革法案》的要求，电厂侧经过资产重组，更加适应市场竞争的要求，地区供电公司的电网经营和供电经营分开，降低电价，在竞争的市场中发展电力工业。

## 二、大陆法系国家立法情况

### （一）法国电力立法情况

2000年法国颁布新《电力法》，确定供电市场开放时间表，确立了电力生产许可证制度，并且设立了电力监管委员会，分开法国电力公司的发电、输电、配电会计账目，扩大法国电力公司的经营范围，对于有选择权的用户提供供热、供气服务，成立电力输送网公司，并在2004年7月前成为独立的法人，实现厂网分开。2003年1月正式颁布实施《法国电力、天然气法》，将电力监管委员会的职能扩大到天然气市场，同时更名为能源监管委员会。

2004年8月，法国议会通过法律，确认对法国电力公司实行"资本开放"，并规定开放后国家至少应持有70%股份。2005年10月，法国政府与法国电力公司签订《公共服务合同》，法国电力公司及其子公司电力输送网公司承诺无限期提供优质公共服务，以保证法国能源安全。以 2000 年《电力法》为核心的电力法律法规体系体现了法国电力工业改革的思路，使法国电力公司在欧盟指令的框架内仍保持了很强的竞争力。2004 年法国通过的允许法国电力公司部分私有的法律和 2005 年签订的《公共服务合同》表明，相对于私有化带来的竞争和效率，法国政府和公众更加关心国家能源安全。

(二) 日本电力立法情况

为推进电力改革，日本 3 次修改其《电力事业法》，在改革之前日本一直实行各电力公司分地区发输配售垂直一体化体制，电力公司全部为私有（民营）企业。

1995 年第 1 次修改后，允许独立发电商进入发电领域，所发的电力可向各大电力公司销售，发电领域投资需组织公开招投标。

1997 年开始讨论大用户开放问题，2002 年第 2 次修改，规定了零售市场向 20 千瓦以上、用电负荷大于 2 兆瓦的大用户开放，允许这些用户自主选择电力公司，并要求电力公司管理销售市场投标，提供上限参考电价。

2003 年 6 月，根据电力产业委员会的建议，第 3 次修改《电力事业法》规定，从 2004 年 4 月开始，500 千瓦以上的大用户均可自由选择供电商，从 2005 年 4 月开始，50 千瓦以上的大用户（即除家庭用户以外的所有大用户，占电力总需求的 2/3 左右）均可自由选择供电商。2007 年开始讨论市场完全开放。2005 年始组建非官方的电力交易机构负责目前市场运营，允许私人建造连接分布式发电设备的线路，但需通知经济产业省，鼓励环境友好型的能源建设。

用户可自由选择供电商的前提是必须明确输配电价，日本输配电价的确定方法是：政府制定规则，输配电企业遵照规则进行测算，最后报政府批准执行。日本电力业务监管机构为电力系统协议会（日本另有自律性行业协会组织—日本电气事业联合会），协议会主要承担电力系统各种规则的制定和监管任务。该机构依据日本 2003 年《电力事业法修正案》，于 2004 年 2 月成立，同期成立的机构还有批发电力市场交易所，经过 1 年多的准备，2005 年

4月正式开展业务。该机构被经济产业大臣指定为日本唯一的输配电等业务支援机关（即所谓中立机关）。以公平性、透明性和中立性为宗旨，核心工作有五项：一是制定有关规则；二是争议处理；三是负荷调度运营业务协调（电力系统利用协议会内专设了电力系统监控协调计算机终端负责此项实时业务）；四是信息服务；五是调查研究和宣传活动。该机构人员由学术界中立人士（如大学资深教授等）、各大电力公司、特定规模独立发电企业、电力批发公司、自备发电企业代表共同造成。

通过3次《电力事业法》的修改，日本从发电领域开始，逐步开放国内市场，打破垄断，引入竞争。3次修改循序渐进，环环相扣，时间虽长，但步伐稳健，在稳步推进改革的同时最大限度地保证了行业稳定，体现了以能源安全为大前提的改革思路。在一次能源匮乏、燃料价格普遍上涨的大环境下，日本10年内用户电价降低了27%，用户在改革中得到了实惠，电力企业收益率不仅没有下降，而且有所提高，供电稳定性和环保也得到了充分保障。

2013年11月，日本提出了《电气事业法》修正案。修正案明确分三阶段实施电力改革：

第一阶段（截至2015年），成立广域的系统运行协调机构，负责协调全国各个电力公司的调度运营。该机构除了接管电力系统利用协会（ESCJ）的职责外，还具有平衡与调整全国范围电力供需、规划跨区域电力线路运营等职能。在灾害以及供需紧张等紧急时刻，该机构有权对电力公司进行供需调整。

第二阶段（截至2016年），全面放开零售市场，允许所有用户自由选择售电商。全面放开零售市场意在保证所有用户可以自由选择供电商，允许电力公司依据市场竞争自由定价；同时，修正案还提出，在零售市场放开的过渡时期，要制定相关措施，保障用户的用电权益。加强电力批发市场建设则鼓励新的投资者进入电力批发市场，实现发电多元化。同时，批发市场的价格管制将取消，修正案鼓励发电商、十大电力公司和售电商一起进入交易市场。

第三阶段（2018~2020年），将电网环节与发电业务进行法律分离，全面放开市场价格管制。在保证输配电网一体化的情况下,修正案将对十大电力公司的发电等业务与电网环节进行分离,电网环节将成立独立的法人公司。输配环节将确保中立,并向所有电厂和用户公平开放,促进市场竞争。电网环节的输配电价格按照成本加收益的原则,由经济产业省进行核定。

《电气事业法修正案》规定了第一阶段的具体改革方案和第二、三阶段改革的时间节点。第二、三阶段的具体改革方案计划将在 2014 年、2015 年陆续提交日本国会讨论。

(三) 韩国电力立法情况

1998 年韩国修改了《韩国电力公司法》,对韩国电力公司的法律地位和业务范围作了规定,对防止韩国电力公司滥用市场力作了原则规定。1999 年修订了《政府投资企业管理基本法》,详细规定了政府投资企业中官员、领导的组织、管理、任命以及企业的独立运营权等作了规定。两部法律的修订规范了韩国电力公司的行为,为进一步的拆分做了铺垫。

1999 年 1 月韩国产业能源部公布了《电力工业重组基本方案》提出将发电业务拆分为几个发电公司并逐步私有化。将韩国电力公司的配电业务拆分为几个配电公司,在电力趸售和零售领域引入竞争;从大用户开始开放输电网络,使用户能够自由选择配电服务商。

2000 年 12 月,韩国政府颁布了再次修改的《电力事业法》,韩国根据此法成立了电力交易所和电力事务委员会,分别负责电力市场的运营和监管。

2001 年 1 月,韩国产业能源部发布了《电力工业重组计划》,给出了韩国电力公司发电业务拆分的具体以及发电业务私有化的时间表。在出现了有关争论后,韩国政府经过评估,于 2004 年 6 月宣布暂停电力产业私有化进程。此外,韩国政府当时还计划将韩国电力公司的配电部门拆分为 12 个子公司。并完成配电部门的私有化。

通过上述立法,韩国建立了以《电力事业法》为核心,涵盖《韩国电力公司法》《电力工业重组基本方案》以及相关法律中电力部分的电力法规体系,指导本国的电力改革工作。

(四) 阿根廷的电力立法

1991 年 12 月,阿根廷发布第 24065 号法,即《电力改革纲要》,对电力工业实行根本性改革,对电力部门进行彻底改造。1993年4月,通过第634号法令,提出改革的总体方案。方案的一部分包括了第24065号电力管制框架的内容,它与业已存在的第15336号法律一起构成电力工业改革的法律体系。

随后,国家能源秘书局颁布了第38/91号决议(后并入现行的第61/91号决议),以创建和管制趸售电力市场,为发电和电力交换规定运营和经济机制,这一法律框架规定了新体系的基本特征。

一个统一的市场:将发电者与用户集中在一起,并规定了趸售价格。国家电力调度和趸售电力市场的工作,由电力批发市场管理公司归口管理。

一个管制机构:国家电力管理委员会,隶属国家能源秘书局,监督当事人履行其义务,并作为仲裁人,以调解所发生的纠纷。

输电和配电属于垄断经营,置于联邦政府的管制之下。

对于配电的管制:在一定的区域内的排他性;供电的责任;对用户无歧视;管制电价;保证供电质量,达不到者将被罚款;国家通过特许经营协议规范国家与配电公司的关系;通过供用电规则规范配电公司与用户的关系。

鼓励和保护竞争:将一体化的公司分为发、输、配三部分;配电公司不得拥有发电企业;输电公司不得买卖电力;发电、配电公司和大用户不得拥有输电公司;配电公司之间或输电公司之间的兼并或购买股票必须经过国家电力管理委员会的审批。

调整电力工业管理体制:一是进行结构改组,发电、输电和配电三者完全分开,各自独立经营;二是实行政企分开,新成立国家电力管制委员会和电力批发市场管理公司。政府与电力企业彻底分开,政府不再管理电力的生产经营,也不负责电力的建设发展。电力管制委员会根据法律规定实施电力管制,对电力企业和电力市场实行监督,保证电力市场的正常运行,不受任何外来干预。根据法律规定,发电公司、输电公司和配电公司的国有资产全部向国内外市场出售。电力企业推行民营化,出售国有资产均采用公开招标方式进行。政府出售电力资产的收益,不再投入电力发展。阿根廷电力改革彻底改变了电力垄断经营的局面,形成了一个全国性的电力市场。

# 附件3：全国地方电力立法一览表（截至2015年1月）

| 序号 | 法规名称 | 法规属性 | 实施时间 |
|---|---|---|---|
| 综合性地方电力立法22部 | | | |
| 1 | 四川省电力设施保护和供用电秩序维护条例 | 地方性法规 | 2014-10-01 |
| 2 | 河北省电力条例 | 地方性法规 | 2014-08-01 |
| 3 | 浙江省电网设施建设保护和供用电秩序维护条例 | 地方性法规 | 2014-07-01 |
| 4 | 河南省供用电条例 | 地方性法规 | 2013-01-01 |
| 5 | 宁夏回族自治区供用电条例 | 地方性法规 | 2011-10-01 |
| 6 | 济南市电力管理条例 | 地方性法规 | 2011-10-01 |
| 7 | 山东省电力设施和电能保护条例 | 地方性法规 | 2011-03-01 |
| 8 | 重庆市供用电条例 | 地方性法规 | 2010-03-01 |
| 9 | 西安市电力设施和电能保护办法 | 地方政府规章 | 2009-05-01 |
| 10 | 湖南省电力设施保护和供用电秩序维护条例 | 地方性法规 | 2009-01-01 |
| 11 | 上海市保护电力设施和维护用电秩序规定 | 地方性法规 | 2009-01-01 |
| 12 | 广西壮族自治区供电用电办法 | 地方性法规 | 2009-01-01 |
| 13 | 广州市供电与用电管理规定 | 地方政府规章 | 2008-09-01 |
| 14 | 江苏省电力保护条例 | 地方性法规 | 2008-05-01 |
| 15 | 安徽省电力设施和电能保护条例 | 地方性法规 | 2007-12-01 |
| 16 | 天津市供用电条例 | 地方性法规 | 2007-11-01 |
| 17 | 青海省供用电条例 | 地方法规 | 2007-10-01 |
| 18 | 陕西省电力设施和电能保护条例 | 地方性法规 | 2007-01-01 |
| 19 | 甘肃省供用电条例 | 地方性法规 | 2006-10-01 |
| 20 | 深圳市保护电力设施和打击窃电行为暂行办法 | 地方性法规 | 2005-06-01 |

续表

| 序号 | 法规名称 | 法规属性 | 实施时间 |
|---|---|---|---|
| 21 | 云南省供用电条例 | 地方性法规 | 2004-06-01 |
| 22 | 上海市城市电网建设和供电用电管理暂行规定 | 地方政府规章 | 1997-12-19 |
| **反窃电专项地方电力立法17部** | | | |
| 1 | 江西省反窃电办法 | 地方性法规 | 2013-01-01 |
| 2 | 吉林省反窃电条例 | 地方性法规 | 2008-01-01 |
| 3 | 广西壮族自治区预防和查处窃电行为条例 | 地方性法规 | 2008-01-01 |
| 4 | 湖北省预防和查处窃电行为条例 | 地方性法规 | 2007-07-01 |
| 5 | 黑龙江省反窃电条例 | 地方性法规 | 2007-03-01 |
| 6 | 汕头市预防和查处窃电行为条例 | 地方性法规 | 2006-12-01 |
| 7 | 山西省预防和查处窃电行为办法 | 地方政府规章 | 2005-07-20 |
| 8 | 新疆维吾尔自治区反窃电办法 | 地方政府规章 | 2005-06-01 |
| 9 | 内蒙古自治区预防和查处窃电行为条例 | 地方性法规 | 2005-05-01 |
| 10 | 哈尔滨市窃电行为预防和查处规定 | 地方政府规章 | 2005-02-01 |
| 11 | 福州市预防和查处窃电行为条例 | 地方性法规 | 2005-01-01 |
| 12 | 北京市预防和查处窃电行为条例 | 地方性法规 | 2003-09-01 |
| 13 | 贵州省反窃电条例 | 地方性法规 | 2003-01-01 |
| 14 | 宁夏回族自治区反窃电办法 | 地方政府规章 | 2002-03-01 |
| 15 | 辽宁省反窃电条例 | 地方性法规 | 2001-10-01 |
| 16 | 云南省查处窃电行为条例 | 地方性法规 | 2001-01-01 |
| 17 | 四川省反窃电管理办法 | 地方政府规章 | 2000-05-19 |
| **电力设施保护专项地方电力立法28部** | | | |
| 1 | 天津电力设施保护条例 | 地方性法规 | 2015-01-01 |
| 2 | 山西省电力设施保护条例 | 地方性法规 | 2014-09-01 |
| 3 | 宁夏回族自治区电力设施保护条例 | 地方性法规 | 2012-12-01 |
| 4 | 江西省电力设施保护办法 | 地方政府规章 | 2012-09-17 |
| 5 | 浙江省电力设施保护办法 | 地方政府规章 | 2012-06-21 |
| 6 | 广西壮族自治区电力设施保护办法 | 地方政府规章 | 2012-01-01 |
| 7 | 湖北省电力设施建设与保护条例 | 地方性法规 | 2011-12-01 |

续表

| 序号 | 法规名称 | 法规属性 | 实施时间 |
| --- | --- | --- | --- |
| 8 | 内蒙古自治区电力设施保护条例 | 地方性法规 | 2010-03-25 |
| 9 | 本溪市电力设施保护条例 | 地方性法规 | 2010-03-01 |
| 10 | 吉林省电力设施保护条例 | 地方性法规 | 2010-01-01 |
| 11 | 福建省电力设施保护办法 | 地方政府规章 | 2009-03-01 |
| 12 | 新疆维吾尔自治区电力设施保护办法 | 地方政府规章 | 2008-09-01 |
| 13 | 贵州省电力设施保护办法 | 地方政府规章 | 2008-08-04 |
| 14 | 云南省电力设施保护条例 | 地方性法规 | 2008-01-01 |
| 15 | 锦州市电力设施保护办法 | 地方政府规章 | 2007-09-25 |
| 16 | 济南市电力线路设施保护若干规定 | 地方政府规章 | 2007-08-01 |
| 17 | 乌鲁木齐市电力设施保护办法 | 地方政府规章 | 2007-02-01 |
| 18 | 辽宁省电力设施保护条例 | 地方性法规 | 2006-01-13 |
| 19 | 淄博市电力设施保护办法 | 地方政府规章 | 2006-01-01 |
| 20 | 青海省电力设施保护办法 | 地方政府规章 | 2005-06-10 |
| 21 | 天津市电力设施保护管理办法 | 地方政府规章 | 2004-07-01 |
| 22 | 河北省实施《电力设施保护条例》办法 | 地方政府规章 | 2002-03-01 |
| 23 | 贵州省电力设施保护办法 | 地方政府规章 | 2000-08-31 |
| 24 | 四川省电力设施保护实施办法 | 地方政府规章 | 2000-06-29 |
| 25 | 湖南省实施《电力设施保护条例》办法 | 地方政府规章 | 1999-05-11 |
| 26 | 江苏省《电力设施保护条例》实施办法（修正） | 地方政府规章 | 1997-12-15 |
| 27 | 山西省实施电力设施保护条例办法 | 地方政府规章 | 1997-12-21 |
| 28 | 黑龙江省电力设施保护办法 | 地方政府规章 | 1996-11-19 |
| **电力建设专项地方电力立法10部** | | | |
| 1 | 广西壮族自治区电网建设促进办法 | 地方政府规章 | 2014-02-01 |
| 2 | 甘肃省电网建设与保护条例 | 地方性法规 | 2013-01-01 |
| 3 | 湖北省电力设施建设与保护条例 | 地方性法规 | 2011-12-01 |
| 4 | 海南省电力建设与保护条例 | 地方性法规 | 2011-08-01 |
| 5 | 上海市加快电网建设若干规定 | 地方政府规章 | 2010-01-29 |
| 6 | 大连市关于加快电网建设的规定 | 地方政府规章 | 2009-08-01 |

续表

| 序号 | 法规名称 | 法规属性 | 实施时间 |
|---|---|---|---|
| 7 | 黑龙江省电力设施建设与保护条例 | 地方性法规 | 2009-06-01 |
| 8 | 湖南省电力建设若干规定 | 地方政府规章 | 2007-03-01 |
| 9 | 广东省电力建设若干规定 | 地方政府规章 | 2006-03-01 |
| 10 | 汕头市电力设施建设与保护条例 | 地方性法规 | 2005-01-01 |
| 用户安全用电地方电力立法5部 | | | |
| 1 | 上海市重要电力用户供用电安全管理办法 | 地方政府规章 | 2012-04-01 |
| 2 | 聊城市重要电力用户供用电安全管理办法 | 地方政府规章 | 2011-11-01 |
| 3 | 日照市重要电力用户供用电安全管理办法(暂行) | 地方政府规章 | 2011-07-29 |
| 4 | 天津市重要用户供用电管理办法 | 地方政府规章 | 2007-07-09 |
| 5 | 云南省电力用户安全用电管理办法 | 地方政府规章 | 2012-10-01 |
| 地方电力立法合计：82部 | | | |

# 附件4：中国电力事业历史大事记

1. 1908年（清光绪三十四年），以昆明商人王筱斋为首招募商股、集资筹建石龙坝水电站，石龙坝水电站是中国第一座水电站，位于中国云南省昆明市郊的螳螂川上，是中国最早兴建的水电站。电站一厂于1910年7月开工，1912年4月发电，最初装机容量为480千瓦。新中国成立后，对石龙坝水电站进行了彻底改造，至今仍在运行。

2. 1950年，燃料工业部成立水力发电工程局。

3. 1957年7月，黄河上第一座水电站盐锅峡水电站首台机组投产发电。工程开始由苏联援建，中途因中苏关系恶化由中方完成建设。

4. 1958年，我国自主设计的第一座百万千瓦级大型水电站黄河刘家峡水电站开工。

5. 1970年，葛洲坝一期工程动工，这是长江干流上兴建的第一座大型水利枢纽工程。

6. 1978~1985年，推行"集资办电"，可使用银行贷款，改变了过去电力建设全部依靠财政拨款的做法。集资新建的电力项目按还本付息的原则核定电价水平，打破了单一的电价模式，培育了按照市场规律定价的机制。

7. 1986年5月1日，我国集资兴建的第一座大型水电站——云南澜沧江上的漫湾水电站正式开工。

8. 1987年12月4日，龙羊峡水电站第二台机组正式投运。我国电力装机容量突破1亿千瓦。

9. 1987~1998年电力行业"政企分开"，撤销电力工业部，成立国家电力公司，承接原电力部下属的五大区域集团公司、七个省公司和华能、葛洲坝两个直属集团。

10. 1993年6月，国务院转发国家计委《关于西南和华南部分省区区域规划纲要》。指出该区域要大力开发水电，并大规模向东送电。

11. 1994年12月，长江三峡工程正式开工。规划设计总装机容量1820万千瓦，年发电量878亿千瓦时，是当今世界最大的水利水电工程。

12. 1999年1月，澜沧江水电开发有限责任公司发起人协议签字仪式举行。公司成立后将对澜沧江、金沙江流域进行滚动开发。

13. 2000年3月，广州抽水蓄能电站装机达240万千瓦，是当前世界上最大的抽水蓄能电站。

14. 2001年3月，龙滩水电站197.58亿元银团贷款协议在京签署，是我国首个采用国内银团贷款融资的特大型建设项目。

15. 2002年1月，西电东送重要的标志性工程小湾水电站开工。

16. 2002年2月，国务院下发《国务院关于印发电力体制改革方案的通知》（业内称为"5号文"），决定对电力工业实施以"厂网分开、竞价上网、打破垄断、引入竞争"为主要内容的新一轮电力体制改革。此后，原国家电力公司拆分为两大电网公司和五大发电集团，即国家电网、南方电网以及国电、华电、华能、大唐和中电投。

17. 2004年9月，黄河公伯峡水电站首台机组投产发电，该电站的投产使我国水电装机容量突破了1亿千瓦。

18. 2004年3月，出台标杆上网电价政策，统一制定并颁布各省新投产机组上网电价。

19. 2004年12月，国家发改委出台煤电价格联动机制措施，规定以不少于6个月为一个煤电价格联动周期，若周期内平均煤价较前一个周期变化幅度达到或超过5%，便将相应调整电价。

20. 2005年3月28日，国家发改委会同有关部门制定并颁发了《上网电价管理暂行办法》《输配电价管理暂行办法》和《销售电价管理暂行办法》。

21. 2008年年底，中国水电装机容量达到1.72亿千瓦，稳居世界第一位。

22. 2009年三峡水电站建设全部完工，水电站大坝高185米，蓄水高175米，水库长600余公里，安装32台单机容量为70万千瓦的水电机组，是全世界最大的（装机容量）水力发电站。10月国家发改委、国家电监会和国家能源局联合批复辽宁抚顺铝厂与华能伊敏电厂开展直接交易试行方案，标志着电力用户与发电企业直接交易试点正式启动。

23. 2012年4月，国家电网公司总经理刘振亚首次表态，"应坚持现有输配一体化、调度和电网一体化格局"。

24. 2013年4月16日，福建仙游抽水蓄能电站1号机组通过电站启动验收委员会验收，并网发电投入商业运行。该工程安装4台单机容量为30万千瓦的自主化立轴单级可逆混流式机组，上下池落差高达470米，成为我国目前投产的最高水头抽水蓄能电站。

25. 2014年7月31日，国家发展改革委发布《关于完善抽水蓄能电站价格形成机制有关问题的通知》，明确电力市场形成前，抽水蓄能电站实行两部制电价。2014年上半年，安徽、江苏、江西等十多个省重启"直购电"试点。2014年10月31日，《国务院关于发布政府核准投资项目目录（2014年本）的通知》下放了部分水电项目审批权。

26. 2014年三峡水电站发电量988亿千瓦时，首次居全球首位。

27. 2014年可以被定义为我国大型水电站的收获之年，在装机容量前十名的电站中，有一半在2014年实现全部机组投产。6月26日，我国第四大水电工程——糯扎渡水电站9台单机65万千瓦机组全部投产。6月30日，我国第二大水电工程——溪洛渡水电站18台单机77万千瓦机组全部投产。7月7日，我国第三大水电工程——向家坝水电站8台单机80万千瓦机组全部投产。7月12日，我国第九大水电工程——锦屏一级水电站6台单机60万千瓦机组全部投产。11月29日，我国第六大水电工程——锦屏二级水电站8台单机60万千瓦机组全部投产。至此，锦屏电站一、二级全部建成，共装14台单机60万千瓦机组。